BUDISMO E MEDITAÇÃO MINDFULNESS

Dados Internacionais de Catalogação na Publicação (CIP)
(Câmara Brasileira do Livro, SP, Brasil)

Kingsland, James
  Budismo e meditação mindfulness : a neurociência da atenção plena e a busca pela iluminação espiritual / James Kingsland ; tradução Marcelo Brandão Cipolla. — São Paulo : Cultrix, 2018.

Título original: Siddhartha's brain : the science of meditation, mindfulness and enlightenment
ISBN 978-85-316-1474-3

  1. Atenção plena 2. Buda Gautama 3. Budismo 4. Meditação 5. Mindfulness (Psicologia) 6. Neurociência I. Título.

18-18866   CDD-158.12

Índices para catálogo sistemático:
1. Budismo e meditação mindfulness : Psicologia aplicada 158.12
Maria Paula C. Riyuzo — Bibliotecária — CRB-8/7639

James Kingsland

BUDISMO E MEDITAÇÃO MINDFULNESS

A Neurociência da Atenção Plena e a Busca Pela Iluminação Espiritual

Tradução
Marcelo Brandão Cipolla

Editora
Cultrix
SÃO PAULO

Título do original: *Siddhãrtha's Brain.*

Copyright © 2016 James Kingsland.

Copyright da edição brasileira © 2018 Editora Pensamento-Cultrix Ltda.

Texto de acordo com as novas regras ortográficas da língua portuguesa.

1ª edição 2018.

1ª reimprerssão 2020.

Todos os direitos reservados. Nenhuma parte desta obra pode ser reproduzida ou usada de qualquer forma ou por qualquer meio, eletrônico ou mecânico, inclusive fotocópias, gravações ou sistema de armazenamento em banco de dados, sem permissão por escrito, exceto nos casos de trechos curtos citados em resenhas críticas ou artigos de revistas.

A Editora Cultrix não se responsabiliza por eventuais mudanças ocorridas nos endereços convencionais ou eletrônicos citados neste livro.

As figuras são cortesia do autor, com exceção daquelas creditadas a outrem.

Mapa de Narasit Nuad-o-Lo.

Figura 2. *Em cima: Patrick J. Lynch (Wikimedia Commons, adaptado); embaixo:* Sobotta's Ana-tomy Atlas, *edição de 1908 (adaptado).*

Figura 3. *Patrick J. Lynch (Wikimedia Commons, adaptado).*

Figura 4. *Patrick J. Lynch (Wikimedia Commons, adaptado).*

Figura 5. *Patrick J. Lynch (Wikimedia Commons, adaptado).*

Figura 6. *Patrick J. Lynch (Wikimedia Commons, adaptado).*

Figura 7. *Patrick J. Lynch (Wikimedia Commons, adaptado).*

Editor: Adilson Silva Ramachandra
Editora de texto: Denise de Carvalho Rocha
Gerente editorial: Roseli de S. Ferraz
Preparação de originais: Alessandra Miranda de Sá
Produção editorial: Indiara Faria Kayo
Editoração eletrônica: Mauricio Pareja da Silva
Revisão: Luciana Soares da Silva

Direitos de tradução para o Brasil adquiridos com exclusividade pela EDITORA PENSAMENTO-CULTRIX LTDA., que se reserva a propriedade literária desta tradução.
Rua Dr. Mário Vicente, 368 — 04270-000 — São Paulo, SP
Fone: (11) 2066-9000
http://www.editoracultrix.com.br
E-mail: atendimento@editoracultrix.com.br
Foi feito o depósito legal.

Sumário

	Introdução	7
1	O paraíso dos tolos	19
2	Brincadeira de criança	40
	Meditação guiada: somente a respiração	53
3	A nuvem do não saber	56
4	A segunda flecha	69
	Meditação guiada: de mente aberta	85
5	O homem que desapareceu	88
6	Chinelos de ouro	110
	Meditação guiada: três etapas para a reinicialização	128
7	Adoradores do fogo	130
8	Um elefante bêbado	150
	Meditação guiada: cálida incandescência	172
9	A queda	175
10	Estranho e maravilhoso	194
	Meditação guiada: "body scan" (escaneamento do corpo)	211
11	Espelhos da mente	214
	Meditação guiada: uma torrada com atenção	242
12	O reino da imortalidade	244
	Agradecimentos	265
	Notas	267

Introdução

"Todos nós temos uma doença mental", disse o abade. Sorrindo, com seu chapéu de abas largas, fez essa declaração como se ela explicasse tudo. Eu e meu companheiro estávamos passando alguns dias hospedados no Mosteiro Budista Amaravati, perto de Hemel Hempstead, na região dos Montes Chiltern, no sul da Inglaterra. Na qualidade de jornalista de ciências do jornal *The Guardian*, eu viera de Londres no dia anterior, de trem, para entrevistar o abade, um bondoso inglês de cinquenta e tantos anos chamado Ajahn Amaro, formado na rigorosa tradição tailandesa do Budismo da Floresta. Estávamos, nós três, tomando o esplêndido sol da manhã num caminho que, entre asseados canteiros de flores, ligava as cabanas de madeira do centro de retiros a um campo gramado onde homens e mulheres caminhavam de modo lento e cuidadoso, cada qual imerso em seu próprio mundo. Alguns iam e vinham entre duas árvores, palmilhando trilhas já batidas na relva por milhares de pés. Outros circundavam implacavelmente um *stupa* de granito em forma de sino situado no meio do campo.

Um retiro de duas semanas para cerca de trinta leigos havia começado na noite anterior. Naquela manhã, o abade — o monge de chapéu de abas largas — os mandara sair ao campo para praticar a meditação no caminhar. Sua observação sobre nossa neurose coletiva me pegou de surpresa, pois veio em resposta à minha observação de que a etérea atividade no campo me lembrava uma cena de um filme de zumbis a que eu havia assistido. Pensando bem, não era o melhor comentário a ser dirigido a um venerável professor budista (cujo título é *ajahn*) durante um retiro de meditação, mas eu estava cansado e mal-humorado depois de ser arrancado do sono às quatro e meia da manhã pelo grande sino de bronze do mosteiro, que vibrara em algum lugar em meio à escuridão a fim de nos chamar do dormitório para o salão de meditação, onde passamos uma hora recitando mantras e meditando.

Foi só algum tempo depois que descobri que, na filosofia budista, o ser humano só é considerado completamente são quando é plenamente iluminado.[1] Os budistas acreditam que o mecanismo da mente humana é defeituoso, como um relógio que sempre se atrasa ou se adianta. Por mais que nos acreditemos racionais e sãos, passamos boa parte da nossa vida pensando obsessivamente sobre nosso *status* social e profissional, com medo da doença e da velhice, ansiando por algumas coisas e detestando outras e ruminando nossos defeitos e os das outras pessoas. Os budistas acreditam que nossa mente é responsável por criar *dukkha*: o sofrimento ou sensação de "insatisfação" que está sempre presente na existência humana comum, o impulso incessante de buscar mais prazer e mais bens materiais, de tentarmos nos agarrar a certas experiências e nos afastar de outras. O monge resumiu essa situação no comentário de que todos nós sofremos de uma doença mental.

Mais cedo naquele mesmo dia, quando o céu começava a clarear na alvorada, sentados no chão de pernas cruzadas na companhia dos monges e monjas perante a imagem dourada de Buda no salão de meditação, havíamos cantado:

O nascimento é dukkha;
O envelhecimento é dukkha;
A morte é dukkha;
O sofrimento, a lamentação, a dor, o pesar e o desespero são dukkha;
A presença do que nos desagrada é dukkha;
A ausência do que nos agrada é dukkha;
Não realizar nossos desejos é dukkha.

Isso não se parecia nem um pouco com os hinos animados e joviais que cantávamos nas reuniões matinais do internato metodista onde eu havia estudado quando criança. Em vez de afirmar o triunfo de seres celestiais sobre o mal, esse cântico nos lembrava que os seres humanos existem imersos no sofrimento. Parecia querer incutir em nós a ideia de que ninguém vive feliz para sempre: *não* vai dar tudo certo. Apesar das alegrias, dos amores e das realizações com que nos deparamos no trajeto da vida, a perda, a decepção, a doença, o envelhecimento e a morte estão à nossa espera depois de cada curva do caminho. Não há como escapar dessas coisas — por mais que nos esforcemos, por mais dinheiro que acumulemos, por mais que tenhamos uma alimentação saudável, por mais que façamos exercícios. Era uma formulação antiga do refrão moderno: "A vida é uma m…, e depois morremos"*.

Talvez você considere essa reflexão demasiado deprimente, talvez a veja como um corajoso reconhecimento da verdade. De minha parte, considerei-a libertadora. Dizendo essas palavras em voz alta, reconhecíamos as mentiras que continuamente contamos a nós mesmos para conseguir chegar vivos até o fim do dia. A honestidade simples do cântico me comoveu e me reconciliou com a realidade. Mesmo assim, a afirmação do monge de que todos nós "temos uma doença mental" me assustou. Parecia-me que uma coisa é sofrer em razão das circunstâncias da vida — a perda, o fracasso, a doença, o envelhecimento — e outra é sofrer de uma doença implacável, como uma depressão ou psicose, que permanece sempre igual, nas sombras da mente, independentemente de a vida ir bem ou mal. Será que essas doenças não constituem uma categoria específica de *dukkha*, que só aflige um pequeno número de infelizes?

Essa opinião começou a me parecer cada vez mais simplista. Nos acostumamos com a ideia de que há dois tipos de pessoa: as que sofrem de uma doença psiquiátrica e as mentalmente saudáveis. Na realidade, contudo, a situação é muito menos definida. Os psiquiatras estão começando a perceber que os diagnósticos tradicionais, como os de depressão, ansiedade, esquizofrenia e transtorno bipolar, não são tão claros quanto antes se acreditava e que os sintomas usados para categorizar os pacientes são, na verdade, muito mais disseminados e existem, em maior ou menor grau, na população em geral.[2, 3]

Tomemos como exemplo a psicose, doença que se costuma supor ser extremamente rara. É tradicionalmente caracterizada como a ocorrência de pensamentos confusos e perturbadores, alucinações e delírios, como a paranoia (a crença infundada de que outras pessoas querem nos prejudicar). Na verdade,

---

* *"Life is a bitch, and then you die"*, frase de uma música de autoria do artista de *hip-hop* norte-americano Nas. (N. do T.)

as alucinações e a paranoia são muito mais comuns do que se pensa. Pesquisas dão a entender que até 30% das pessoas terão alucinações diurnas em algum momento da vida, e entre 20% e 40% são regularmente vítimas de pensamentos paranoides.[4-6] Mesmo nas pessoas em quem efetivamente se diagnosticou psicose, a variedade das alucinações e dos delírios é enorme. Parece que o principal sintoma a caracterizar a "psicose" nas pessoas é sua experiência de ansiedade, depressão e neurose, todas as quais são muito comuns entre pessoas que jamais foram diagnosticadas como portadoras de uma doença mental.[7] Para complicar ainda mais o quadro, pacientes que sofrem de depressão severa também sofrem com frequência dos delírios e alucinações tradicionalmente associados à psicose.

Outro exemplo é o transtorno bipolar, caracterizado por acessos alternados de depressão e euforia ou hiperatividade. Embora somente 1,5% da população da Europa e dos Estados Unidos seja diagnosticado como portador de transtorno bipolar, as alterações de humor são coisa extremamente comum e até 25% das pessoas relatam passar por períodos de euforia, redução da necessidade de sono e aceleração dos pensamentos. Segundo a Sociedade Britânica de Psicologia, isso dá a entender que um diagnóstico "tudo ou nada" de transtorno bipolar seria, como no caso da psicose, uma simplificação excessiva. Os sintomas da doença existem em vários graus na população em geral.[8]

Parece, portanto, que há um certo nível de mal-estar psicológico que atinge não apenas os "mentalmente doentes", mas também os "mentalmente sãos". O diagnóstico formal não passa da ponta de um *iceberg* cuja parte que surge à superfície, embora relativamente pequena, já é bastante ruim. Os serviços de saúde mental têm tido cada vez mais trabalho até em países como a Dinamarca, que durante anos gozou do título de "país mais feliz do mundo" em razão da sua alta renda *per capita*, da baixa desigualdade, das liberdades pessoais, da boa nutrição, dos excelentes serviços de saúde pública, da longa expectativa de vida e de outros parâmetros.[9] Apesar de tantas bênçãos, é surpreendente o número de dinamarqueses que precisam de tratamento para doenças mentais. Cerca de 38% das mulheres e 32% dos homens desse país se tratam num ambulatório ou hospital psiquiátrico em algum momento da vida.[10] Está claro que muitos outros, tanto na Dinamarca quanto em todos os demais países do mundo, sofrem sintomas de doença mental sem recorrer à ajuda profissional de especialistas. São a maioria, que sofre em silêncio: as pessoas que sofrem diariamente de mal-estar mental e procuram, em geral, se virar sozinhas.

Os problemas mentais começam cedo na vida. Estima-se que, no mundo inteiro, 10% das crianças tenham uma doença mental diagnosticável. Cerca de metade dessas doenças são transtornos de ansiedade e a outra metade, transtornos da conduta ou TDAH (transtorno de déficit de atenção/hiperatividade).[11] Muitas dessas crianças crescem infelizes. O melhor parâmetro para saber se uma criança será satisfeita com a vida quando adulta não é o desempenho escolar, a sociabilidade nem o histórico familiar, mas sua saúde emocional durante a infância.[12]

O alto índice de doenças psiquiátricas e o fato de seus sintomas existirem em maior ou menor grau em toda a população dá a entender que essas doenças não são males isolados, como o diabetes e a asma, mas manifestações extremas da condição humana comum. A genética, a educação e os acontecimentos da vida certamente atuam para tornar certas pessoas mais predispostas que outras, mas nossa constituição mental comum — o equipamento cerebral de que todos nós fomos dotados — é uma das maiores culpadas por esse distúrbio psicológico. O diagnóstico tradicional das doenças mentais captura somente uma parte dos nossos problemas, e a disseminação da violência, do preconceito e do conflito na sociedade não são indícios de que nossos mecanismos mentais andam funcionando bem.

O que fazer? Há muito tempo vimos tentando consertar as fraquezas intrínsecas da mente humana. As tentativas de consertar nosso cérebro vacilante são tão antigas quanto a civilização. Talvez se possa afirmar que o único elo real entre as grandes religiões do mundo é que elas vêm se esforçando ao máximo, há milênios, para domar a mente bravia. Assim, quando Ajahn Amaro disse que "todos nós temos uma doença mental", o subtexto dessa frase era ainda mais atrevido: "O budismo é a cura". Todas as religiões, com graus diversos de sucesso, buscam o mesmo objetivo através de meios diferentes. O que parece diferenciar a religião dele das demais é que ela procura realizar essa façanha sem um credo definido, sem um conjunto rígido de mandamentos e sem apelar à intercessão divina.

Muitos têm afirmado que o budismo não é uma religião de modo algum, pelo menos no sentido convencional da palavra. Para um ateu cético, como eu, a ausência de um sistema de crenças no sobrenatural torna o budismo extremamente atraente. Quando me interessei por suas práticas e sua filosofia, há mais ou menos cinco anos, também me intrigou o modo com que aquilo que as outras religiões chamam de "pecado" — luxúria, gula, preguiça, ira, inveja, orgulho e por aí afora — é encarado de forma mais neutra pelo budismo como um "comportamento inábil" que atrairá consequências negativas por meio da inelutável operação das leis de causa e efeito. Por implicação, parece que viver como um ser humano bom e satisfeito é uma habilidade que pode ser aprendida, como dirigir um carro ou bater um bolo. Quanto mais se pratica, melhor se fica. Sob essa ótica, julgar uma pessoa por seu orgulho ou sua cobiça começa a parecer tão estranho quanto a condenar por não saber dirigir ou cozinhar.

Mesmo assim, por que o budismo seria melhor que as demais religiões do mundo — ou mesmo que uma abordagem totalmente irreligiosa — no ensino dessas habilidades? Todas as coisas místicas e religiosas, envolvendo ou não um deus, um credo ou um conjunto de mandamentos, são encaradas com suspeita por muitos cientistas e não crentes, incluindo a maioria daqueles com quem trabalhei ao longo dos anos em minha função de redator e editor científico. A cura que o budismo se propõe oferecer à mente humana angustiada se baseia sobretudo na meditação, a qual, para céticos profissionais como eu, é igualzinha, de início, a qualquer outra moda no campo da saúde. A meditação *mindfulness* (atenção plena), que envolve o cultivo da consciência do momento presente sem a formação de juízos de valor, se espalhou pelo mundo. Cursos de meditação são oferecidos nas escolas do Reino Unido, a delinquentes juvenis em Nova York, a fuzileiros navais norte-americanos prestes a embarcar para zonas de combate, a bombeiros na Flórida e a motoristas de táxi no Irã, para mencionar apenas alguns programas.

Nos círculos intelectuais conservadores, contudo, quem diz que vai meditar ainda tende a se deparar com uma espécie de desprezo zombeteiro. Afirmações antigas sobre a eficácia da meditação foram maculadas por uma certa quantidade de bobageira Nova Era. Em vários países do mundo, as pessoas ainda se lembram de que, nas eleições da década de 1990, os candidatos do

Partido da Lei Natural defendiam a meditação transcendental como cura para todos os males do mundo. O partido declarava que seu programa "sistemático e cientificamente provado" mobilizaria milhares de pessoas que, meditando juntas, criariam a "coerência na consciência nacional" para reduzir o estresse e a negatividade na sociedade pelo poder da levitação. Lembro-me que, em 1994, assisti à surreal propaganda do partido para as eleições europeias, na qual jovens sentados de pernas cruzadas pulavam, sem sair da posição, sobre colchões de mola. Éramos informados de que um grupo desses "yogues voadores" havia reduzido o índice de criminalidade em Merseyside, Inglaterra, em 60% ao longo dos sete anos anteriores.[13]

Diante desse pano de fundo, os cientistas que investigam os potenciais benefícios clínicos da meditação tiveram de dar duro ao longo das últimas décadas para serem levados a sério. Vários pesquisadores me disseram que, quando começaram a atuar nesse campo, admitir para os colegas que se estudava a meditação era um suicídio profissional. Hoje, tudo isso mudou. Alguns dos mais respeitados psicólogos clínicos e neurocientistas do mundo estão envolvidos nessa linha de pesquisa, e seus artigos são publicados em periódicos de renome, como *Nature*, *Proceedings of the National Academy of Sciences* e *The Lancet*. A credibilidade desse campo de atuação foi impulsionada pelo uso de novas tecnologias de produção de imagens do cérebro, como a imagem por ressonância magnética funcional (fMRI), que, em inúmeros estudos, tem demonstrado que os processos de meditação provocam modificações evidentes na atividade cerebral.[14]

Outra novidade são os estudos recentes sobre o cérebro de budistas contemplativos que se dedicam há décadas à meditação em várias tradições monásticas. Essas pesquisas foram inspiradas em grande medida por discussões formais que vários cientistas travam com o Dalai Lama desde a década de 1980. Um dos neurocientistas mais envolvidos nesse trabalho é Richard Davidson, da Universidade de Wisconsin, que diz que ainda temos muito a aprender com esses contemplativos. "Essas pesquisas sublinharam o valor potencial dessas tradições para o cultivo de hábitos mentais mais saudáveis", disse-me. "A prática mental é capaz de produzir mudanças fundamentais no cérebro, consolidando os novos hábitos." Ele acredita que a "plasticidade inata" do cérebro — sua capacidade para mudar suas ligações eletroquímicas à medida que aprendemos com a experiência e desenvolvemos novas habilidades — pode ser aproveitada para produzir bem-estar. Segundo essa ideia, a felicidade é uma habilidade que, como qualquer outra, pode ser desenvolvida por meio da prática diligente.[15]

Ao mesmo tempo, muita gente encara a meditação com cautela. Uma das ideias errôneas mais comuns, que inspirou a piada cínica que fiz naquela manhã no mosteiro, é que ela transforma as pessoas em zumbis — em criaturas que tiveram sua personalidade e todos os seus desejos e ambições extirpados. Quando ouvi a gravação de minha entrevista com Ajahn Amaro, aliviei-me ao descobrir que fora ele quem primeiro chamara a atenção para esse assunto. Eu dissera que o budismo, que dá destaque ao cultivo da "ausência de ego", nada contra a corrente da cultura ocidental, que salienta a busca incessante da autopromoção. É isso que nos faz levantar da cama de manhã e paga nossas contas. Ele discordou: "As pessoas acham que, na prática budista, temos de estar totalmente livres de desejos e, por isso, devemos nos esforçar para não querer nada. Entendem que isso significa que devemos ser totalmente passivos, que busquemos nos transformar em zumbis que nada fazem. Trata-se de um erro radical, pois (a) trabalho não é sofrimento e (b) paz não é inatividade. Quando pensamos 'quero estar em paz', pensamos em ir à praia e sair da realidade; mas podemos estar perfeitamente em paz e, ao mesmo tempo, estarmos trabalhando. As duas coisas não são contrárias uma à outra".

O mínimo que este livro se propõe é demonstrar que os dados da neurociência indicam que a meditação pode tornar as pessoas *menos* semelhantes a zumbis, dando-lhes mais controle sobre seus pensamentos, emoções e comportamento. *Budismo e meditação mindfulness* fala sobre a ciência da atenção plena e a busca da iluminação espiritual — ou, para dizer a mesma coisa com palavras menos carregadas, a busca do máximo bem-estar psicológico. O termo *iluminação* tem uma conotação nitidamente religiosa, embora signifique, para os budistas, a simples percepção das coisas tais como realmente são, sem nenhum tipo de ilusão. Não é muito diferente do que os cientistas buscam quando estudam a química, a física e a biologia do nosso mundo. Mas o que dizer daquela outra palavrinha escorregadia — *espiritual*? À medida que fui me aprofundando na meditação *mindfulness* e no budismo, a diferença entre a orientação espiritual proporcionada por mestres como Ajahn Amaro e os cursos de meditação fornecidos por profissionais de saúde mental foi se tornando cada vez menos definida. Nos últimos dez anos, publicaram-se milhares de estudos que procuraram investigar a eficácia da meditação não religiosa ligada à técnica de *mindfulness* para tratar a dependência química, a depressão, a ansiedade e muitos outros males da mente. É o seu ponto de vista que vai determinar se essa abordagem busca melhorar a "saúde espiritual" ou o "bem-estar mental" das pessoas. A escolha de palavras vai depender de o curso de *mindfulness* ser dado em um mosteiro ou em uma clínica. Ajahn Amaro, como muitos outros instrutores budistas, vê a si mesmo tanto como um orientador espiritual quanto como um conselheiro de saúde mental. Todos os dias, as pessoas partilham com ele suas ansiedades, seus problemas e suas preocupações. Ele ouve e dá conselhos sobre possíveis cursos de ação. No fim das contas, não há muita diferença entre seu papel e o de um especialista não religioso em terapia de atenção plena (*mindfulness*).

Uma questão mais importante: qual o grau de confiabilidade dos dados clínicos que comprovam a eficácia da meditação *mindfulness*? Os novos campos de pesquisa costumam se caracterizar pelo otimismo de seus adeptos, mas também por uma falta de rigor experimental. Será que os benefícios da atenção plena têm sido apresentados de maneira exagerada? Não seria a primeira vez que um novo tratamento para as doenças mentais foi promovido com estardalhaço pelos meios de comunicação e pelas pessoas envolvidas em seu desenvolvimento. Em 2004, escrevi um artigo para a revista *New Scientist* sobre uma classe de antidepressivos chamada ISRS, na qual se incluem a fluoxetina (Prozac) e a paroxetina (Paxil), que nos últimos dez anos têm sido comercializados como remédios milagrosos.[16] Dizia-se que eles eram "melhores que ótimos" e tinham poucos efeitos colaterais. Criou-se o mito popular de que as pessoas que tomavam esses medicamentos sentiam-se bem o tempo todo. Quando escrevi o artigo, os furos dessa imagem propagandística já haviam começado a se evidenciar. Novas pesquisas davam a entender que eles não eram nem de longe tão eficazes quanto se afirmara e que tinham efeitos colaterais graves. Empreenderam-se pois estudos definitivos demonstrando que os ISRS são, na melhor das hipóteses, razoavelmente eficazes para combater a depressão leve ou moderada; e, na pior das hipóteses, não têm utilidade alguma.[17-19]

Será que as aplicações clínicas do *mindfulness* se mostrarão à altura das promessas iniciais? Ou será que se descobrirá que também nesse caso tudo o que houve foi um estardalhaço de mídia? Será que a bolha de entusiasmo em torno da investigação científica da meditação *mindfulness* está a ponto de estourar? Como no caso de muitos outros tratamentos novos, as primeiras investigações sobre a meditação *mindfulness* tinham alguns pontos fracos, mas as pesquisas mais recentes têm sido muito mais rigorosas, e publicaram-se já várias análises que reúnem os resultados de diversos estudos, envolvendo, no total, milhares de pessoas. Já são muito fortes, por exemplo, os indícios de que a terapia com a meditação *mindfulness* seja capaz de prevenir a recaída em pacientes com depressão grave. As pesquisas clínicas sobre o valor dos programas de *mindfulness* para tratar insônia, transtorno de estresse pós-traumático (TEPT), transtorno bipolar, psicose e muitas outras doenças ainda estão engatinhando, mas já há bons indícios em favor de sua eficácia contra transtornos de ansiedade, dor crônica e dependência química. Sua capacidade de aumentar o desempenho cognitivo — melhorando a memória e elevando o QI, por exemplo — é menos segura, pois ainda não se conduziram pesquisas de alta qualidade nessas áreas; por outro lado, há indícios sólidos de que a prática da atenção plena é capaz de aguçar a concentração e aperfeiçoar o controle emocional.

O que se sabe com certeza é que, ao contrário do ato de engolir uma pílula, a meditação *mindfulness* não é um remédio fácil e rápido. A obtenção de benefícios duradouros exige, com toda probabilidade, uma prática dedicada que se prolongue para além das oito semanas de duração dos cursos habituais. O *mindfulness* é uma *maneira de ser* a cada momento, não um fim em si; e os budistas a entendem como um elemento entre outros — por essencial que seja — de um programa muito mais amplo de promoção da felicidade e do contentamento. Creem, por exemplo, que a iluminação espiritual é impossível sem a compaixão por si mesmo e pelos outros e sem uma conduta ética. Um dos meus objetivos ao escrever este livro é levar esses ensinamentos a um público mais amplo e investigar quanto eles resistem a um exame científico aprofundado.

Se a meditação *mindfulness* realmente funciona como se diz que funciona, a pergunta que fica é: por quê? O que deu tão errado ao longo da evolução do cérebro humano que exige que ele seja consertado pela meditação? Curiosamente, ninguém com quem conversei ao longo das pesquisas que fiz para este livro deu muita atenção a essa questão. Assim, em *Budismo e meditação mindfulness*, proponho uma solução possível para esse enigma, baseando-me nos dados da antropologia, da neurociência e da genética. Há quem descarte de antemão qualquer especulação sobre a evolução das características mentais e psicológicas; tal especulação não caberia à ciência, mas à filosofia. No entanto, o cérebro humano e, por extensão, a mente humana foram produzidos pela evolução da mesma maneira que os rins ou os olhos, de modo que seria estranho não procurar, usando os meios à nossa disposição, explicar como ele desenvolveu seus traços peculiares. Se formos capazes de descobrir de que modo a meditação soluciona esses probleminhas evolutivos por essencial que seja — se é que soluciona mesmo —, teremos descoberto as bases científicas da iluminação.

As ferramentas mentais que o budismo usa para melhorar o bem-estar psicológico foram desenvolvidas no século V a.C., mas só agora os neurocientistas e psicólogos estão começando a investigar o potencial desse equipamento para modificar o cérebro e o comportamento. Não se publicou ainda nenhum estudo "longitudinal" que acompanhe o progresso das pessoas ao longo de meses, anos e décadas depois de terem começado a meditar regularmente. Suponhamos, por exemplo, que fôssemos acompanhar as modificações no cérebro de um jovem adulto que entrasse num tal programa, desde o nível de principiante absoluto até o de especialista ou mesmo de iluminado, muitos anos depois. O que um tal estudo poderia nos dizer acerca do potencial de aperfeiçoamento da mente humana em vista da perfeita saúde mental e da felicidade? Baseando-se em dados científicos, este livro recua no tempo para contemplar a transformação ocorrida no cérebro de um homem de 29 anos, aparentemente igual a todos os outros, chamado Siddhārtha Gautama (Siddhatta Gotama na língua páli), cuja jornada espiritual começou há 2.500 anos. Com o tempo, ele acabou revolucionando o modo como seus contemporâneos viam a si mesmos e, mais que qualquer outra pessoa, trabalhou para evidenciar à nossa espécie sofredora os benefícios da meditação. Com base nos relatos da tradição budista, *Budismo e meditação mindfulness* reconstrói alguns dos momentos mais importantes da vida desse homem.

"Todos nós temos uma doença mental", disse sorrindo o abade do Mosteiro Amaravati. Foi uma declaração extraordinária, mas eu sabia o que ele queria dizer. "É por isso que estamos aqui", respondi.

CAPÍTULO 1

O paraíso dos tolos

Nossa vida é moldada pela mente; tornamo-nos aquilo que pensamos. O sofrimento segue um mau pensamento da mesma forma que as rodas de uma carroça seguem os bois que a puxam.

— *The Dhammapada* (traduzido para o inglês por Eknath Easwaran), versículo 1º

Imagine um bosque luxuriante num fim de tarde de primavera. Está calor; os únicos sons audíveis são a algazarra das cigarras e o murmurejar de um rio que serpenteia em meio à mata. No meio do bosque há uma velha figueira, com tronco largo e folhas novas em forma de coração. De pernas cruzadas debaixo da árvore, quase oculto nas sombras projetadas pelo sol poente, entrevê-se a silhueta de um homem magro, envolto em trapos. Olhando-se mais de perto, não se pode deixar de notar seus olhos fundos, a face encovada e quanto os trapos são maiores e mais largos que seus ombros ossudos, embora ele esteja sentado em posição perfeitamente ereta — sólido e inabalável como a velha árvore.

Nossa história começa nas margens arenosas do Rio Nerañjarã, perto do povoado de Uruvelã, no norte da Índia. Quatrocentos anos ainda se passarão antes que nasça Jesus Cristo, e os grandes pensadores da Grécia antiga estão ainda lançando os fundamentos da ciência e da filosofia. O indiano magro que se senta imóvel sob a figueira é Siddhãrtha Gautama, um sem-teto de trinta e poucos anos. Poucos minutos antes de ali chegarmos, ele terminara uma refeição de arroz cozido em leite de coco, raspando os últimos grãos de sua tigela.

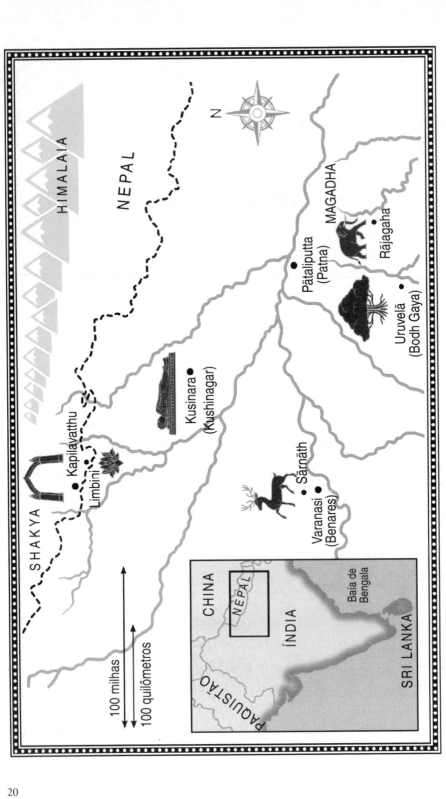

* Locais importantes na vida do Buda.

Fora sua primeira refeição em muito tempo e é possível até que o tenha salvo de uma morte prematura e inglória por inanição. Alguns anos depois, descrevendo a difícil situação em que se encontrava, ele diria que, após anos de uma ascese brutal, ele começara a perder os cabelos. Seus membros pareciam-se com "ramos de videira ou de bambu amarrados uns nos outros. Por comer tão pouco, meus fundilhos assumiram o aspecto de uma pata de camelo". As costelas projetavam-se-lhe do peito como "as vigas do teto de um velho celeiro, cujo telhado já caiu"; seus olhos estavam tão fundos que "pareciam-se com o tremeluzir da água no fundo de um poço".[1]

Seu pai, de nome Suddhodana — um homem rico e influente, que era o chefe eleito ou o "rei" do clã dos Shakyas, cujo país situava-se aos pés do Himalaia, no remoto norte da Índia —, teria ficado horrorizado se o visse nesse estado. Seis anos antes, o Príncipe Siddhārtha vivia rodeado de conforto na grande casa da família em Kapilavatthu (Kapilavastu), a capital do país dos Shakyas, cerca de 370 quilômetros a noroeste de Uruvelā, perto da fronteira entre o atual Nepal e o estado indiano de Uttar Pradesh. Seus familiares eram membros da casta *kshatriya*, a classe dos governantes e guerreiros. Segundo a lenda, quando Siddhārtha era bebê, oito sacerdotes brâmanes haviam predito que ele se tornaria um governante que dominaria o mundo ou renunciaria ao mundo para cumprir um destino espiritual. O Rei Suddhodana resolveu não dar margem para o azar no que se referia à carreira do filho. Não poupou esforços nem gastos para garantir que, enquanto Siddhārtha crescia, gozasse de todos os luxos e não experimentasse o menor desconforto. "Na casa de meu pai, foram construídas piscinas com flores de lótus somente para meu uso; numa delas floriam lótus azuis; em outra, brancos; e em outra, vermelhos. Eu não usava sândalo que não fosse de Benares; meus turbante, túnica, roupa de baixo e manto eram todos de tecidos de Benares. Um guarda-sol branco era estendido sobre mim dia e noite, para que eu não fosse perturbando nem pelo calor nem pelo frio, nem pela poeira nem pelo sereno."[2] Seu pai ordenou que os guardas do palácio o impedissem de se deparar com qualquer sinal de doença, envelhecimento ou morte. O rei acreditava que, se protegesse seu filho dos desagrados da vida, ele não se sentiria atraído pela vida espiritual e, antes, tomaria o caminho do mundo e se tornaria um líder poderoso.

Quando Siddhãrtha chegou aos 29 anos, tudo parecia estar correndo de acordo com o plano de seu pai. Ele crescera belo e forte e conquistara a mão de uma bela jovem da maneira tradicional — num campeonato de arquearia. Sua esposa acabara de dar à luz um filhinho saudável. Porém, apesar dos esforços do pai, chegou o dia inevitável em que Siddhãrtha se viu face a face com as realidades da vida. Numa manhã em que saíram de carruagem, Siddhãrtha e seu cocheiro se depararam com um velho decrépito. Siddhãrtha perguntou ao cocheiro o que havia de errado com aquele homem. O cocheiro explicou que era aquilo que acontecia com as pessoas à medida que avançavam em anos — sua mente e seu corpo perdiam o vigor. Pouco depois, eles encontraram um homem doente e, depois, viram um cadáver. No fim, não havia como escapar dessas coisas. Nem o homem mais rico e poderoso do mundo seria capaz de fugir à doença, à velhice e à morte. Siddhãrtha se deu conta de que, cedo ou tarde, as melhores e mais belas coisas desta vida — os mais ricos prazeres — desapareceriam. Nada era perfeito, nada era permanente. Tudo o que ele amava estava sujeito à mudança, à decrepitude e à morte.

O rei provavelmente percebeu uma mudança no estado de espírito do filho. Ele parecia absorto, introspectivo. Para animá-lo, Suddhodana mandou que músicos e dançarinas o divertissem naquela noite. No entanto, como depois relatou Siddhãrtha, ele despertou no meio da noite e viu que todos haviam dormido. Os menestréis haviam deixado cair os instrumentos e as dançarinas exaustas estavam estendidas pelo chão. A cena não era bonita de se ver: "algumas babavam, outras rangiam os dentes, outras roncavam, outras ainda falavam dormindo; algumas estavam de boca aberta, outras com as roupas desarrumadas...".[3] Siddhãrtha sentiu-se enojado. Aquilo que poucas horas antes lhe parecera belo, luminoso e sensual agora estava feio e sem atrativo algum. Refletindo, ele concluiu que esse é o fim inevitável dos prazeres do mundo. Quando se retirou para o quarto e olhou para a esposa adormecida, perdeu todo o desejo que tinha por ela, pois tudo o que conseguia ver era a mulher idosa em que ela ia se tornar. Olhando para o filho recém-nascido no berço e refletindo sobre o futuro da criança, Siddhãrtha viu a si mesmo e a ele presos numa armadilha que os amarrava a uma rotina fútil de deveres, diversões triviais, sofrimento, decepção e morte.

Diante dessa crise mental súbita, a solução lhe pareceu óbvia. Ele fugiria e começaria uma nova vida, livre dos grilhões do lar e da família. Buscaria um caminho para escapar desse ciclo de sofrimento. Naquele mesmo dia, mais cedo, depois de se deparar pela primeira vez com os horrores da velhice, da doença e da morte, outro ser estranho lhe chamara a atenção: um homem sentado de pernas cruzadas numa esquina da cidade, alheio ao burburinho e ao caos ao seu redor, radiante e sereno. O cocheiro lhe revelara se tratar de um asceta mendicante, um buscador da verdade que morava na floresta e dependia da generosidade alheia. Para Siddhārtha, era como um mensageiro dos céus que lhe apontava o caminho. "Ainda jovem, um homem de cabelos negros dotado das bênçãos da juventude, no primeiro estágio da vida — e enquanto lágrimas escorriam pelo rosto de meus pais contrariados —, raspei a barba e os cabelos, vesti um manto cor de ocre e abandonei a vida de pai de família, adotando a de um asceta sem lar."[4] Assim começou sua busca pelo estado de iluminação espiritual, com sua "paz incomparável".

Apesar dos 2.500 anos que se passaram de lá para cá, ainda conseguimos entender a situação do jovem e mimado Siddhārtha. Como ele, muitos dentre nós fomos criados num paraíso dos tolos. A maior parte dos habitantes do mundo ocidental desenvolvido tem alimento em abundância; as diversões e distrações estão à distância de uma curta viagem de carro ou de um toque dos dedos; medicamentos e cirurgias nos dão a ilusão de que seremos capazes de derrotar a doença e a morte (embora simplesmente adiem e prolonguem a velhice). Até uma época relativamente recente da história humana, a morte era um aspecto comum da vida cotidiana das pessoas, mas hoje há muitos jovens que têm imensa dificuldade para imaginar que um dia eles também morrerão. Muitos, como Siddhārtha, crescem sem jamais ter visto um cadáver com os próprios olhos. A morte é um ingrediente comum dos filmes, novelas e noticiários, mas o nosso próprio desaparecimento é considerado tabu como tema de conversa. Talvez acreditemos subconscientemente que, se não falarmos sobre a morte, poderemos evitá-la. Pelo mesmo motivo, não gostamos de falar sobre doenças fatais debilitantes, como o câncer. É claro que essas ilusões não duram, mas talvez valha a pena prolongá-las ao máximo para que possamos levar uma vida feliz e realizada enquanto ainda temos saúde. Quem dera as coisas fossem simples assim. Nas economias avançadas, muitos têm gozado de um padrão de vida cada vez mais alto desde a década de 1950 e se valeram de um sistema de assistência médica e previdência social cada vez mais sofisticado. No entanto, o nível de satisfação com a vida não mudou praticamente nada nesse meio século. Estamos às voltas com aquilo que os epidemiologistas chamam de "paradoxo da felicidade".[5]

Qual será o nosso erro? As pesquisas dão a entender que, mais ainda que a saúde física, o emprego e a ausência de pobreza, a saúde mental é o fator mais importante da felicidade individual nos países desenvolvidos. Infelizmente, parece que vamos muito mal nesse quesito.[6] A Organização Mundial da Saúde (OMS) estima que, no mundo inteiro, a qualquer momento 450 milhões de pessoas sofrem de algum transtorno mental ou de comportamento. Desse total, 350 milhões são adultos que sofrem de depressão clínica. Isso significa que as doenças psiquiátricas estão entre os principais fatores de incapacitação. No mundo inteiro, cerca de um milhão de pessoas comete suicídio a cada ano.[7] Mesmo os países mais ricos são hoje afligidos por índices assustadores de doença mental. No Reino Unido, uma em cada quatro pessoas enfrenta uma crise de saúde mental no decorrer de um ano, sendo a ansiedade crônica e a depressão os males mais comuns. Quase 6% dos britânicos com mais de 16 anos relatam que tentaram o suicídio em algum momento da vida.[8] Daqui a pouco, as doenças mentais serão o principal fator de pressão sobre os serviços de saúde pública dos países ricos; a OMS prevê que a depressão será a doença que mais acarretará perdas financeiras nos países de alta renda em 2030.[9] Prevê-se que o custo global dos transtornos mentais, medido pela produtividade econômica perdida, será da ordem de 16 trilhões de dólares nos próximos vinte anos.[10]

Em 2015, assisti em Londres a uma conferência chamada Crise Global da Depressão. Kofi Annan, ex-secretário-geral da ONU, abriu o evento com as seguintes palavras: "Sejamos sinceros, às vezes, uma conferência recebe um título deliberadamente exagerado a fim de chamar a atenção para um problema que vem sendo negligenciado. Não é esse o caso desta conferência. Não é exagero algum dizer que o problema da depressão representa uma crise global". No Capítulo 6 deste livro, "Chinelos de ouro", explico o papel de uma psicoterapia inspirada pelas práticas contemplativas budistas, chamada terapia cognitiva baseada em *mindfulness* (MBCT — Mindfulness-based Cognitive Therapy), nos esforços para resolver esse terrível problema.

A riqueza não nos protege da infelicidade, mas ajuda a combatê-la. Há uma correlação clara entre pobreza e doença mental. A lenda da juventude de Siddhārtha parece um experimento mental conduzido por seus primeiros seguidores à medida que iam ornamentando e transmitindo a história às gerações futuras. Suponhamos que um ser humano tivesse tudo o que quisesse — saúde física, alimento de boa qualidade e em abundância, riquezas, conforto, prazeres sensuais, boa posição social, uma família, segurança —, isso seria suficiente para lhe garantir uma felicidade duradoura? A conclusão deles é que não: a psique humana é intrinsecamente defeituosa e recusa a satisfação permanente mesmo em circunstâncias aparentemente ideais.

Trata-se de uma descoberta chocante. Quando foi que as coisas deram errado para a mente humana? É fácil cairmos na armadilha de pensar que a evolução avança como o processo de *design* de uma série de automóveis cada vez mais complexos — uma progressão linear e ordenada que conduz do equivalente de um Ford Modelo T até a potência e a sofisticação de um carro de Fórmula 1 — quando, na verdade, o processo foi sempre desordenado e imperfeito. Ainda estamos aqui, nossa espécie prosperou mais que qualquer outra, mas esse caminho foi marcado por muitos incidentes infelizes. Toda vantagem evolutiva tem seu lado negativo. Para dar apenas alguns exemplos relacionados à saúde humana, o sistema imunológico dos vertebrados evoluiu no decorrer de bilhões de anos para proteger o corpo contra a invasão de patógenos, mas também pode se voltar contra os próprios tecidos do corpo e causar um grande número de doenças autoimunes, como a artrite reumatoide, a esclerose múltipla e o diabetes tipo 1. As células se reproduzem para renovar os tecidos e reparar lesões, mas podem se dividir de forma incontrolável, causando câncer. As pessoas que têm um único exemplar de um certo gene toleram a infecção do *Plasmodium*, parasita que causa a malária,[11] doença que infesta a África Subsaariana desde o desenvolvimento da agricultura, há alguns milhares de anos. Mas a presença de dois genes iguais causa uma doença dolorosa e potencialmente fatal chamada anemia falciforme.

A seleção natural não é algo que nos aproxima mais e mais de um estado de perfeição divina, mas, na realidade, uma série de canhestras soluções de meio-termo. As adaptações podem até ter um benefício líquido, mas acarretam desvantagens. Assim ocorreu com a evolução da mente humana. Não há dúvida de que nosso cérebro, que Issac Asimov[12] descreveu certa vez como "o acúmulo de matéria mais magnificamente organizado em todo o universo conhecido", é um produto maravilhoso da seleção natural, contando a linguagem e a criatividade entre as mais incríveis adaptações por ele produzidas; no entanto, as estatísticas de doença mental dão a entender que ele não foi muito bem concebido no que se refere à estabilidade psicológica e à felicidade duradoura. A seleção natural vai extirpando das populações aqueles genes que prejudicam a capacidade de sobreviver e se reproduzir, e, à primeira vista, doenças mentais comuns como a dependência química, a ansiedade e a depressão não se encaixam nessa lei universal. Embora tenham um forte componente genético e aqueles que delas sofram tendam a ter menos filhos do que os que não as têm, essas doenças continuam sendo comuns em muitas populações pelo mundo afora.[13] Isso dá a entender que os mesmos genes que tornam uma pessoa suscetível a doenças mentais comuns desempenharam um papel importante para garantir nossa sobrevivência como espécie. Esses genes não conferiram somente desvantagens, mas também vantagens.

Ainda não se determinou a natureza exata desse jogo de compensações, mas não é preciso procurar muito longe para encontrar exemplos dos custos e benefícios oferecidos pelo sistema nervoso central do ser humano. Todos nós temos impulsos biológicos embutidos em nossa constituição — como a fome, a sede e o desejo sexual — que são indispensáveis para a perpetuação dos nossos genes. Os neurotransmissores do sistema de recompensas químicas do cérebro nos fazem alimentar nosso corpo e nos reproduzir. Porém, esse mesmo sistema nos dá uma sensação boa depois de comermos um pote inteiro de sorvete de flocos — ou aspirarmos uma carreira de cocaína. O sistema de recompensas químicas, além disso, não só nos induz a retornar à substância ou atividade que nos dá prazer, como também perde sensibilidade a cada contato nosso com essa substância ou atividade, induzindo-nos a buscar doses cada vez maiores da droga, do alimento ou do comportamento em questão para obtermos o mesmo efeito. Pode ser que, mimando Siddhãrtha e proporcionando-lhe todos os prazeres possíveis, seu pai tenha colaborado para direcioná-lo rumo ao destino que queria evitar. Num mundo de fartura, os impulsos que nos ajudam a sobreviver em ambientes menos favoráveis podem ocasionar nossa queda, arrastando-nos para um ciclo de desejo, excesso, decepção e remorso. Esse será o tema do Capítulo 7, "Adoradores do fogo", que estuda a dependência e certas pesquisas promissoras segundo as quais a meditação pode ser usada para reduzir o desejo da droga, ajudando os fumantes a parar de fumar e os ex-dependentes a manter-se longe da substância da qual dependiam.

Vou defender a ideia de que nossas muitas fraquezas mentais têm sua origem nos padrões de reação que, inscrevendo-se na eletroquímica do cérebro, permitiram que nossos antepassados prosperassem no passado distante, em circunstâncias muito diferentes das nossas. Outro exemplo é a reação de "luta ou fuga" — uma série de mudanças fisiológicas orquestradas pelo sistema nervoso central, que preparam nosso corpo para combater ou correr para salvar a vida. Ela significava a diferença entre a vida e a morte para um ser humano primitivo derrubado por um predador faminto, mas um estímulo sensorial que nos assuste, como um ruído alto ou um empurrão que alguém nos dá sem querer num vagão de metrô lotado, pode desencadear no corpo exatamente as mesmas mudanças. Desnecessário dizer que dar um murro na pessoa que acidentalmente nos empurrou no metrô em nada vai colaborar para tornar melhor a sua vida ou a dela. Pior ainda, a longo prazo, a ativação reiterada da reação de luta ou fuga — também chamada de estresse crônico — é nociva tanto física quanto psicologicamente, aumentando o risco de sofrermos de doenças cardíacas e mentais.[14,15] No capítulo seguinte, "Brincadeira de criança", vou falar sobre a reação de relaxamento, que constitui a compensação natural do corpo à reação de luta ou fuga. Já se sabe com razoável grau de certeza que a meditação é bastante eficaz para evocar essa reação fisiológica e, nesse sentido, ajuda as pessoas a lidar com situações de estresse, capacitando-as a reconduzir seus corpos, por um simples ato de sua vontade, a um estado de menor excitação emocional. Vou lhe proporcionar algumas instruções simples que você poderá usar para praticar você mesmo essa forma de meditação. Ao longo do livro há várias outras meditações que lhe permitirão sentir o gostinho de outras técnicas comuns de meditação *mindfulness*.

A dependência e o estresse crônico são duas das "falhas de *design*" mais claras que se insinuaram na constituição mental dos seres humanos no decurso da evolução e que só se evidenciaram em época relativamente recente da história da nossa espécie. Felizmente, o cérebro dispõe de outro mecanismo intrínseco que, no decorrer do tempo, é capaz de aliviar emoções poderosas como a raiva e o medo, e será esse o tema do Capítulo 8, "Um elefante bêbado". Porém, os problemas do cérebro não são somente os impulsos, as emoções primitivas e os mecanismos de defesa. Certas capacidades que nos distinguem de todos os demais primatas — a linguagem, a criatividade e a capacidade de viver em grupos grandes cujos membros cooperam entre si — também têm seu lado negativo, como explicarei no Capítulo 9, "A queda". São talentos que passaram a fazer parte do nosso repertório mental quando a evolução nos transformou em macacos inteligentes e altamente sociáveis. Nosso cérebro desenvolveu então uma capacidade chamada "teoria da mente", que nos permite não somente reconhecermo-nos como indivíduos distintos de nossos companheiros como também identificarmo-nos com os outros, vendo o mundo com base na perspectiva deles e atribuindo-lhes crenças, pensamentos e desejos. Essa faculdade nos permite prever como as outras pessoas se comportarão numa determinada situação e descobrir por que elas disseram ou fizeram alguma coisa. Nos dá a capacidade de nos identificarmos com os sentimentos delas, mas ao mesmo tempo nos dá a capacidade de enganá-las. Além disso, quando um indivíduo tem problemas de adequação em sua teoria da mente, pode dar uma interpretação errônea às motivações ou intenções das outras pessoas, caindo no delírio e na paranoia.[16]

Também em matéria de viajar mentalmente no tempo nós somos muito mais hábeis que nossos mais chegados parentes do mundo dos macacos. No palco da nossa mente, somos capazes de reencenar experiências pessoais — conversas que tivemos, alimentos que provamos e músicas que ouvimos. Somos capazes de nos adiantar no tempo, especulando sobre acontecimentos futuros, planejando o que vamos fazer e dizer e prevendo como vamos reagir em determinadas circunstâncias. Essa é a própria substância do pensamento:

é essencial para o raciocínio, o planejamento e o aprendizado com a experiência e é o estado natural em que o cérebro se coloca quando não se dedica a nenhuma tarefa externa específica. A mente desocupada corre para cá e para lá, a seu bel-prazer, trilhando diversos caminhos de pensamento como um cachorrinho que se soltou da coleira e passeia pelo parque. Mesmo quando tentamos nos concentrar em algo importante, como um texto ou *e-mail* que temos de escrever ou uma conversa com um amigo pelo telefone — ou mesmo, ouso dizer, na leitura de um livro —, nossa atenção se desvia constantemente.

Uma mente que vaga ao léu não é muito eficiente, mas será que, além disso, colabora para nos tornar infelizes? Os pensamentos, por sua própria natureza, são subjetivos e fugazes como golpes de vento, mas os psicólogos fizeram todo o possível para estudá-los. Para tanto, inventaram uma técnica chamada "amostragem de experiências", na qual se pede às pessoas que relatem num diário que levam sempre consigo, ou a um pesquisador com quem conversam pelo telefone, o que estão pensando e sentindo em certos momentos predeterminados do dia. Esse tipo de estudo, porém, além de ser caro, não é nem muito conveniente nem muito espontâneo para os participantes, de modo que o tamanho das amostras é pequeno e os resultados, indignos de confiança. Para resolver esse problema, alguns psicólogos de Harvard encontraram uma solução típica do século XXI: criaram um aplicativo. Nos últimos anos, mais de 15 mil pessoas baixaram o aplicativo "Track Your Happiness" [Acompanhe sua Felicidade], disponível para iPhone, que em diversos momentos do dia as interrompe para fazer-lhes perguntas como: *Como você está se sentindo agora? O que você está fazendo agora? Está pensando em algo que não seja o que você está fazendo?*

Com base nas respostas fornecidas por 2.250 adultos, os pesquisadores concluíram que, em geral, as mentes das pessoas não estão voltadas para o que elas estão fazendo durante incríveis 47% do tempo total e durante pelo menos 30% do tempo despendido em qualquer atividade [...] exceto fazer amor (10%).[17] Como cantava John Lennon, "A vida é o que acontece enquanto estamos ocupados fazendo outros planos".[18] No geral, o tipo de atividade tem pouco efeito sobre o grau em que a mente se distrai e não determina em absoluto o fato de os pensamentos serem agradáveis ou desagradáveis. Um dado muito importante: as pessoas se diziam menos felizes quando sua mente vagava do que quando estavam concentradas, qualquer que fosse a atividade a que se dedicassem no momento. Por isso, mesmo fazendo a coisa de que menos gostassem — lavando a louça ou indo de ônibus para o trabalho, por exemplo —, a mente descontrolada as fazia sentir-se ainda menos felizes. Uma análise estatística dos dados deu a entender que a mente vagante era a *causa* e não mera consequência da infelicidade. Assim, a correlação entre a felicidade e os *pensamentos* das pessoas era maior que a correlação da primeira com suas *ações*.

Os psicólogos não foram os primeiros a reparar nesse fenômeno. No Dhammapada (O Caminho da Verdade), coletânea de dizeres atribuídos a Siddhārtha, os dois primeiros versículos resumem de modo lapidar essa norma universal:[19]

Nossa vida é moldada pela mente; tornamo-nos aquilo que pensamos. O sofrimento segue um mau pensamento da mesma forma que as rodas de uma carroça seguem os bois que a puxam.

Nossa vida é moldada pela mente; tornamo-nos aquilo que pensamos. A alegria segue um pensamento puro como uma sombra que nunca se separa.

Siddhārtha concluiu que encontrara o antídoto para o sofrimento. Julgou-se capaz de consertar os defeitos da psique humana. No século V a.C., as pessoas ainda não tinham a mínima consciência de que a mente é um produto da atividade elétrica do cérebro, o qual, por sua vez, é ele próprio um produto de bilhões de anos de evolução. Parece que Siddhārtha não precisou dessas informações para desenvolver seu modelo da mente humana. Sua filosofia, que ele pôs em prática em sua busca da iluminação, era a de experimentar diferentes práticas e constatar por si mesmo se funcionavam ou não. Se os ensinamentos de alguém são incoerentes, se não aliviam o sofrimento ou o intensificam, devem ser abandonados. Encoraja-se o ceticismo. Certa vez, ele disse: "Não se fie em relatos, lendas, tradições, textos sagrados, conjecturas lógicas, inferências, analogias, acordo de opiniões, probabilidades e no pensamento 'Este contemplativo é nosso mestre'. Quando constatarem por si mesmos que 'Estas qualidades são inábeis; estas qualidades são censuráveis; estas qualidades são criticadas pelos sábios; estas qualidades, quando adotadas e postas em prática, produzem dano e sofrimento' — devem, então, abandoná-las".[20]

Em outras palavras, *nullius in verba* — "não acredite nas palavras de ninguém". Esse é o lema da Royal Society, fundada em Londres no século XVII para promover um novo tipo de filosofia que rejeitava a sabedoria tradicional e buscava o conhecimento por meio da observação e da experimentação. Na época ela se chamava "filosofia natural", mas hoje em dia se chama ciência. É claro que a observação preconizada por Siddhārtha era a *auto-observação*. Ela tem valor inestimável para obtermos informações sobre nossas emoções, nosso comportamento e nossas motivações, mas o que dizer das ideias que as outras pessoas nos transmitem? Será racional confiar nas percepções que umas poucas pessoas (por mais veneráveis que sejam) obtiveram dentro de sua própria mente e aplicar a todos as lições assim aprendidas? Felizmente, já não precisamos dar esse salto de fé: a ciência nos proporcionou ferramentas objetivas — estudos clínicos e tecnologias como o mapeamento do genoma e a ressonância magnética — que podem ser usadas com um rigor sem precedentes para pôr à prova determinadas afirmações. Podemos fazer estudos científicos não somente para saber *se* a meditação e outros elementos da prática budista têm benefícios tangíveis, mas também *como* eles funcionam no cérebro para influenciar o comportamento e o bem-estar.

De todas as religiões do mundo, o budismo talvez seja a mais pacífica e sensata. Não é um sistema de crenças; para praticá-lo, não é preciso recitar um credo nem entrar em comunhão com deuses, anjos ou almas de mortos, mas, sim, investigar os caminhos da mente. Embora seus antecedentes não sejam completamente ilibados, tem um histórico de convivência com outras religiões, sobretudo na Índia, seu país de origem. Uma das minhas principais motivações ao escrever este livro foi a de explorar a credibilidade científica de sua psicologia. Os budistas asseveram, por exemplo, que podemos minimizar o sofrimento e maximizar o bem-estar por meio da meditação regular e da adesão a um código rigoroso de comportamento e pensamento. Creem que essas práticas mudam o cérebro para melhor. Há muito os neurocientistas sabem que o cérebro é "plástico", ou seja, novas células e ligações nervosas se formam e se destroem ao longo da nossa vida em reação ao que experimentamos por meio dos cinco sentidos. O aprendizado envolve a criação de novas sinapses — os contatos elétricos que permitem a comunicação entre os neurônios —, sendo essa a base da memória, da formação de hábitos novos, do abandono de hábitos antigos e da aquisição de novas habilidades. É a experiência de vida que impulsiona essas mudanças. Assim, podemos dizer não apenas que a vida é moldada pela mente, mas também que o cérebro é moldado pela vida. O objetivo das práticas budistas é controlar esse processo para promover o bem-estar psicológico. Nas palavras do Dhammapada: "O agricultor canaliza a água para suas terras, o flecheiro endireita suas flechas e o carpinteiro gira a madeira no torno; assim os sábios dirigem suas mentes".[21]

A prática principal é a conhecida como "*mindfulness*" (atenção plena), que envolve um esforço consciente para viver o momento presente sem julgá-lo, simplesmente acolhendo os pensamentos, sentimentos e sensações à medida que surgem e aceitando-os tais como são. Entende-se que essa prática nos ajuda a lidar de modo mais objetivo com as dificuldades psicológicas, evitando reações automáticas puramente baseadas em emoções, medos e preconceitos. Nos últimos anos aumentou muito o interesse popular pela forma não religiosa dessa antiga disciplina mental. Cursos de formação surgiram do nada pelo mundo afora e foram disponibilizados na internet e por meio de aplicativos de celular. Revistas científicas publicaram estudos de psicólogos e terapeutas, nos quais se afirmava que essa técnica enganosamente simples é capaz não somente de colaborar no tratamento da dor, da ansiedade, da depressão e da dependência química, mas também de melhorar a concentração e o desempenho no dia a dia. Chegou-se a insinuar que poderia até retardar o processo de envelhecimento e afastar a demência senil, possibilidades essas que serão examinadas no Capítulo 11, "Espelhos da mente".

Não resta dúvida de que parte do que se tem afirmado sobre o *mindfulness* é exagero; a maioria dos primeiros estudos foram pequenos e mal concebidos. Porém, os indícios clínicos em favor de seus benefícios são cada vez mais sólidos. Análises feitas com base no estudo mais completo já empreendido até hoje dão a entender que a meditação *mindfulness* é tão eficaz quanto os antidepressivos para tratar a depressão moderada[22] e *mais* eficaz que esses medicamentos para prevenir a recaída em pacientes de depressão grave recorrente que sofreram maus-tratos severos na infância.[23, 24] Há também indícios de que a atenção plena seja capaz de combater a ansiedade e o estresse e reduzir a severidade de dores crônicas.[25] Quando o cientista norte-americano Jon Kabat-Zinn desenvolveu o primeiro programa não religioso de meditação *mindfulness*, em 1979, os primeiros inscritos foram pacientes que sofriam dores severas havia anos, dores que jamais haviam sido adequadamente controladas por analgésicos ou cirurgias. Encontrei-me com Kabat-Zinn em 2014, num elevador de hotel durante uma conferência sobre *mindfulness* em Boston, e ele concordou em me dar uma entrevista. No Capítulo 4, "A segunda flecha", descrevo como suas experiências de prática do zen-budismo quando era estudante inspiraram-no a adaptar algumas dessas práticas antigas a fim de ajudar pessoas que sofrem de dores crônicas, ansiedade e estresse.

Imagens por ressonância magnética funcional (fMRI) indicam que meras oito semanas de prática da meditação *mindfulness* já bastam para começar a provocar mudanças no cérebro do principiante. Uma colaboração contínua entre cientistas e o líder espiritual do budismo tibetano, o Dalai Lama, está fornecendo dados segundo os quais os milhares de horas de meditação a que monges e monjas budistas se dedicam ao longo dos anos provocam em seus cérebros uma transformação muito mais drástica. Isso se evidencia quando esses órgãos são comparados aos cérebros de pessoas que não meditam. Resta saber se essas diferenças surgiram como resultado da meditação ou se já existiam desde antes. Talvez as pessoas dotadas desse tipo de cérebro sejam mais propensas a optar por uma vida contemplativa. Quem sabe? Para distinguir entre as alternativas, o ideal seria escanear com uma máquina de ressonância magnética o cérebro de pessoas que estão ingressando na vida monástica e repetir o exame ao longo dos anos e das décadas a fim de identificar possíveis mudanças. Infelizmente, esse tipo de estudo longitudinal é extremamente raro em razão de seu custo e dos desafios envolvidos em sua organização e administração.

Recorrendo às melhores pesquisas já publicadas e a minhas entrevistas com cientistas, fui investigar de que modo a prática da atenção plena pode provocar mudanças em pessoas que se dedicam assiduamente à meditação, como

Siddhãrtha, e de que modo pode influenciar seu comportamento e seu bem-estar. No Capítulo 5, "O homem que desapareceu", vou discutir as evidências científicas em favor daquele que talvez seja o ensinamento mais revolucionário de Siddhãrtha e que permanece profundamente controverso e contraintuitivo até hoje: o de que não há um "Eu" distinto e imutável que habita em nossa cabeça. Apesar de termos perdido a nossa alma, ainda nos resta o misterioso dom da consciência e a capacidade correlata de "pensar sobre o pensamento", que são os temas do Capítulo 10, "Estranho e maravilhoso".

Independentemente da tese da inexistência de um Eu imutável, no coração do budismo reside uma prescrição para a melhora do nosso bem-estar aqui e agora. O budismo é a única religião do mundo que não impõe um credo a seus seguidores. Não exige que acreditem no sobrenatural. Isso não significa que os budistas, enquanto indivíduos, não sejam supersticiosos — longe disso. Em toda a Ásia, ainda há muitos que acreditam em deuses e espíritos. A maioria crê que renascerá em outro corpo após a morte e que certos atos, como a oferta de comida aos monges ou de doações ao mosteiro local, são recompensados com um "mérito" que pode ajudar a garantir um renascimento favorável na próxima existência. No último capítulo, "O reino da imortalidade", vou examinar essas crenças e propor uma versão atualizada do conceito de *kamma* (karma), oferecendo uma visão otimista para o futuro da nossa espécie. (Talvez você esteja mais familiarizado com a versão em sânscrito dos termos budistas, como *dharma, karma* e *nirvana,* do que com a versão páli — *dhamma, kamma* e *nibbāna* — preferida pelos budistas da tradição Theravada, que inclui o Budismo da Floresta.)

As superstições e práticas rituais têm, na Índia, raízes muito mais profundas que o budismo. Porém, no âmago dessa religião há um programa para minimizar o sofrimento e promover o bem-estar, idealizado há 2.500 anos por um andarilho chamado Siddhãrtha Gautama. Para criá-lo, Siddhãrtha baseou-se quase unicamente em sua experiência, numa observação atenta da vida humana e na exploração implacável de sua própria mente. É muito importante sabermos que outros contemplativos e filósofos chegaram a conclusões semelhantes por meio de suas próprias investigações. Dou uma ideia de como ocorre essa convergência no Capítulo 3, "A nuvem do não saber". Mais que qualquer outra coisa, Siddhãrtha acreditava que, para alcançar a iluminação, a pessoa deve ver o mundo como este realmente é, em sua aterradora impermanência, livre de todo tipo de ilusão. Ele ensinou que cada qual deve descobrir a verdade por si mesmo, sem acreditar na palavra de ninguém. Não seria esse o estado de espírito ideal para um cientista? Tenho a convicção de que Siddhãrtha teria visto com bons olhos a luz que a ciência moderna hoje lança sobre a fórmula de iluminação que ele criou. E suspeito que, como muitos monges do século XXI, ajudaria de boa vontade os neurocientistas em suas pesquisas.

Antes de seguirmos em frente, contudo, vale a pena fazermos uma breve retrospectiva histórica. No século V a.C., quando Siddhãrtha abandonou sua vida de luxo e encetou sua busca para descobrir o antídoto para o sofrimento humano, uniu-se, a princípio, a um grupo de milhares de outras pessoas que, no Vale do Indo, haviam renunciado à convivência social e embarcado na mesma jornada espiritual. Já havia grupos de ascetas itinerantes que seguiam líderes inspiracionais e outros que viviam sozinhos na floresta, dedicando-se à contemplação. Todos eles faziam parte de um movimento popular que se rebelara contra o conservadorismo religioso da época. Sete séculos antes disso, invasores arianos vindos do norte haviam estabelecido na Índia uma sociedade baseada na religião que se fixara numa hierarquia de castas hereditárias. No topo da pirâmide estavam os brâmanes, sacerdotes que ensinavam às pessoas como viver e mantinham uma estreita relação de simbiose com os chefes ou reis regionais; depois vinha a classe dos guerreiros ou kshátrias, à qual pertencia Siddhãrtha, que era responsável pelo governo e pela defesa; depois, os *vaiśya* ou vaishyas agricultores; e, por fim, os *shudras*, ou sudra, trabalhadores braçais que compunham a base da pirâmide social. Acreditava-se que os brâmanes, quando se colocavam sob a influência da bebida alucinógena chamada *soma*, tornavam-se canais de comunicação da lei universal que regia a vida de deuses e homens. Seus conhecimentos haviam sido preservados oralmente nos textos chamados Vedas, que os pais brâmanes transmitiam a seus filhos em sânscrito — uma língua que mais ninguém entendia. Os brâmanes eram, ainda, guardiães do fogo sagrado, que ardia em santuários e não podia se apagar jamais. Recitavam os versículos dos Vedas em seus ritos e ofereciam os sacrifícios de sangue que, na sua crença, perpetuavam a existência do mundo.[26]

Por volta do século VI a.C., entretanto, a antiga sociedade hierárquica estava se fragmentando. As tecnologias da Idade do Ferro haviam aumentado a produtividade da agricultura e permitido a derrubada de florestas para dar lugar a novas plantações, criando um excedente de alimentos para o comércio e permitindo que um número maior de pessoas deixasse a zona rural e fosse viver nas cidades, que se tornaram centros de produção de bens manufaturados, como tecidos. As roupas luxuosas que Siddhārtha usava na juventude vinham de uma dessas cidades, Varanasi (também chamada Benares). Para facilitar a circulação de mercadorias, constituiu-se uma nova classe de comerciantes, banqueiros e negociantes — pessoas que já não se sentiam amarradas pelos laços hereditários da casta, do rei e do sacerdócio. A riqueza e o estilo de vida urbano que criaram ao seu redor possibilitaram que dedicassem mais tempo à reflexão, ao diálogo, à especulação sobre o sentido da vida e até ao questionamento da autoridade dos brâmanes quanto aos assuntos espirituais. Os mercadores criaram rotas de comércio que possibilitaram o transporte a longas distâncias não somente do excedente de alimentos e de produtos de luxo como especiarias, joias e tecidos, mas também de ideias. Mesmo no palácio de seu pai, na remota Kapilavatthu, é possível que Siddhārtha tenha se sentido atraído por essas opiniões radicais.

Muitos devem ter se sentido como se, ao acordar de um sono longo e profundo, abrissem os olhos e se vissem num local completamente desconhecido. A livre discussão das antigas certezas ensinadas pelos brâmanes era uma libertação, mas também era assustadora. Nada mais fazia sentido. A vida tinha agora um gosto amargo e, para onde quer que se olhasse, constatava-se um sentimento renitente de insatisfação. Para piorar, na Índia antiga as pessoas se acreditavam presas num ciclo sem fim de nascimento, morte e renascimento, condenadas a sofrer reiteradamente a tortura da doença, do envelhecimento e da aniquilação. Numa época em que não havia antibióticos, vacinas e analgésicos, imagine a possibilidade de ter de encarar indefinidamente o suplício da doença, da dor e da morte. Esse ciclo de renascimentos chamava-se *saṃsāra*. Havia esperança de melhorar a própria situação, pois, de acordo com a lei do *kamma* (karma), se nossas obras nesta vida fossem boas e íntegras, poderíamos, na próxima existência, renascer como uma pessoa mais rica, num degrau superior da hierarquia social, ou mesmo no mundo dos deuses. Por outro lado, caso nossa vida fosse regida pelo desejo, pela crueldade e pela desonestidade, renasceríamos numa casta inferior ou, pior ainda, como animais.

Os "renunciantes" eram andarilhos que, como Siddhārtha, haviam abandonado seus lares de livre e espontânea vontade a fim de procurar um meio de escapar desse ciclo e atingir uma existência livre de todo sofrimento: buscavam a iluminação, o *nibbāna*. Consideravam-se capazes de alcançar essa meta por meio da força bruta, renunciado a todos os prazeres e confortos a fim de progredir rumo a seu objetivo espiritual. A seus olhos, a vida das pessoas nas cidades era intrinsecamente ruim, pois era movida pelo desejo e pela ambição. Eram esses os atributos que movimentavam o comércio, mas também punham em movimento a roda do sofrimento. Acima de tudo, os renunciantes buscavam a verdade e o sentido da vida numa época em que essas coisas pareciam ter sido esquecidas em meio à corrida pelo progresso material e social. Eles tinham seus líderes, cada um com sua receita para se atingir a iluminação e cada um rodeado de um grupo de seguidores que buscavam, com toda a sua força, pôr em prática os ensinamentos a fim de ver no que isso daria.

Quando Siddhārtha abandonou a casa do pai, vagou pelos reinos e repúblicas da planície do Ganges em busca de um professor adequado. No fim, acabou se unindo aos seguidores de Ālāra Kālāma, um yogue para quem, a fim de extinguir o sofrimento, era preciso que a pessoa se elevasse acima da natureza efêmera e descobrisse Atman, o Eu eterno e imutável, indistinguível da essência do universo. Esse âmago de cada ser não era afetado pela existência corpórea, com suas emoções fugazes e impulsos grosseiros. O yoga, em sua forma original, nada tinha a ver com a saúde física e o relaxamento: tratava-se de dominar os sentidos e subjugar o eu egoísta e mundano, constantemente distraído. Somente separando-se de sua natureza grosseira a pessoa poderia gozar da eterna bem-aventurança do Eu imortal. Milhares de anos antes de Sigmund Freud escrever sobre o subconsciente, os yogues da Índia antiga já haviam identificado a mente indomada como uma das principais fontes do sofrimento.

Para libertar a mente, os seguidores de Kālāma aderiam a um código moral extremamente rigoroso: não mentiam, não roubavam, não faziam mal a nenhum ser vivo, não consumiam bebidas alcoólicas nem faziam sexo. Aprendiam a suportar a fome, a sede, o calor e o frio sem reclamar. Todos os impulsos motivados pela natureza animal eram impiedosamente suprimidos. Por fim, procuravam romper de uma vez por todas o elo entre a mente e o corpo, passando horas e horas sentados na mais absoluta imobilidade como se estivesse mortos, tornando mais lenta ou mesmo parando a respiração. Segundo se dizia, essas disciplinas induziam um estado alterado de consciência chamado "esfera do nada", que Kālāma afirmava ser o Atman. Porém, embora Siddhārtha tenha se tornado um yogue habilíssimo e tenha passado vários anos domando os sentidos e aperfeiçoando as habilidades contemplativas, não alcançou o *nibbāna*. A meditação profunda liberou sua mente, mas, quando ele voltava à superfície de sua consciência, ainda era o mesmo homem, com as mesmas angústias e os mesmos instintos animais. Sofria do mesmo jeito.

Desiludido, apegou-se a outro mestre, chamado Uddaka Rāmaputta. Mas a mesma coisa aconteceu: aprendeu as técnicas desse yogue e desenvolveu as habilidades necessárias até tornar-se mais exímio que seu mentor, mas continuou o mesmo. Foi então que resolveu seguir seu próprio caminho. Logo desenvolveu uma modesta reputação de sábio independente e granjeou cinco seguidores. Juntos, eles praticavam as mais severas formas de ascese de que o ser humano é capaz. "Passei a alimentar-me uma vez por dia, depois a cada dois dias [...] e a cada sete dias, e assim por diante, até chegar a uma vez a cada quinze dias", lembrou-se mais tarde Siddhārtha. "Eu comia verduras silvestres, sorgo, arroz-bravo, aparas de couro, musgo, fibra de arroz, restos de arroz, farinha de gergelim, grama ou estrume de vaca. Vivia das raízes e de frutos da floresta, alimentava-me dos frutos caídos. Vestia-me de cânhamo, de tecido misto de cânhamo, de mortalhas, trapos, casca de árvores, do tecido feito com essa casca, do tecido feito com serragem, da lã feita com cabelos humanos cortados, da lã de animais, das asas de corujas. Arrancava o cabelo e a barba, era daqueles que se dedicam à prática de arrancar o cabelo e a barba. Era daqueles que permanecem constantemente em pé e rejeitava todo assento. Era daqueles que permanecem constantemente agachados e conservam devotamente essa posição. Era daqueles que se deitam sobre um colchão de espinhos."[27]

O objetivo não era somente atormentar e mortificar o corpo, mas também rejeitar a sociedade e suas normas. Era como se Siddhãrtha já não quisesse ser um ser humano. "Deitava-me para dormir no local onde se queimavam os cadáveres, tomando por travesseiro os ossos dos mortos. Os meninos que pastoreavam as vacas vinham e cuspiam em mim, urinavam em mim, atiravam-me imundícies e enfiavam gravetos em meus ouvidos." Mas nada mudava; não havia iluminação. "Pensei: 'Cerrando os dentes e pressionando a língua contra o céu da boca, vou sujeitar, constranger e esmagar minha mente por meio de minha consciência. Assim como um homem forte, agarrando um fraco pela cabeça, pelo pescoço ou pelos ombros, é capaz de sujeitá-lo, constrangê-lo e esmagá-lo, assim também eu sujeitei, constrangi e esmaguei a mente por meio da consciência. Assim fazendo, o suor corria de minhas axilas. E embora se tenha despertado em mim uma perseverança incansável e uma atenção pura haja-se estabelecido, meu corpo estava agitado e não encontrava a paz em razão do esforço doloroso."

Então, como os yogues lhe haviam ensinado, ele tentou parar de respirar. "Quando o fiz, forças poderosíssimas fizeram-se sentir em minha cabeça, como se um homem forte me abrisse a cabeça com uma espada afiada. [...] Dores agudas surgiram-me na cabeça, como se um homem forte apertasse um turbante de tiras de couro ao redor dela. [...] Forças poderosíssimas abriram-me a cavidade abdominal, como se um açougueiro ou seu aprendiz abrissem a cavidade abdominal de um boi. [...] Senti no corpo um calor poderoso, como se dois homens fortes, agarrando um fraco pelos braços, o tostassem e assassem sobre um fosso cheio de brasas incandescentes." Pensou então que nenhum brâmane ou contemplativo jamais sentira tanta dor. Mas para quê? Nada aconteceu.

Siddhãrtha encontrou-se então às portas da morte, no estado em que o conhecemos no início deste capítulo. Apesar de tudo o que aprendera e a que se submetera, não se sentia mais próximo de sua meta derradeira. Seis anos haviam se passado desde que ele saíra de sua casa. Sua casa... Num devaneio, lembrou-se da infância e de uma tarde em que se sentira realmente em paz.

CAPÍTULO 2

Brincadeira de criança

Não faça nada com o corpo, exceto relaxar;
Feche a boca com firmeza e permaneça em silêncio;
Esvazie a mente e não pense em nada.
Como um bambu oco, descanse em paz em seu corpo.

— Tilopa, "Canção do Mahamudra", traduzida para o inglês
por Garma C. C. Chang

Os touros esticam os arreios enquanto a lâmina de ferro corta o solo seco e compacto. Guiando o arado com uma das mãos e manejando o chicote com a outra, o Rei Suddhodana avança atrás deles no sulco aberto pelo ferro. Seu rosto reflete resolução e concentração. Num dos lados, na área de solo que ainda não foi arada, um criado maneja um guarda-sol cerimonial de cabo comprido, procurando, em vão, proteger a cabeça de seu senhor contra a ferocidade do sol. Atrás deles vêm os guardas do palácio, ostentando estandartes no quais se vê, bordada, a figura do leão que serve de insígnia para o clã dos Shakyas; depois, os músicos da corte batem seus tambores; e, fechando o cortejo, os brâmanes de paramentos coloridos recitam seus encantamentos enquanto atiram arroz na terra recém-lavrada, onde pequenas criaturas trazidas à luz pelo arado rastejam e se contorcem.

Centenas de súditos do rei vieram vê-lo arar a terra e amontoam-se, em respeitoso silêncio, às margens do campo. O palanque real, entretanto, montado sobre uma elevação do terreno num dos lados, está quase vazio. Somente meia dúzia de leais cortesãos enfrentaram o sol do meio-dia para assistir à cerimônia. A vinte metros do campo, num dos cantos do recinto fortemente guardado, um menino de 7 ou 8 anos de idade senta-se de pernas cruzadas à sombra de uma árvore, sozinho e aparentemente esquecido por todos. Tem, a seu lado, um arco e flechas de brinquedo. Naquela manhã, as aias de Siddhārtha haviam-no vestido com suas melhores roupas de seda verde e dourada para assistir ao festival anual, mas momentaneamente o deixaram de lado para ver mais de perto as manobras do rei.

Os estalos do chicote do pai, os murmúrios dos brâmanes e o bater dos tambores tornam-se cada vez mais altos à medida que o arado se aproxima do recinto real, abrindo no solo uma linha sinuosa. O menino observa tudo com atenção. Forma-se uma pequena comoção quando o rei procura fazer a curva no canto do campo, detendo abruptamente a procissão e fazendo colidir os sacerdotes, os músicos, os guardas e os criados. Porém, com alguma ajuda de seus soldados, o rei consegue virar o pesadíssimo arado; os dois touros, a força de chicotadas e puxões, assumem a posição devida, e o cortejo cerimonial volta a avançar rumo ao lado mais distante do campo. Os tambores e recitações diminuem de intensidade aos ouvidos do menino. Um sopro de vento balança os ramos acima de sua cabeça, e seus olhos se fecham.

Segundo a tradição budista, um belo dia, enquanto seu pai cumpria o ritual de arar o solo na primavera, o menino Siddhārtha, de 8 anos, ficou sozinho à sombra fresca de um jambeiro, onde penetrou num estado de profunda calma.[1] Vinte e sete anos depois, faminto e quase morto após passar seis anos sujeitando ininterruptamente os cinco sentidos e castigando o corpo, ele lembrou dessa experiência feliz da infância e se perguntou se não seria ela o primeiro passo no caminho da iluminação que buscava havia tanto tempo.

O pequeno príncipe não foi a primeira pessoa a descobrir essa técnica mental para relaxar o corpo e a mente, e com certeza não será a última. Durante toda a história registrada e provavelmente desde muito tempo antes disso, os seres humanos volta e meia atravessaram o portal que conduz a esse estado de tranquilidade. Cristãos, hindus, muçulmanos e judeus descreveram essa experiência em termos religiosos, embora ela não tenha nada de intrinsecamente místico. Boa parte das primeiras pesquisas ocidentais sobre o assunto foram inspiradas pelos potenciais efeitos medicinais desse estado, mas essas pesquisas não foram feitas com seres humanos, e sim com macacos. No final da década de 1960, o jovem Herbert Benson, brilhante cardiologista recém-formado na Escola de Medicina de Harvard, ficou curioso com o fato de a pressão sanguínea de seus pacientes ser mais alta quando medida no consultório do que quando eles próprios a mediam em casa ou a monitoravam automaticamente durante o dia por meio de um dispositivo portátil. Nenhum de seus colegas se importara em investigar essa chamada "hipertensão do jaleco branco", mas Benson tinha uma suspeita: formou a hipótese de que o que aumentava a pressão sanguínea dos pacientes era a ansiedade por se encontrarem na presença do médico e no ambiente austero do ambulatório. Para os leitores do século XXI, a ideia de que a mente tem uma influência poderosa sobre o corpo e é capaz de influir sobre a evolução de uma doença não parece nem um pouco surpreendente, mas, na época, o conceito de um "efeito psicossomático" como esse era altamente controverso. Mesmo hoje em dia, o ato de mencionar numa conversa que a doença de fulano é psicossomática equivale a insinuar que ela é "coisa da cabeça dele", como se por isso ele não merecesse muita compaixão da nossa parte. Assim, quando Benson decidiu voltar aos laboratórios da Escola de Medicina de Harvard para investigar seu palpite sobre a relação entre estresse e hipertensão — usando macacos-de-cheiro —, seus colegas acharam que ele havia dito adeus à sua sensatez.

Benson começou a treinar os macacos para baixar a própria pressão sanguínea.[2] A técnica se chama *biofeedback* e fora inventada havia poucos anos por cientistas como Neal Miller, da Universidade Yale, que treinara seres humanos e animais de laboratório para mudar certos aspectos particulares de sua fisiologia, como o ritmo cardíaco e a atividade elétrica do cérebro. Primeiro, Benson usou luzes verdes e vermelhas para sinalizar aos macacos o aumento ou a diminuição de sua pressão sanguínea. As luzes eram acompanhadas quer de uma punição — um choque elétrico leve —, quer de uma recompensa na forma de comida. Benson logo percebeu que era capaz de fazer subir ou descer a pressão sanguínea dos macacos simplesmente mudando a luz de verde para vermelha ou vice-versa, sem ter de administrar punição ou recompensa. Seus corpos haviam aprendido a associar as luzes com estímulos agradáveis e desagradáveis. Como ocorria com os pacientes da clínica, uma característica particular do ambiente dos macacos estava agora influenciando diretamente sua fisiologia. Era um caso clássico de reflexo condicionado — o mesmo processo de aprendizado descoberto por Pavlov com a ajuda de seus famosos cães na virada do século XX. Depois disso, no entanto, uma coisa muito mais impressionante aconteceu. Os macacos deram a impressão de aprender a baixar sua pressão sanguínea *de propósito* para receber alimento, mesmo na ausência das luzes coloridas. Estavam controlando um aspecto da sua fisiologia que antes era involuntário, sendo governado pelo sistema nervoso autônomo. Foi a essa altura, no final da década de 1960, que as pesquisas de Benson chamaram a atenção de membros do movimento da meditação transcendental.

Em 2014, surpreendi-me ao descobrir que Benson, já aos 79 anos e cinquenta anos depois de fazer aqueles experimentos, ainda estava trabalhando numa idade em que a maioria das pessoas se contentaria em praticar um pouco de jardinagem e resolver as palavras-cruzadas do jornal diário. Ele estava perfeitamente disposto a conversar com um desconhecido do outro lado do Atlântico sobre seus primeiros anos no estudo da cardiologia e da meditação. Quando telefonei para seu consultório, em Boston, ele estava em plena forma e com muita vontade de explicar em que consistira a obra de sua vida. Lembrava-se perfeitamente de um belo dia de 1968 em que jovens seguidores do místico indiano Maharishi Mahesh Yogi vieram bater nas portas de seu laboratório, afirmando-se capazes de baixar sua pressão sanguínea por meio da meditação transcendental (MT), a técnica desenvolvida por seu guru na Índia e recentemente exportada por ele para o Ocidente. "Por que está trabalhando com macacos?", perguntaram. "Estude-nos!" A princípio, Benson desconversou com um educado "não, obrigado". Seus superiores já o haviam alertado de que sua carreira estava em perigo em razão dos estudos sobre o estresse e a hipertensão do jaleco branco; se começasse a investigar a meditação, estaria se afastando ainda mais dos caminhos da medicina oficial. Os entusiastas da MT, no entanto, eram muito persistentes. "Não queriam ir embora — insistiram em ser estudados", contou-me Benson. No fim, ele topou. Que mal haveria numa pequena investigação preliminar?

Primeiro de tudo, ele marcou uma reunião com o Maharishi, que, generoso, concordou em pôr sua organização à disposição para cooperar com as pesquisas, mesmo que os resultados acabassem se mostrando prejudiciais ao movimento. Depois, pediu a aprovação ética do Comitê de Estudos Humanos de Harvard.[3] Recebidas as bênçãos das autoridades espirituais e temporais, Benson e seus colegas montaram uma série de experimentos. Os entusiastas da MT sentavam-se numa cadeira e eram ligados a uma série de instrumentos que mediam sua pressão sanguínea, seu ritmo respiratório, sua temperatura retal e a quantidade de oxigênio e outros elementos químicos em seu sangue. Usavam também uma "touca de eletrodos" — uma bateria de sensores aplicados ao couro cabeludo — que lhes monitorava a eletroatividade cerebral. Cada sessão durava cerca de 90 minutos. Os voluntários tinham 30 minutos para se adaptar à presença do equipamento — alguns sensores eram um pouco invasivos — e depois, quando começavam as medições, instruía-se que fechassem os olhos e ficassem em silêncio durante 20 minutos, deixando a mente livre para fazer o que quisesse. Mandava-se que meditassem por mais 20 minutos e, por fim, que deixassem a mente livre nos 20 minutos finais. Para não viciar os dados, eles deviam manter os olhos fechados durante os 60 minutos de coleta de dados e deviam evitar mudar de postura.

"As mudanças fisiológicas eram drásticas", recorda-se Benson. Meio século depois, um tom de entusiasmo ainda se revelava em sua voz. Assim que os sujeitos de pesquisa começavam a meditar, sua taxa respiratória e seu consumo de oxigênio despencavam; o ritmo cardíaco tornava-se mais lento, indicando uma diminuição abrupta da atividade metabólica. As medidas da quantidade de lactato circulando no sangue indicavam que os músculos relaxavam. Ao mesmo tempo, aumentava a intensidade de certas oscilações elétricas no cérebro, conhecidas como ondas alfa. O padrão de mudanças não se assemelhava em absoluto ao que se constava em seres humanos adormecidos ou animais em hibernação — dois outros casos em que ocorre queda da atividade metabólica. Tratava-se de algo totalmente diferente. Curiosamente, a única coisa que não mudava era a pressão sanguínea dos jovens voluntários, que fora o foco inicial da pesquisa. Já era baixa antes dos experimentos e continuou baixa durante e após os mesmos.

O que parecia estar acontecendo era uma reversão dos efeitos fisiológicos que acompanham a reação de "luta ou fuga" — a reação automática do corpo a situações perigosas, como o surgimento de um predador ou rival, que nos prepara para atacar ou sair correndo. A reação de luta ou fuga é orquestrada pelo sistema nervoso simpático, parte do sistema de controle autônomo do corpo, e induz a aceleração dos ritmos respiratório e cardíaco e o aumento da pressão sanguínea, da taxa de açúcar no sangue e da tensão muscular. O estresse, seja ele causado por um exame, uma entrevista de emprego ou uma discussão acalorada, põe em ação a reação de luta ou fuga. Esse sistema, muito antigo em nossa história evolutiva, prepara o corpo do animal para a vigorosa atividade muscular necessária para lutar pela vida. A reação é desencadeada no cérebro pelas estruturas chamadas amígdalas (uma em cada hemisfério cerebral), as quais estão intimamente envolvidas nas reações de medo; e produz a liberação dos hormônios epinefrina e norepinefrina (também chamados adrenalina e noradrenalina) na corrente sanguínea. Estes, por sua vez, causam mudanças fisiológicas drásticas em todo o corpo.

Benson sabia que, quando o perigo passa, uma rede complementar chamada "sistema nervoso parassimpático" entra em ação para reconduzir o corpo a um estado mais propício a atividades menos vigorosas mas igualmente essenciais, tais como as de alimentar-se e limpar-se. Formulou a hipótese de que os praticantes de meditação transcendental devem ser capazes de induzir essas mudanças à vontade mediante a estimulação do sistema nervoso parassimpático, criando uma sensação de tranquilidade profunda e compensando os efeitos do estresse. Benson chamou esse processo de "reação de relaxamento", pois os efeitos fisiológicos eram diametralmente opostos aos causados pela reação de estresse ou de luta ou fuga. Por coincidência, no mesmo laboratório de Harvard onde Benson e seus colegas identificaram a reação de relaxamento, o fisiologista Walter Bradford Cannon havia, com cinquenta anos de antecedência, identificado a reação de luta ou fuga.[4]

Segundo se afirma, os Beatles, que vinham fazendo experimentos com o LSD, foram atraídos para a MT porque pensaram que ela poderia proporcionar acesso a estados alterados de consciência sem o uso de substâncias químicas.[5] O Maharishi desenvolveu a técnica na Índia na década de 1950, baseando-se em antigas práticas hindus, e levou-a aos Estados Unidos e ao Reino Unido durante uma turnê mundial realizada em 1959. Respondendo a entrevistadores de televisão, ele frequentemente começava a gargalhar, o que acabou lhe valendo o apelido meio pejorativo de "o guru sorridente". Os Beatles conheceram-no em Londres em 1967 — um ano antes de Benson começar a estudar a reação de relaxamento — e chegaram a viajar para seu *ashram* em Rishikesh, na Índia, para aprender com ele, embora tenham depois se desencantado com o guru e voltado para casa antes do planejado. Paul McCartney disse que a letra de "The Fool on the Hill" ("Day after day, alone on a hill, the man with the foolish grin is keeping perfectly still...")* — composta pouco depois de eles o terem conhecido — foi inspirada pelo Maharishi.[6]

No entanto, por mais tolo que parecesse aos olhos dos espectadores, o guru sorridente estava evocando a reação de relaxamento. Na terminologia de seus praticantes, a finalidade da MT é "transcender o pensamento" para deixar a consciência num estado de repouso alerta. A pessoa que quer aprender a técnica paga uma taxa a um professor autorizado, que a entrevista lhe explica a filosofia antes de lhe transmitir um mantra que pertence a ela somente e que ela não deve jamais pronunciar em voz alta, quanto mais revelar a terceiros. Para meditar, a pessoa se senta confortavelmente num lugar tranquilo sem adotar nenhuma postura yogue especial, fecha os olhos e repete o mantra silenciosamente várias vezes. Quando se dá conta de se ter deixado distrair por outros pensamentos, redireciona a atenção para o mantra, sempre com muita suavidade. Faz isso durante 20 minutos, duas vezes ao dia.

Nos anos que se seguiram à identificação da reação de relaxamento, Benson realizou novas pesquisas para descobrir quais aspectos da MT desencadeavam essas mudanças fisiológicas. "Se a reação de relaxamento era oposta à reação de luta ou fuga, deveria haver outras maneiras de evocá-la", raciocinou ele. "Há várias maneiras de evocar o estresse, e isto é o oposto dele." Benson começou a pesquisar outras formas de meditação e constatou que a reação não era exclusiva da MT. A concentração total da atenção num movimento corporal (como no yoga, por exemplo), na respiração, numa palavra, num som

---

* "O Tolo na Montanha" ("Dia após dia, sozinho na montanha, o homem com um sorriso tolo permanece imóvel...") (N. do E.)

ou numa oração repetitiva desencadeava exatamente a mesma reação fisiológica nos sujeitos de pesquisa. Todas essas práticas tinham dois fatores em comum. O primeiro era que elas interrompiam a corrente dos pensamentos comuns; o segundo era que, quando os pensamentos entravam na mente, o praticante os aceitava sem reagir, mas logo redirecionava a atenção para o que quer que estivesse repetindo. "O que essas duas etapas fazem é cortar a corrente dos pensamentos cotidianos", disse-me Benson. "Isso é fundamental em todas essas práticas." Então, ele e seus colegas passaram vários anos estudando a literatura religiosa e não religiosa de várias tradições para ver se o mesmo princípio já havia sido descrito no passado. Não tiveram de procurar muito. "Foi impressionante. Todas as culturas da humanidade fizeram isso — diferentes repetições, diferentes preces, diferentes movimentos — durante milênios. Tudo começou na Índia, com o yoga; depois, encontramos a mesma coisa no judaísmo e no cristianismo, desde a época dos Padres do Deserto. Encontramos a mesma coisa no zen-budismo e no xintoísmo; em outras palavras, era universal."

Essa conclusão não foi bem digerida pelo movimento da MT. Mas a gota-d'água foi quando Benson desenvolveu uma rotina padronizada para evocar a reação de relaxamento, não por meio da repetição de um mantra místico personalizado, mas da simples palavra *one* — "um" em inglês. O Maharishi e seu movimento sempre haviam se mostrado gratos a Benson por ter estabelecido cientificamente a validade da meditação transcendental. "Eu havia me tornado uma espécie de herói para eles", conta ele, com certa melancolia. "Mas quando descobri que havia outras maneiras de evocar as mesmas mudanças fisiológicas eles ficaram bastante aborrecidos." Benson disse que tinha imensa dívida de gratidão para com o jovens e teimosos entusiastas da MT que vieram bater em sua porta em 1968, por haver direcionado sua carreira para trajetória tão fascinante; porém, como John, Paul, George e Ringo, o cardiologista estava destinado a se desentender com o Maharishi. O movimento MT, que se tornou extremamente rico nos Estados Unidos, começou a financiar suas próprias pesquisas, de tal modo que a MT acabou se tornando uma das formas de meditação mais estudadas. Enquanto isso, Benson e sua equipe descobriram indícios preliminares de que a reação de relaxamento é capaz de se contrapor aos efeitos clínicos adversos do estresse nos mais diversos transtornos de saúde. Ele me recitou uma longa lista: hipertensão, arritmia cardíaca, infarto, derrame, diabetes, todos os tipos de dor, dor de cabeça, tensão pré-menstrual, doença inflamatória do intestino... Havia provas de que chegava a ajudar jovens estudantes de faculdade a deixar de lado as drogas recreativas.

Não obstante, décadas tiveram de se passar antes que o *establishment* da medicina aceitasse os benefícios medicinais de uma prática quase espiritual, como a MT. Durante muitos anos, como Newton com suas incursões clandestinas pela alquimia, Benson foi obrigado a desenvolver suas pesquisas sobre a meditação em silêncio e em paralelo com um trabalho mais convencional. "Tive duas carreiras ao mesmo tempo: a de cardiologista e a da 'minha loucura'", disse ele. A certa altura, quase foi expulso da Escola de Medicina de Harvard, pois seu chefe considerava imperdoável que um médico perdesse tempo com uma bobagem dos *hippies*. Benson apelou ao reitor Robert Ebert, que excluiu a hipótese de demissão com a frase memorável: "Se Harvard não pode correr um risco de vez em quando, quem pode?". Cerca de cinquenta anos depois, a reação de relaxamento (evocada pela meditação *mindfulness* e pela MT, entre muitas outras técnicas) entrou para a ortodoxia. Um estudo publicado no *American Journal of Hypertension*, por exemplo, dá a entender que, reduzindo o nível de estresse fisiológico, a MT pode fazer baixar a pressão sanguínea em jovens que correm o risco de desenvolver hipertensão.[7] Em 2013, a Associação Norte-Americana do Coração aprovou, a título provisório, o uso de várias técnicas de meditação como complementos para os tratamentos anti-hipertensivos convencionais.[8]

"A interrupção da corrente dos pensamentos comuns", como diz Benson, parece ser a chave mestra que destrava a reação de relaxamento, embora ainda não se saiba ao certo como seus efeitos clínicos benéficos são mediados no nível molecular. As pesquisas em genética estão começando a nos dar pistas incríveis nesse sentido. Já em sua oitava década de vida, Benson contribuiu com dois estudos publicados em 2008 e 2013, que revelaram ampla gama de mudanças na expressão genética (a atividade concreta de determinados genes), mudanças essas que têm relação com a reação de relaxamento.[9, 10] No primeiro estudo, sua equipe comparou a expressão genética em todo o genoma de dois grupos de pessoas: as que não tinham experiência anterior em meditação e as que haviam passado entre quatro e vinte anos praticando uma técnica que comprovadamente provoca a reação. Os pesquisadores deram ao primeiro grupo oito semanas de treinamento em reação de relaxamento, coletando amostras de sangue antes e depois do treinamento para comparar a expressão genética. Em ambos os grupos, a meditação aparentemente suprimia a atividade de longo prazo dos genes envolvidos nas reações de inflamação e estresse e estimulava a dos genes responsáveis pela eficiência do metabolismo energético, a secreção de insulina e a reparação do DNA. Algumas diferenças eram maiores em pessoas que já praticavam meditação havia anos.

No segundo estudo, eles constataram que muitas mudanças de expressão genética eram desencadeadas pela meditação de modo extremamente rápido; os exames as acusavam imediatamente após a sessão. Os níveis de atividade mantinham-se idênticos ou aumentavam 15 minutos depois da sessão e eram maiores entre os meditadores experimentados. Mais uma vez constatou-se uma intensificação na expressão dos genes envolvidos no metabolismo energético, na reparação do DNA e na secreção de insulina e uma diminuição da expressão dos genes envolvidos nas reações de inflamação e estresse.

Benson acredita que a reação de relaxamento reduz o estresse oxidativo em nível celular e controla a inflamação associada a tantas doenças que se sabe serem exacerbadas pelo estresse crônico, como a hipertensão, a ansiedade, a insônia, o diabetes e a artrite reumatoide. O padrão geral de mudanças nos meditadores experimentados parece ser o mesmo independentemente da técnica utilizada — qigong, *mindfulness*, MT, yoga ou preces repetitivas. As pesquisas também indicam que, a longo prazo, a reação de relaxamento pode combater o envelhecimento celular, promovendo a reparação e a manutenção das faixas de DNA nas extremidades dos cromossomos, chamadas telômeros, que atuam como as proteções de plástico duro que impedem que os cadarços de sapatos desfiem nas pontas. Para se dividir, a célula precisa duplicar todos os seus cromossomos; toda vez que isso acontece, porém, parte do DNA nos telômeros se perde. Com o tempo, nas células que têm de se dividir muitas vezes no decorrer da vida, os telômeros se desgastam a tal ponto que a integridade dos genes contidos nos cromossomos fica ameaçada. Para proteger o corpo como um todo, essas células param de se dividir e se tornam senis; podem chegar a sofrer a chamada "apoptose" ou suicídio celular. Assim, na maioria das células, os telômeros parecem atuar como pequenos fusíveis: vão se queimando progressivamente até finalmente estourar.

Isso significa que o comprimento dos telômeros fornece uma medida da idade biológica das células. Em média, as pessoas cujos telômeros são mais curtos parecem ter menor expectativa de vida.[11] Além disso, dados experimentais sólidos indicam que o trabalho num ambiente estressante encurta os telômeros e acelera o envelhecimento.[12, 13] Promovendo a atividade de um gene que fabrica a telomerase — a enzima que reconstrói os telômeros —, a reação de relaxamento pode combater os efeitos do envelhecimento em nível celular. Pesquisas em estágio preliminar indicam que um retiro intenso de meditação é capaz de tornar mais lento o encurtamento dos telômeros causado pelo estresse. Isso ocorreria pela promoção da atividade da telomerase.

Os picos nevados e as densas florestas de coníferas das Montanhas Rochosas no estado norte-americano do Colorado constituem um maravilhoso pano de fundo para retiros de meditação no longínquo Shambhala Mountain Center. Em 2007, esse centro de retiros foi palco de um experimento científico *sui generis* conduzido por Tonya Jacobs, do Centro de Estudos da Mente e do Cérebro da Universidade da Califórnia, e seus colegas.[14] Sessenta homens e mulheres foram divididos ao acaso em dois grupos. Trinta permaneceram no centro, onde meditaram durante cerca de seis horas por dia e receberam um treinamento especializado em várias técnicas contemplativas; os outros trinta entraram numa lista de espera para o retiro. Esse segundo grupo, cujos membros eram semelhantes aos do primeiro em matéria de proporção de homens e mulheres, perfil etário, massa corporal média e experiência anterior de meditação, continuou levando a vida que levava no mundo exterior, atuando como grupo de controle do experimento. Ao fim de três meses, coletaram-se amostras de sangue tanto dos sujeitos do experimento quanto dos membros do grupo de controle. As amostras foram coletadas e analisadas num laboratório montado no porão do centro de retiros, para que se pudesse medir a atividade da telomerase nas células do sistema imunológico. Constatou-se que, em comparação com o grupo de controle, a atividade da telomerase era significativamente mais alta nas pessoas que haviam feito o retiro.

Os autores admitem que o estudo teve certas limitações. O número de participantes, por exemplo, era relativamente pequeno, e é difícil saber se o aumento da atividade da telomerase foi devido à meditação ou ao simples fato de terem se retirado do estresse e das tensões da vida cotidiana. (Uma diferença semelhante na atividade enzimática poderia ter sido constatada caso metade dos participantes fosse enviada a uma praia ensolarada para gozar de férias tranquilas.) Os participantes preencheram questionários antes e depois do retiro para que se avaliasse o seu nível de atenção plena e bem-estar. As respostas pareceram dar a entender que o aumento da telomerase foi mediado pela melhora nessas medidas, mas sabe-se muito bem que questionários psicológicos desse tipo não são dignos de confiança. Não obstante, associado aos dados obtidos nas pesquisas em genética, esse estudo empresta força à impressionante ideia de que a reação de relaxamento — evocada pela meditação — pode retardar o envelhecimento celular mediante o estímulo à atividade da telomerase. Serão necessárias mais pesquisas realizadas com "grupos de controle ativos" — nas quais a intervenção investigada é comparada com atividades comparáveis desenvolvidas pelos grupos de controle — para que os médicos possam vir a recomendar a meditação como forma de retardar um pouco a chegada da morte.

O certo é que a reação de relaxamento produz uma agradável sensação de tranquilidade. Segundo Benson, a meditação combate o estresse por interromper o fluxo dos pensamentos normais e cotidianos. Ele acredita que, em nosso passado evolutivo distante, quando nossos antepassados ainda habitavam as savanas da África, nós pagamos um preço alto pela sofisticação cada vez maior do nosso cérebro, que nos capacitou a *pensar* sobre os perigos que ameaçavam nossa existência. Ao passo que criaturas dotadas de menor poder cognitivo eram capazes de continuar procurando e consumindo alimentos depois de passada a ameaça de um predador ou rival, os seres humanos não tinham tanta facilidade para isso. Sua imaginação superativa mantinha-lhes o corpo sempre preparado para a ação, com efeitos danosos para a saúde. "O problema não é somente a presença de um tigre-dente-de-sabre, mas o *pensamento* do tigre", disse-me Benson. "É o pensamento de algo ou alguém que possa fazer mal que evoca a reação de luta ou fuga."

Isso parece dar a entender que o lado negativo da evolução do cérebro é o estresse crônico. Mas havia um antídoto disponível a qualquer pessoa que tivesse a sorte de descobri-lo — um truque da mente que poderia ser usado para reconduzir a fisiologia da pessoa rapidamente a um estado básico, relaxado. "A ansiedade, a depressão e a raiva são alguns dos muitos efeitos colaterais do estresse, mas as pessoas, por tentativa e erro, descobriram que, se adotassem uma certa postura corporal ou respirassem de determinada maneira, conseguiam interromper o fluxo de pensamentos que evocavam a reação de luta ou fuga... e se sentiam bem!", disse Benson. Na opinião dele, a reação de relaxamento é o fundamento de todas as formas de meditação e o fator comum de muitas experiências espirituais descritas na literatura das religiões do mundo. "Os antigos tinham razão. Tudo o que nós fizemos foi dizer a mesma coisa na linguagem da nossa época — a ciência." Ele próprio conserva a mentalidade de um cientista e não se filiou a nenhuma religião. Disse-me com firmeza que a reação de relaxamento é simplesmente um método de controle da reação de estresse. Nos primeiros anos de sua carreira, inclusive, ele queria tanto conservar a objetividade que se negou a experimentar ele próprio a reação de relaxamento. "Eu tinha medo de ser acusado de ser um 'crente'. Mas agora estou mais velho e preciso dela." Ele se senta para meditar durante 20 minutos duas vezes ao dia, antes das refeições.

A reação de relaxamento parece ser tão natural que até o príncipe Siddhãrtha, aos 8 anos, a descobriu sozinho. O primeiro passo para a iluminação é uma mente tranquila — mas esse é apenas o primeiro passo. A experiência que ele teve na infância deve ter ido além disso, pois, na idade adulta, ele a descreveu em palavras sucintas como "arrebatamento e prazer nascidos da contenção da mente e *acompanhados de pensamento direcionado e avaliação*".[15] Essa tradução dá a entender que a tranquilidade era acompanhada de *atenção plena (mindfulness)*, que será o tema de boa parte do restante deste livro. Um asceta indiano do século V a.C. não teria estranhado o elemento de atenção plena dessa experiência, mas "arrebatamento e prazer" eram, por certo, anátema. Não obstante, Siddhãrtha concluiu que não havia nada de errado com o prazer — ou mesmo com o êxtase —, desde que o mesmo estivesse desvinculado dos desejos do corpo e a mente estivesse firmemente controlada. "Por que terei medo do prazer que nada tem a ver com a sensualidade, nada a ver com as qualidades mentais inábeis?", pensou ele. Haveria um caminho intermediário entre os extremos da abnegação ascética e do desregramento sensorial?

Siddhãrtha sabia que não poderia alcançar aquele estado de felicidade e equilíbrio enquanto seu corpo estivesse torturado pela fome. Segundo uma das histórias que se contam, ele foi com sua tigela de esmolas a um povoado vizinho, onde uma menina brâmane lhe ofereceu uma refeição de arroz cozido no leite e outro aldeão lhe deu um pouco da relva chamada *kusha* para que ele usasse como tapete em seu último esforço para alcançar a iluminação. Quando descobriram o que estava acontecendo, seus cinco seguidores deploraram tamanha ausência de rigor. "Gautama, o contemplativo, está vivendo no luxo!", exclamaram. "Ele abandonou os exercícios ascéticos e está recaindo na abundância!"[16] Desertaram-no, na certeza de que ele fracassara em sua busca.

À medida que a noite caía, no entanto, Siddhãrtha sentou-se de pernas cruzadas para meditar, com as costas voltadas para a figueira e para o sol poente. Jurou não se levantar até alcançar sua meta.[17] "Que sequem minha pele e meus tendões e ossos, juntamente com toda a carne e o sangue do meu corpo [...] Não levantarei deste assento até alcançar a sabedoria suprema e absoluta."

Meditação guiada: somente a respiração

Os devaneios fazem parte da natureza da mente, e é por isso que quase nunca notamos que estão acontecendo. Caso você se habitue a se concentrar num estímulo simples, previsível e repetitivo, como a respiração ou um mantra — e a redirecionar sua atenção sempre que ela se desviar do alvo escolhido —, passará a perceber melhor os volteios da mente. Imagine a meditação como uma academia onde você treina, sem forçar, os circuitos de atenção do cérebro: com a prática, ela se tornará mais fácil e você será capaz de se concentrar por períodos de tempo cada vez maiores.

Como em qualquer meditação de "atenção concentrada" ou "concentração", o direcionamento da atenção para a respiração evoca a reação de relaxamento do corpo, acalmando a mente e fazendo com que ela se volte para o que está acontecendo no momento presente. Suas únicas responsabilidades são se concentrar na sensação de cada inalação e exalação, perceber quando a atenção se desvia (o que certamente acontecerá) e reconduzi-la com paciência para a respiração. É só. Em vez de se esforçar para atingir um objetivo — atividade que ocupa a maior parte das nossas horas de vigília —, pense na meditação como uma excelente oportunidade para parar tudo e simplesmente *ser*.

A meditação deve fazer parte da sua rotina cotidiana tanto quanto escovar os dentes. Reserve-lhe 5 minutos, 10 minutos ou meia hora, dependendo da sua disponibilidade e experiência; isso não importa muito. O importante é que a prática seja regular. Escolha um momento tranquilo em que você provavelmente não seja interrompido. Para muita gente, o melhor horário é logo de manhã, antes do desjejum; porém, se você tiver muito sono ou fome, procure praticar após um desjejum leve (sem açúcar, pois este aumenta a taxa de insulina e nos deixa letárgicos).

Com o tempo, seu objetivo deve ser o de praticar sentado de pernas cruzadas sobre uma almofada, sendo esta a postura ideal para que você permaneça acordado e alerta; porém, se estiver começando ou tiver algum problema físico, pode se sentar numa cadeira de espaldar reto. Use roupas soltas, que não restrinjam a circulação nem lhe apertem a pele. Cinco minutos são suficientes no início, mas você pode ir aumentando o tempo à medida que for se tornando mais hábil. Regule o *timer* do seu celular, escolhendo um alarme suave e desligando a vibração. Deixe o telefone no modo "silencioso" ou "avião" para evitar interrupções eletrônicas.

Conserve uma postura ereta e equilibrada, com a cabeça, o pescoço e as costas eretos, mas não rígidos. O objetivo é que a postura seja relaxada, ereta e digna, como o estado mental que você deseja alcançar. Faça experiências até encontrar uma posição que você seja capaz de sustentar sem desconforto. Se estiver numa cadeira, sente-se sem cruzar as pernas, com as solas dos pés plantadas no chão.

Respire lenta e profundamente algumas vezes. Relaxe os ombros e os músculos do rosto. Repare nos pontos de contato entre o corpo e o chão, a almofada ou a cadeira. Concentre-se agora na sensação do ar nas narinas enquanto inspira e expira. Não procure controlar nem alterar a respiração; limite-se a observá-la. Quando perceber que a mente se desviou da respiração e você começou a planejar, analisar ou refletir sobre alguma coisa, repare no que aconteceu e, gentilmente, reconduza a atenção à respiração. Caso o pensamento lhe pareça importante ou urgente, diga a si mesmo: "Depois tratarei disso". Lembre-se de que a mente de todas as pessoas vagueia. Simplesmente repare no que aconteceu, sem se culpar.

Restrinja sua atenção a cada inspiração e expiração — nada mais. Caso comece a especular sobre quanto tempo falta para que o alarme toque, responda a esse pensamento dizendo: "Tudo o que me interessa é a experiência deste exato momento". Concentrar-se na respiração é sua única responsabilidade. Desista de tudo o mais.

Se tiver dificuldades para permanecer concentrado, use o mantra *Buddho* ("saber" ou "consciência"). Diga "Bud-" durante a inspiração e "-dho" durante a expiração. O mantra deve ser plenamente consciente; não deve ser repetido automaticamente. Procure visualizar as letras enquanto o pronuncia.

Ou, senão, imagine um ambiente pacífico enquanto inspira e expira. Pode ser qualquer lugar. Você pode se imaginar sentado perto da entrada de uma caverna a meia altura de uma montanha, olhando o céu azul pela abertura como se a caverna fosse a cavidade do seu nariz. Pode ver-se num barco, navegando em linha reta num lago largo e calmo; a leve pressão que sua mão exerce sobre o remo representa o esforço constante e contínuo de concentração na respiração.

Quando o alarme tocar, abra os olhos, espreguice-se e espere um pouco. Não há pressa para levantar. E lembre-se de que a atenção plena é um estado de consciência do momento presente que você pode aplicar a tudo o que faz. Não é algo que só existe na meditação.

CAPÍTULO 3

A nuvem do não saber

Todos os seres são, por natureza, Buda, assim como o gelo é, por natureza, água. Sem a água, não há gelo; sem os seres, não há Buda.

— Hakuin Zenji, "Canção do Zazen", traduzida para o inglês por Robert Aitken

Os cinco ascetas se reúnem ao redor de um toco de árvore cortada. À medida que o sol vai subindo pelo céu sobre a mata, o calor se torna quase insuportável. O próprio ar queima as narinas e a garganta, amargo com a fumaça que sobe de dezenas de fogueiras sacrificiais. Um dos cinco se senta de pernas cruzadas sobre a terra vermelha, procurando meditar; apoia-se nas raízes altas da árvore derrubada. Os outros acomodam-se sobre troncos recém-cortados que o lenhador deixou espalhados ao redor do grande toco. Olham desanimados para o chão ou para o céu abrasador. Suas roupas são colchas de retalhos feitas de restos de tecido, casca de árvore e asas de pássaros mortos. Parecem não perceber as moscas — ou talvez tenham decidido não prestar atenção nelas.

Uma atmosfera de tristeza e derrota paira ao redor dos cinco homens magérrimos que vivem ao ar livre no parque dos veados de Isipatana, cerca de nove quilômetros a nordeste de Varanasi. Um deles é muito mais velho que os demais. Trata-se de Kondañña, um dos oito brâmanes convocados à corte do Rei Suddhodana havia cerca de trinta e cinco anos e o único que previra inequivocamente que Siddhārtha se tornaria um buda.[1] Provavelmente lamentava ainda mais que os outros o fracasso de seu professor. Os demais — Bhaddiya, Vappa, Mahānāma e Assaji — eram todos filhos dos brâmanes que haviam ido ao palácio naquela época evocar bênçãos sobre o recém-nascido e prestar-

-lhe homenagem. À semelhança de Kondañña, haviam renunciado à família, a um lar confortável e à segurança da carreira no sacerdócio hereditário a fim de trilhar aquele caminho de austeridade, que no fim acabara levando a lugar nenhum.

Ninguém "inventou" a meditação. O mais provável é que, durante dezenas de milhares de anos, seres humanos de todas as partes do mundo tenham entrado sem querer nesse estado alterado de consciência. Para evocar a reação de relaxamento — porta de entrada para todas as formas de meditação —, tudo o que é necessário é a concentração exclusiva num estímulo ou movimento repetitivo por tempo suficiente para que se rompa o fluxo comum do pensamento. No passado pré-histórico, os caçadores-coletores que contemplavam as chamas de suas fogueiras provavelmente entravam num estado meditativo; descobriram que aquela experiência os tranquilizava e aprenderam a evocá-la propositalmente. "Essa foi, provavelmente, uma das primeiras experiências meditativas do ser humano", diz Jon Kabat-Zinn. "Qualquer um que já tenha se sentado ao redor de uma fogueira à noite no meio do mato sabe que a certa altura a conversa acaba e todos ficam olhando para as chamas — silenciosos, imóveis, despertos, concentrados."

Kabat-Zinn começou a frequentar retiros de meditação em 1965, aos 21 anos de idade, e, sem deixar de estudar biologia molecular no MIT, estudou com Philip Kapleau, autor de *Os três pilares do zen*, e com o mestre zen coreano Seung Sahn, entre outros. "A meditação despertou algo em mim que eu passara a vida inteira procurando", conta. "Não representou somente um complemento do meu desenvolvimento científico e intelectual, mas revelou-se também profundamente satisfatória no nível pessoal." No entanto, ele não a vê como uma prática intrinsecamente religiosa ou mística, mas simplesmente como um meio de cultivar a sabedoria por meio da intensificação da consciência e da aceitação da realidade de cada momento. "Não estamos falando de um estado mágico", diz. "Estamos falando da pura consciência."

É claro que a ideia de que os caçadores-coletores meditavam é pura especulação, assim como jamais saberemos ao certo como os seres humanos criaram a linguagem ou o senso de humor. Ao contrário da postura ereta e da atividade de caça, por exemplo, a meditação não deixou vestígio algum nos registros pré-históricos — não há nenhum fóssil ou instrumento que nos conte a sua história. Os temas da arte rupestre criada por nossos antepassados eram quase sempre animais, e, nos raros casos em que se representaram pessoas, estas estão caçando aqueles animais. Por isso, é impossível saber quando a meditação se formalizou como parte dos ritos religiosos ou xamânicos. O indício físico mais antigo de que os seres humanos haviam aprendido a meditar só surge dezenas de milhares de anos depois do aparecimento do ser humano anatomicamente moderno no registro fóssil, cerca de 200 mil anos atrás. Esse indício é um selo de pedra lavrada datado de cerca de 2500 a.C. encontrado entre os vestígios arqueológicos de Mohenjo Daro, uma das maiores cidades da civilização do Vale do Indo, na atual província de Sindh, no Paquistão. O selo, que pode ter sido usado para autenticar atos da autoridade sacerdotal, representa uma figura sentada, talvez uma divindade, que usa na cabeça um adereço feito com os chifres de um búfalo. Está sentado sobre uma plataforma numa das posturas do yoga, as pernas dobradas, os calcanhares encostados um no outro, os braços estendidos e as mãos apoiadas nos joelhos. A seu lado há quatro animais — um elefante, um rinoceronte, um búfalo e um tigre — e, abaixo da plataforma, veem-se dois antílopes. Alguns arqueólogos afirmam tratar-se de Rudra, a divindade védica precursora do deus hindu Shiva, representada às vezes como um yogue onisciente; essa interpretação, porém, foi contestada.[2] Porém, quer se trate de um deus, quer de um homem, parece estar meditando.

As primeiras referências escritas a práticas meditativas se encontram nos textos sagrados mais antigos da Índia, chamados Vedas. Eles datam de cerca de 1500 a.C. e foram, muito tempo depois, comentados e explicados nos Upanishads, no Bhagavad Gita e no Yoga Sutra. Esses textos descrevem a disciplina yogue clássica chamada *pranava*, que envolve a repetição constante, a cada respiração, da sílaba "Om" — o som primordial e supremo que, segundo se diz, trouxe o mundo à existência.[3] Repetindo esse mantra, o meditador será, em tese, capaz de transcender o sofrimento, unindo Atman, seu "verdadeiro Eu" ou alma, com Brahman, a "realidade absoluta" ou consciência universal. Na religião védica da Índia pré-hindu, Brahman era a força espiritual que os sacerdotes evocavam por meio de seus cânticos e sacrifícios de animais. Talvez seja por isso que, depois, esses sacerdotes passaram a se chamar "brâmanes".

No Bhagavad Gita, um dos clássicos da literatura hindu — um diálogo fictício entre a divindade Krishna e seu discípulo, o Príncipe Arjuna, escrito no século V ou IV a.C. —, Krishna proporciona as primeiras instruções que qualquer pessoa poderia aplicar por si mesma para aprender a meditar:[4]

Os que aspiram ao estado de yoga devem buscar o Si Mesmo* em solidão interior por meio da meditação. Com o corpo e a mente controlados, devem praticar constantemente a unipontualidade, livre de expectativas e do apego aos bens materiais.

Escolha um local limpo, nem muito alto nem muito baixo, e sente-se numa postura firme sobre um tecido, uma pele de veado ou a relva chamada kusha. Uma vez sentado, procure deter os pensamentos. Aguce a mente na meditação, direcionando-a toda para um único ponto, e seu coração será purificado.

Mantenha o corpo, o pescoço e a cabeça firmes numa linha reta e impeça que seus olhos vaguem. Com todos os medos dissolvidos na paz do Si Mesmo e todas as ações dedicadas a Brahman, controlando a mente e fixando-a em mim, sente-se em meditação, tendo a mim por sua única meta. Com os sentidos e a mente constantemente controlados por meio da meditação, unido com o Si Mesmo no interior, o aspirante alcança o nirvana, o estado de alegria perene e de paz em mim.

No Yoga Sutra, compilado por Patañjali no século IV d.C., delineiam-se alguns dos benefícios mais concretos da repetição da palavra *Om*: "O sofrimento mental, o desespero, o nervosismo e a agitação são sintomas de uma mente perturbada. Para a remoção desses obstáculos, deve haver a prática constante do princípio único, a repetição e o cultivo de *Om*".[5] A meditação transcendental, com seus mantras personalizados, é uma descendente direta dessa prática e evidentemente funciona de acordo com o mesmo princípio.

---

* Em inglês, *Self*; em sânscrito, *Atman*: o Eu profundo de cada ser, a raiz de sua consciência. (N. do T.)

Pode-se também defender a ideia de que, quando Herbert Benson formulou suas instruções simples para provocar a reação de relaxamento, simplesmente substituiu *Om* por *One* (ou *Um*). Suas pesquisas haviam revelado que o ato de permanecer sentado num local silencioso de olhos fechados, repetindo uma palavra monossilábica por cerca de 20 minutos, fazia com que o fluxo comum do pensamento se interrompesse e, nesse processo, baixava a pressão sanguínea, desacelerava os ritmos respiratório e cardíaco e provocava uma profunda sensação de calma. Benson afirma que, quer se trate de *Om*, *Um* ou um mantra mais elaborado, quando se deixa de lado a linguagem religiosa tudo o que resta é um método para evocar o reverso fisiológico da reação de luta ou fuga: um antídoto contra o estresse da vida cotidiana.

Ajahn Chah, o monge da tradição tailandesa do Budismo da Floresta que trouxe essa escola de budismo para o Ocidente na década de 1970, recomendava que se usasse a palavra *Buddho* ("saber" ou "consciência") para esse fim.[6] Ele explicou seu método numa palestra proferida perante monges recém-ordenados em 1978:

> *Simplesmente continuem respirando assim, inspirando e expirando. Não se interessem por mais nada. Mesmo que alguém esteja plantando bananeira na frente de vocês, com o traseiro no ar, isso pouco importa. Não prestem atenção. Acompanhem a inspiração e a expiração. [...] "Bud-" na inspiração; "-dho" na expiração. Acompanhem a respiração dessa maneira até que estejam conscientes da inspiração e conscientes da expiração. [...] Sejam conscientes dessa forma até que a mente esteja pacífica, sem irritação, sem agitação, a simples respiração saindo e entrando.*

As práticas meditativas desempenharam papel importante, mas menos conhecido, no cristianismo, no judaísmo e no islamismo. Num manual dirigido aos contemplativos cristãos intitulado *A nuvem do não saber*, um místico anônimo do século XIV afirmava que, durante a meditação, "a alma se une a Deus". Essa união era entendida como a mais elevada realização de que o ser humano é capaz.[7] O autor, provavelmente um monge cartuxo inglês, escreveu que, antes da Queda, os seres humanos viviam mais próximos de Deus em virtude da meditação. "Esta é a obra em cuja prática a humanidade teria perseverado caso nunca houvéssemos pecado; é a obra para a qual fomos criados, e todas as coisas foram criadas para nos ajudar e estimular nela; e por meio dela seremos mais uma vez restaurados." Ele admitia que o cristão poderia adorar a Deus mediante a realização de obras de caridade, mas estava convicto de que uma vida de contemplação o aproximaria de seu Criador. "De todas as obras da alma, esta é a que mais agrada a Deus. Todos os santos e anjos se alegram com ela e se apressam a ajudá-la com todo o seu poder. Todos os diabos enlouquecem quando você faz isso e procuram frustrar sua prática de todas as maneiras possíveis."

O monge escreveu que a obra da contemplação era semelhante ao ingresso numa "nuvem de não saber" entre o praticante de meditação e Deus — uma nuvem que não poderia ser penetrada pela razão. O praticante deveria se esforçar para permanecer nessa nuvem pelo maior tempo possível, "pois, para que você O sinta ou O veja, na medida em que tal coisa é possível nesta vida, isso sempre acontecerá nessa nuvem e nessa escuridão". Os monges, freiras e eremitas cristãos afastavam-se do mundo exterior para dedicar-se à consecução dessa união mística da alma com Deus e o faziam segundo um método que seria perfeitamente familiar para um yogue que procurasse intuir a unidade entre seu verdadeiro Eu (Atman) e a consciência universal (Brahman). A obra do contemplativo cristão não era nada fácil (e todos os diabos procuravam atrapalhá-la), mas havia "truques e esquemas e estratagemas secretos de técnica espiritual" que poderiam ajudar a suprimir os pensamentos mundanos. Concordando com as diretrizes de Benson para evocar a reação de relaxamento, o autor de *A nuvem do não saber* recomendava uma atitude de aceitação impassível dos pensamentos dispersivos. O praticamente não deveria envolver-se emocionalmente com eles. Outro estratagema do monge, que encontra eco em muitas descrições da meditação em outras tradições religiosas, envolvia uma palavra que o contemplativo deveria repetir sem procurar investigar-lhe o significado:

> *[...] toma uma palavra curta, de uma sílaba; esta será melhor que uma palavra de duas sílabas, pois, quanto mais curta for, mais concordará com a*

obra do espírito. A palavra DEUS é uma palavra desse tipo; outra é AMOR. Escolha a que você quiser, ou outra qualquer que lhe agrade — a palavra monossilábica de sua preferência — e amarre-a ao seu coração, de tal modo que este, o que quer que aconteça, jamais se separe dela.

Essa palavra deve ser teu escudo e tua lança, quer caminhes para a paz ou para a guerra. Com essa palavra deves golpear a nuvem e a escuridão acima de ti. Com ela deves martelar todo tipo de pensamento que surja abaixo da nuvem do esquecimento; assim, se um pensamento qualquer se insinuar a ti, perguntando o que queres, responde-lhe com essa palavra e mais nada. E se, em sua elevadíssima erudição, ele se oferecer para explicar essa palavra e revelar seus atributos, diz que preferes tê-la para ti inteira, não analisada ou explicada.

Francisco de Osuna, frade franciscano espanhol do século XVI, recomenda em seu *Tercero Abecedario Espiritual* [Terceiro Abecedário da Vida Espiritual] que os contemplativos cristãos enfrentem os pensamentos dispersivos com um enfático "não". Além disso, aconselhava a que se deixassem de lado todas as análises intelectuais:[8]

Alerto-te de que não continues a discutir o assunto ainda em tua mente, pois isso perturbaria por demais tua concentração; examinar o assunto seria um obstáculo; portanto, fecha a porta com "não". Saberás que o Senhor virá e entrará em tua alma se as portas dos sentidos estiverem fechadas [...] Responderás que é errado dizer "não" a Deus e que não há outro visitante esperado senão Ele; mas Deus entra de alguma outra maneira acerca da qual tu nada sabes.

Quem já meditou, quer acredite numa autoridade sobrenatural, quer não, reconhecerá a descrição que se lê em *A nuvem do não saber* de breves momentos de transcendência em que nossa consciência "corre rapidamente para Deus como uma centelha que sai do carvão", ou como de vez em quando chegamos até a "esquecer todo o mundo criado, súbita e completamente", até que a atração gravitacional de um pensamento ou uma lembrança nos traga de volta à terra. "Mas e daí?", pergunta-se o autor anônimo. "Imediatamente em seguida, ela torna a subir tão repentinamente quanto da primeira vez." Ele diz que essas experiências espirituais, para nossa surpresa, podem ser muito agradáveis; e, aos olhos de um leitor moderno, certas descrições que ele faz lembram as experiências de usuários de drogas psicotrópicas. Como antegosto da recompensa celeste, Deus às vezes "abrasa o corpo de um servo devoto, aqui nesta vida, com maravilhosas sensações de doçura e prazer. Algumas delas não entram no corpo vindas de fora, por meio das janelas dos sentidos, mas vêm de dentro, brotando e aflorando da abundância de alegria espiritual e da verdadeira devoção em espírito".

Ele diz aos leitores que eles não devem se sentir culpados se tiverem essas sensações celestiais. "Tais experiências não poderão de forma alguma ser más caso os enganos do engenho intelectual e da estimulação descontrolada do coração corpóreo forem evitados, como te ensino agora a fazer, ou de maneira ainda melhor caso a conheças." Isso lembra os pensamentos característicos de Siddhārtha acerca do estado de prazer que ele vivenciou durante sua experiência de meditação na infância: "Por que terei medo do prazer que nada tem a ver com a sensualidade, nada a ver com as qualidades mentais inábeis?". Era esse o caminho intermediário entre os exageros da mortificação e o desregramento sensorial, caminho esse que, para o desgosto de seus companheiros de ascese, ele queria explorar.

Há outros paralelos claros entre a meditação cristã e a budista. O contemplativo cristão muitas vezes se recorda dos sofrimentos de Cristo na cruz, assim como os monges e monjas budistas às vezes meditam no sofrimento dos seres humanos e de outros seres para cultivar a compaixão, considerada um fator essencial para que se obtenha a iluminação (segundo se conta, as criaturas se contorcendo após a passagem do arado do Rei Suddhodana evocaram a compaixão no coração de seu filho). Numa passagem que para todos os efeitos representa uma convocação à prática da atenção plena, o autor de *A nuvem do não saber* encoraja seu leitor a "cuidar bem do tempo e de como o passas, pois nada é mais precioso que o tempo. Num único momento, por ínfimo que seja, o céu pode ser ganho ou perdido". O cultivo da consciência do momento presente — a experiência de vanguarda — também é um dos objetivos da meditação no jainismo, que surgiu antes do budismo na Índia antiga.

A respiração costuma ser usada como foco da atenção na meditação jainista e em muitas outras tradições religiosas. No judaísmo, a fim de proporcionar condições favoráveis à inspiração profética e à união com Deus, o cabalista Abraão Abuláfia, do século XIII, recomendava que se recitassem as letras dos nomes de Deus em hebraico numa determinada ordem, "para romper o selo da alma, desatar os nós que a prendem", tudo isso juntamente com ritmos de respiração e posturas corporais específicas. Gershom Scholem, filósofo e historiador israelense do século XX, considerou tão impressionante a semelhança com as práticas contemplativas da Índia que chegou a postular que os ensinamentos de Abuláfia "representam tão somente uma versão judaizada da antiga técnica espiritual que encontrou sua expressão clássica nas práticas dos místicos indianos que seguem o sistema chamado de yoga".[9]

Às vezes tem-se a impressão de que a meditação saiu de moda em outras religiões que não o budismo e o hinduísmo, mas em anos recentes houve uma retomada de certas práticas contemplativas cristãs que remontam aos Padres do Deserto e frequentemente envolvem a recitação da Oração de Jesus ("Senhor Jesus Cristo, Filho de Deus, tem piedade de mim, pecador") ou de uma única palavra sagrada. E vale a pena assinalar que a distinção entre a oração e a contemplação nem sempre é muito clara. Qual é a diferença, por exemplo, entre dizer "Ave-Maria, cheia de graça…" cinquenta vezes e repetir insistentemente um mantra? As palavras da Ave-Maria têm um significado religioso, ao passo que o mantra pode não ter significado algum; mas, depois de algumas dezenas de repetições, quanto a pessoa ainda está realmente pensando na Santíssima Virgem? O que é certo é que a repetição abre um espaço na mente, afastando os pensamentos. É sempre a mesma coisa que ocorre, quer a pessoa esteja repetindo o mantra *Om* ou *Um, Não, Adoramus te Domine* ou *Hare Krishna*. No catolicismo romano, o uso do rosário, cada conta do qual corresponde a uma Ave-Maria, ajuda a aguçar ainda mais a atenção.[10] O rosário também é usado no sufismo, a tradição de sabedoria do islamismo. Os sufis o usam no decurso da prática contemplativa chamada *dhikr* para contar o número de repetições de certas frases ou nomes de Deus, recitados para purificação espiritual e para alcançar a união com a Divindade única. Um dos resultados disso — embora não se trate do objetivo imediato — é a promoção do bem-estar psicológico mediante a intensificação da consciência de cada momento e a transcendência das tendências psicológicas cotidianas. O místico persa Al-Ghazali, do século XI d.C., diz a respeito do *dhikr*:[11]

Ele deve reduzir seu coração a um estado no qual a existência ou não existência de qualquer coisa lhe sejam indiferentes. Deve então se sentar sozinho em algum canto, limitando seus deveres religiosos ao mínimo necessário e não se ocupando nem de recitar o Alcorão, nem de meditar seu significado, nem de estudar os livros de tradições religiosas, nem de nada desse tipo. E deve cuidar para que nada entre em sua mente com exceção do Deus Altíssimo. Depois, sentado na solidão, deve dizer ininterruptamente com a língua: "Allah, Allah", fixando nessa palavra seu pensamento. [...]

É assim que ele se desnuda para o sopro da misericórdia. Então, nada lhe resta exceto esperar que Deus lhe dê a vitória, como deu da mesma maneira aos profetas e aos santos. Caso siga o caminho acima delineado, poderá ter certeza de que a luz do Real [da realidade absoluta de Deus] brilhará em seu coração. Instável a princípio, como um relâmpago, ela volta e torna a voltar, embora às vezes demore. E, quando volta, às vezes permanece e às vezes é apenas momentânea. Quando permanece, às vezes o faz por bastante tempo, às vezes por um curto período.

Quando comunidades muçulmanas se estabeleceram definitivamente na Índia no século XII d.C., o subcontinente se tornou um grande caldeirão onde se misturaram as tradições de sabedoria do sufismo, do jainismo, do hinduísmo e do budismo. Algumas práticas meditativas que então surgiram provavelmente se espalharam para outros lugares, chegando talvez a penetrar na cabala judaica e no monasticismo cristão do século XIII na Europa.[12] Um dos fatores comuns que se encontra em todas essas tradições espirituais, no entanto, é o uso da atenção concentrada para transcender o eu cotidiano e outros obstáculos que impedem o conhecimento da realidade suprema.

Outro fator comum é a disciplina necessária para que se superem os apetites naturais do corpo e da mente. Os budistas identificam cinco "obstáculos" que impedem o sucesso na meditação: o desejo sensual, a má vontade, a sonolência, a euforia ou depressão e a dúvida. Ao passo que um monge cuja personalidade é dominada pela má vontade será aconselhado a meditar na bondade, na compaixão ou na alegria de dar, um monge facilmente arrastado pelos desejos sensuais deve meditar na feiura do corpo em seus dez estágios de putrefação: inchado, lívido, purulento, retalhado, roído, despedaçado, picado e espalhado, sanguinolento, infestado de vermes e esquelético. Para os contemplativos que têm a tendência de intelectualizar tudo — entre os quais provavelmente se incluem as pessoas que leem livros sobre a ciência da iluminação — recomenda-se vigorosamente a fixação da atenção na respiração.[13]

No decorrer dos anos, algumas tradições budistas desenvolveram técnicas esotéricas e altamente complexas para criar a tranquilidade mental que serve de pré-requisito para a meditação de discernimento e a percepção da verdadeira natureza da realidade. O sistema tibetano chamado Mahamudra especifica 21 práticas meditativas que devem ser realizadas em sequência para que a atenção se concentre num grau cada vez maior.[14] As primeiras sessões envolvem exercícios simples, como concentrar-se numa pedrinha ou num graveto, visualizar a sílaba *hum* ou acompanhar a respiração. Nas sessões posteriores, o praticante começa a se habituar a lidar com os pensamentos no momento em que surgem; aprende primeiro a suprimi-los por completo, mas depois aprende a simplesmente observá-los, "sem cortá-los de maneira alguma, mas sem se submeter a seus encantos". Cada prática introduz uma nova imagem para expressar refinamentos cada vez mais sutis da atenção. Na Prática 15, por exemplo, "você deve conservar a mente como se estivesse fiando um fio de lã, mantendo-a numa tensão homogênea. Se a contemplação for muito tensa, ela se quebrará; se for muito frouxa, você cairá na indolência." Na Prática 17, quando imagens visuais entrarem na consciência, o praticante deve procurar fazer com que sua mente seja "como uma criança olhando os murais pintados na parede de um templo [...] você não deve nem gozar das imagens nem temê-las; assim, não deve nem pensar que são importantes nem se apegar a elas". Na Prática 18, a resolução dos pensamentos à medida que surgem já se tornou espontânea e sem esforço e a mente é como "um elefante tocado por um alfinete [...] você sente que os pensamentos ocorrem, mas não os corta nem reage a eles de maneira alguma". Uma vez estabelecido nesse estado de perfeita tranquilidade, protegido por uma armadura mental sensível como a pele de um elefante, mas igualmente espessa e à prova de qualquer dano, o praticante de meditação pode começar a obra de realizar a iluminação perfeita que desatará os nós do sofrimento.

Entre todas as tradições religiosas do mundo, a contribuição particular do budismo pode ter sido a de demonstrar que, caso se queira, os seres sobrenaturais podem ser completamente eliminados da cosmovisão do praticante, que pode começar a investigar a mente com o único objetivo de aumentar seu bem-estar. Quando os deuses saem pela porta afora, o que nos resta é essencialmente a psicologia. Segundo essa nova perspectiva, nossa mente é fundamentalmente pura, mas foi contaminada pelos "venenos" do desejo, da aversão e da ilusão, que se dizem ser as raízes de todas as formas de sofrimento — desde o medo e a ansiedade até o ciúme e a depressão. O primeiro estágio da meditação — a calma — habilita você a resistir a essas contaminações e a vê-las com mais clareza, ao passo que o segundo estágio — o discernimento — lhe permite perceber a verdadeira natureza da mente e a tomar o caminho que conduz à iluminação definitiva e perfeita.

Para Siddhārtha Gautama, não foi suficiente mergulhar na "nuvem do não saber", como o monge cartuxo a descreveria quase 2.000 anos depois, e esperar pacientemente na escuridão até que sua alma se unisse a Deus ou à consciência universal. Para atingir a iluminação final, ele precisava, de algum modo e de uma vez por todas, ir além dessa nuvem.

Como uma cadeia de montanhas suspensa no ar, as nuvens das monções, negras e pesadas, chegam vindas do Oceano Índico, no sudoeste longínquo. Ocultam o sol e mergulham o parque num crepúsculo prematuro. Relâmpagos a Oriente prenunciam o ribombar surdo dos trovões e, por fim, as primeiras e grossas gotas da estação chuvosa agitam a terra ao redor do toco de árvore. Logo cai uma chuva torrencial. O longo estio terminou, mas nenhum daqueles homens famintos demonstra a menor vontade de procurar abrigo. Mal parecem perceber a chuva que se insinua em seus cabelos e nas barbas. Os ascetas, mergulhados em profunda meditação, permanecem imóveis enquanto a água gotejante forma pequenos rios sobre seus rostos crestados pelo sol e descai pelas cascas de árvore e penas de pássaro que constituem suas roupas.

Kondañña é o primeiro a divisá-lo — uma figura distante que caminha através da chuva em sua direção. Por muito tempo o velho se mostra desinteressado desse homem, até que um relâmpago congela as gotas de chuva em meio à queda e projeta sobre ele a sua luz. Kondañña se assusta, desloca os membros cansados, põe-se em pé e chama os demais. Após um momento de hesitação e desacordo, eles correm para encontrar Siddhārtha, cumprimentando-o como a um amigo. Algo em seu aspecto faz desaparecer as antigas reservas. Tudo foi perdoado, e duas palavras do mestre são suficientes para comunicar o acontecimento importantíssimo que lhe sobreveio desde que se separara deles, havia dois meses: "Estou desperto".

CAPÍTULO 4

A segunda flecha

> Assim, também eu encontrei o caminho ancestral trilhado pelos Despertos de tempos antigos.
>
> — *Saṃyutta Nikāya*, 12:65, traduzido para o inglês por Ñanamoli Thera

A chuvarada para quase tão súbito quanto começou, deixando o ar claro e cheio de luz. Os ascetas encontram um tronco para que Siddhārtha se sente, e um deles consegue arranjar água e uma toalha para lavar-lhe os pés após a longa jornada.[1] Há, *sim*, algo de diferente nele: percebem-no em seu olhar. Ele começa a explicar os motivos pelos quais renunciou aos exageros de ascese que o grupo vinha praticando nos últimos anos. É bem verdade, afirma, que dedicar a vida aos prazeres dos sentidos é algo "vil, vulgar, comum, ignóbil, desvantajoso"; mas dedicar-se ao extremo oposto, castigando o corpo até que este se torne fraco e inútil, é igualmente ignóbil e desvantajoso. Quando percebeu isso, ele resolveu adotar uma nova abordagem, trilhando um caminho intermediário entre os dois extremos. Isso produziu nele uma sensação de profunda paz, levando-o ao discernimento e ao despertar espiritual que todos eles vinham buscando havia tanto tempo.[2]

Para trilhar esse caminho intermediário, eles deviam comer. Assim, antes de continuar, Siddhārtha envia três deles à cidade para pedir esmolas. Enquanto isso, começa a ensinar os outros dois. Quando o primeiro grupo retorna com alimento, ele os instrui enquanto os demais vão pedir esmolas.[3] Ensina-lhes as Quatro Nobres Verdades: o sofrimento, sua causa, seu fim e o caminho que leva a seu fim. Diz-lhes que eles devem reconhecer, investigar e compreender

cada uma dessas verdades por si mesmos se quiserem atingir a iluminação.[4]
O sofrimento é um fato básico da existência, afirma; sua causa é o apego aos
prazeres e a aversão a tudo quanto é desagradável ou doloroso. Compara-nos a
um veado preso numa armadilha, à espera, impotente, da volta do caçador. No
entanto, podemos nos libertar seguindo um caminho de sabedoria, conduta
ética e concentração — o Nobre Caminho Óctuplo. Ele fará cessar o sofrimento, libertando-nos do desejo, da aversão e da ilusão.

Os homens e mulheres que moram no Mosteiro Budista Amaravati, no alto de
uma colina na região dos Montes Chiltern, no sudeste da Inglaterra, são descendentes espirituais diretos daqueles cinco ascetas que, há vinte e cinco séculos,
se tornaram os primeiros seguidores do Buda iluminado. Tive o prazer de ficar
no mosteiro no verão de 2014, e essa estadia foi uma revelação para mim.

Monges e monjas budistas do mundo inteiro ainda reconhecem as Quatro
Nobres Verdades e seguem o Nobre Caminho Óctuplo (ver figura 1, p. 71)
que, segundo se conta, o Buda delineou naquele dia no parque dos veados em
Isipatana (hoje chamada Sārnāth), no nordeste da Índia. Eles também seguem
um "caminho do meio" entre os extremos da entrega ao prazer sensorial e da
ascese punitiva, embora a vida monástica não pareça nada fácil para um leigo
como eu. Os monges da tradição Theravada (predominante no Sri Lanka, na
Tailândia, na Birmânia, no Camboja e no Laos) devem observar 227 regras (às
freiras ordenadas atribuíram-se, de algum modo, não menos de 311 regras)
que regem todos os aspectos de sua vida. Os únicos bens que realmente pos-
suem são três mantos e uma tigela de esmolas. Comem apenas uma ou duas
vezes por dia, sempre antes do meio-dia, e jejuam regularmente, passando dias
a fio sem ingerir nada exceto água (sempre filtrada, para não provocar a morte
de nenhum ser vivo, por pequeno que seja). Enquanto a maioria das pessoas
sonha com o dia em que nada lhes faltará, o objetivo deles é não precisar de
nada: devem permanecer celibatários e pobres e não podem se apossar de nada
que não lhes tenha sido livremente oferecido. As conversas são desencoraja-
das; muitos optam por observar um "nobre silêncio" durante a maior parte do
tempo. Em Amaravati, o maior mosteiro Theravada da Europa, os monges não
ouvem música, não assistem à televisão, não usam celular e não têm acesso à

internet; sua biblioteca é composta unicamente por livros de budismo e espiritualidade. Eles passam boa parte da vida meditando, quase sempre isolados em seus *kutis* — cabanas rústicas no meio do mato que rodeia o mosteiro.

Quem quer que visite o mosteiro pela primeira vez há de reparar numa aparente contradição. Como é possível que o caminho que leva ao *nibbāna/nirvana* — entendido popularmente como um estado quase mágico de perfeito bem-estar — seja pavimentado de tamanhas privações físicas e mentais? Na verdade, o Buda jamais prometeu a ninguém a felicidade eterna e a liberdade em relação ao sofrimento; limitou-se a apontar um caminho para que se transcenda o sofrimento. O mosteiro é, por assim dizer, um campo de recrutamento para a mente, proporcionando um treinamento intensivo para os que aspiram à paz incomparável da iluminação. O isolamento e uma disciplina rigorosa

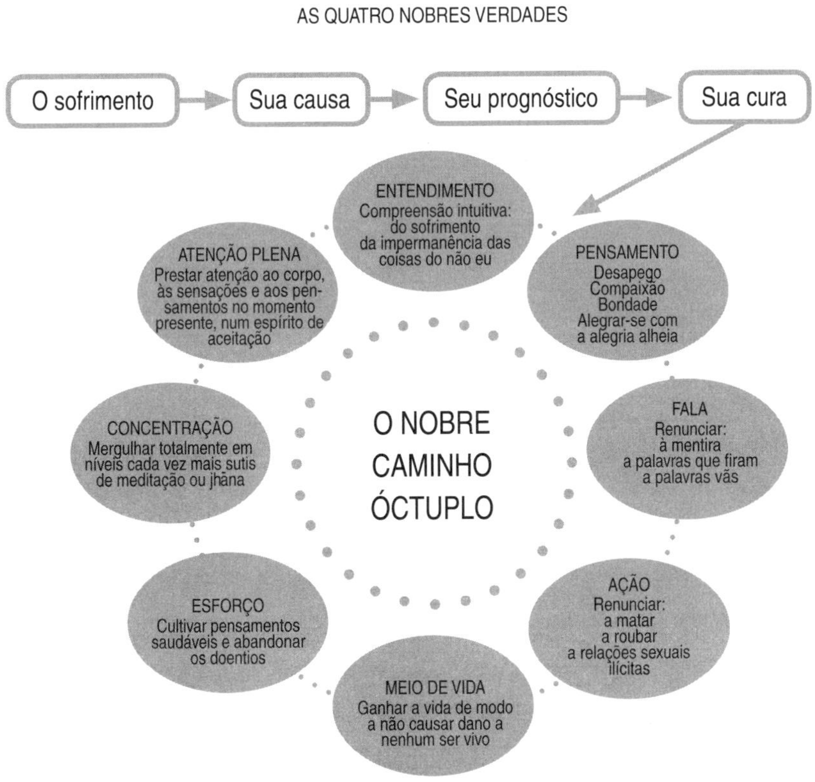

Figura 1: As Quatro Nobres Verdades e o Nobre Caminho Óctuplo.

ajudam os monges a se livrar de seus apegos terrenos. Segundo o Buda, trata-se de uma etapa essencial para a consecução desse objetivo.

Na qualidade de hóspedes em Amaravati, tínhamos de observar apenas oito princípios básicos durante nossa estadia. Éramos obrigados a nos comportar de maneira comedida — nada de jogos e brincadeiras, maquiagem, música, telefone celular e por aí afora — e não podíamos matar intencionalmente qualquer ser vivo, roubar, ter qualquer tipo de atividade sexual, mentir, "dormir em excesso", comer depois do meio-dia e ingerir substâncias que embriagam ou alteram a mente. Éramos também encorajados a participar plenamente da vida do mosteiro, colaborando na limpeza, na cozinha e nos serviços externos; e a participar das sessões de adoração (*puja*) da manhã e da noite, cada uma das quais durava uma hora, no salão de meditação. Nada disso era muito pesado — o almoço era saboroso, generoso e nutritivo, café e chá eram liberados ao longo de todo o dia e um pouco de jardinagem e lavação de louça nunca fez mal a ninguém —, mas a meditação pode se transformar num tremendo problema para quem não está acostumado a se sentar no chão de pernas cruzadas durante longos períodos de tempo.

Às cinco da manhã, nos reuníamos no salão de meditação, iluminado por lâmpadas suaves, e nos ajoelhávamos perante uma imagem de Buda folheada a ouro. Quando todos assumiam suas posições, um monge se adiantava para acender uma vareta de incenso sobre o altar simples, sem adornos. Depois, enquanto o ar se enchia daquele aroma, o mesmo monge puxava um cântico que todos nós entoávamos: "Ao Bem-Aventurado, o Senhor, que atingiu a plenitude da perfeita iluminação; ao ensinamento que expôs com tanta destreza e aos discípulos do Bem-Aventurado, que tão bem praticaram...". Inclinávamo-nos três vezes: para o Buda, o Dhamma (seus ensinamentos) e o Sangha (a comunidade monástica), conhecidos como a Tríplice Joia do Budismo. Terminado o cântico, todos sentavam-se de pernas cruzadas sobre suas almofadas, um sino tinia, e éramos envolvidos pela mais completa imobilidade. Quase de imediato, comecei a me arrepender do hábito de, em casa, sempre praticar a meditação sentado numa poltrona. Não estava acostumado a sentar-me ereto sem um apoio para as costas, com minhas pernas compridas, de meia-idade, dolorosamente flexionadas na altura dos joelhos como um alicate velho e enferrujado. Acho que meu corpo não assumia essa posição desde a época em que eu me sentava ao lado de outras crianças inquietas durante a reunião matinal na escola primária. Não demorou para que minha região lombar, meus joelhos e tornozelos começassem a gritar, protestando contra aquela tortura; minha mente se tumultuou com pensamentos acerca de quanto tempo eu teria de suportar a dor antes que soasse o sino do final da sessão. Meia hora depois, quando finalmente desisti — esticando as pernas e abrindo os olhos —, vi que as cabeças dos monges, todas perfeitamente lisas, estavam tão imóveis quanto no princípio; suas costas estavam ainda eretas e, no entanto, todos estavam perfeitamente relaxados. Haviam entrado num mundo de tranquilidade e perfeita compostura, ao qual eu não tinha acesso.

Jon Kabat-Zinn estudou com vários mestres zen-budistas nas décadas de 1960 e 1970 e se lembra bem do desconforto que sentiu em suas primeiras experiências de meditação. "Quando comecei a praticar em retiros intensivos, era muito doloroso, na verdade", conta-me. "No primeiro retiro a que compareci, fizemos o voto de não fazer nenhum movimento voluntário por períodos de até uma hora e meia ou duas horas… Aprendi muito sobre a dor naquela época!" Os retiros às vezes duravam semanas durante as quais os praticantes, dedicados, sentavam-se de pernas cruzadas por mais de oito horas por dia. Uma das lições mais importantes que Kabat-Zinn tirou dessa experiência foi que, mudando-se nossa atitude mental perante a dor, ela perde algo de sua força. "Há uma diferença entre a dor, que faz parte da condição humana, e o sofrimento, o qual se acrescenta à dor quando nossa mente se inflama pelo fato de não gostar do que está acontecendo." Esse dado é fundamental para a prática. Kabat-Zinn guardou a lição aprendida e, em 1979, quando desenvolveu o Programa de Redução do Estresse e Relaxamento no Centro Médico da Universidade de Massachusetts, em Worcester, começou a aplicá-la para beneficiar pacientes que sofriam de dores crônicas resistentes a tratamentos convencionais, como analgésicos ou mesmo cirurgias. Muitos deles já sentiam dor intensa havia anos; seus médicos haviam lhes dito que teriam de aprender a conviver com ela. A tarefa de Kabat-Zinn era ajudá-los a aprender *como* conviver com ela.

Não há dúvida de que o fenômeno da dor não se reduz aos sinais de alarme enviados ao cérebro por sensores espalhados por todo o corpo — na pele, nos músculos, nos ossos, nas articulações e nos órgãos internos. O modo como *pensamos* acerca das sensações dolorosas e as emoções associadas a esses pensamentos são igualmente importantes. O Buda compreendeu esse fato intuitivamente e cunhou uma metáfora bastante exata para explicar a ideia a seus discípulos.[5] "É como se um homem fosse atingido por uma flecha e, em seguida, fosse atingido por uma segunda flecha", disse-lhes. "Ele se preocupa, se lamenta, bate no peito, chora, desconsola-se. Tem então dois tipos de sentimento: um sentimento corpóreo e um sentimento mental." Quem não aprendeu a lidar com as sensações de dor resiste a elas e se ressente delas, disse Buda. O único caminho que conhece para escapar do sofrimento é distraindo-se com prazeres sensoriais — os quais, como ele já ensinara na primeira lição ministrada no parque dos veados, acarretam seus próprios perigos. Por outro lado, continuou, "um discípulo nobre e bem ensinado, ó monges, quando é tocado por uma sensação de dor, não há de preocupar-se nem lamentar-se, não há de bater no peito nem de chorar, não há de desconsolar-se". Assim, mesmo que a primeira flecha tenha atingido o alvo, a segunda já não poderá feri-lo.

Não se trata de mera especulação teórica. Há inúmeros exemplos de monges budistas altamente treinados que sofrem dores físicas tremendas sem vacilar. O caso arquetípico foi o da autoimolação de Quang Duc (Thích Quảng Đức), em Saigon, em D11 de junho de 1963, como forma de protesto contra as políticas discriminatórias do governo do Vietnã do Sul. A extraordinária imagem capturada pelo fotógrafo norte-americano Malcolm Browne, estampada na primeira página de jornais do mundo inteiro, mostra o monge de 67 anos imóvel na posição de lótus enquanto seu corpo era consumido pelas chamas. Embora se trate de um exemplo extremo, evidencia que a mente tem o poder de suportar as formas de dor mais intensas que se possam imaginar. O que dizer, porém, das dores cotidianas que afligem as pessoas comuns? Mesmo nesta era de analgésicos e anestésicos de alta potência, a dor ainda causa grandes sofrimentos. Cerca de um terço dos adultos sofrem de algum tipo de dor crônica, e essa proporção chega a mais de 50% entre os que têm mais de 75 anos.[6] A dor é associada ao sofrimento psicológico e à diminuição da qualidade de vida, além de limitar severamente as atividades cotidianas. Calcula-se que, somente nos Estados Unidos, a dor acarrete a incrível perda de 635 bilhões de dólares por ano em tratamento médico e diminuição da produtividade.[7]

No hospital onde Kabat-Zinn montou sua clínica, os médicos de quase todos os departamentos começaram a encaminhar-lhe pacientes que sofriam de estresse e ansiedade relacionados às mais diversas doenças — não apenas dores crônicas, mas também doenças cardíacas e câncer, por exemplo. O que Kabat-Zinn ensinava era essencialmente a meditação *mindfulness*, mas sem os aspectos religiosos e culturais do budismo. O curso durava dez semanas; além das atividades em casa, os pacientes faziam uma sessão de duas horas uma vez por semana, na qual recebiam instrução de atenção plena, "*body scan*" (escaneamento do corpo) — o direcionamento sucessivo da atenção para todas as partes do corpo, dos pés à cabeça — e posturas de hatha yoga. A meditação *mindfulness* envolve, antes de qualquer coisa, a fixação da atenção na sensação da respiração, como descrito no Capítulo 2 (o que é suficiente para evocar a "reação de relaxamento", que produz calma e tranquilidade); depois, o praticante de meditação deve abrir o campo da consciência para as demais sensações físicas e também os pensamentos, as memórias e as emoções, à medida que surgem. Aprende a observar todas essas coisas como simples eventos mentais transitórios, sem avaliá-las nem se envolver com elas. Para experimentar esse tipo de meditação, você pode seguir as instruções detalhadas no final deste capítulo.

O segredo que Kabbat-Zinn aprendeu quando jovem, sofrendo as agruras de longas sessões de meditação zen, é que, se você for capaz de direcionar toda a sua atenção para a dor sem dar importância às narrativas emocionais que geralmente a acompanham, ela se torna muito mais tolerável. Ele ensina essa habilidade a quem sofre de dores crônicas. "Não nos limitamos a dizer às pessoas que, se elas conseguirem aceitar a dor, não haverá problema", diz ele. "Paradoxalmente, no entanto, quando começamos a fazer *amizade* com a dor — entrar nela, abraçá-la, mantê-la na consciência — começamos a perceber que o sofrimento está sobretudo nas ideias de que 'isto vai durar para sempre' e 'a dor destruiu minha vida, nunca mais vou melhorar'. Isso, porém, não é dor. São apenas pensamentos." Ele admite que mudar de perspectiva dessa maneira não é fácil para quem sofre uma dor debilitante, mas também diz que a chave para reduzir o sofrimento associado a qualquer sensação intensa é voltar-se para a sensação em vez de procurar fugir dela. "É aí que as coisas ficam interessantes."

Em 1982, Kabat-Zinn publicou os resultados do primeiro estudo clínico sobre a eficácia da meditação *mindfulness* no alívio de dores crônicas.[8] Seu estudo foi feito com 51 pacientes que sofriam diversos tipos de dor, sobretudo na região lombar, no pescoço, nos ombros e de cabeça. Depois de completar o curso de dez semanas, 65% constataram que sua dor havia reduzido em mais de um terço (de acordo com um índice-padrão que associa a intensidade da dor com o grau em que é desagradável). Para metade dos pacientes, o índice de dor caiu em mais de 50%. Essa mudança na capacidade dos pacientes de lidar com a dor foi acompanhada por uma melhora significativa do humor e dos sintomas psiquiátricos.

Foi essa a primeira prova de que o programa de Kabat-Zinn, agora chamado de redução do estresse baseada em *mindfulness* (MBSR — Mindfulness-Based Stress Reduction) — e que hoje dura oito semanas, e não as dez originais —, produzia benefícios clínicos. Nas três décadas seguintes, fizeram-se milhares de outros estudos que estabeleceram claramente os benefícios da meditação em casos de dor, estresse e ansiedade.[9, 10] O programa também foi adaptado para prevenir, com sucesso, a recaída na depressão (ver o Capítulo 6, "Chinelos de ouro") e para tratar a dependência química (ver o Capítulo 7, "Adoradores do fogo"). Em todos esses casos é aplicada a abordagem das "duas flechas": os pacientes são encorajados a perceber a distinção entre o desconforto em si — as sensações corpóreas relacionadas quer ao estresse e à ansiedade, quer à abstinência de drogas — e o sofrimento que criamos ao redor dessas sensações por meio de nossa reação emocional e do esforço para afastá-las. Ter atenção plena significa aceitar que certas experiências são desagradáveis, mas sem se envolver com elas emocionalmente ou tentar fazê-las parar.

Kabat-Zinn sempre acreditou estar ensinando às pessoas uma habilidade que elas vão utilizar ao longo de toda a vida, e não um tratamento isolado. Disse-me: "Não há nenhuma idade em que não valha a pena aprender a controlar o estresse". As pesquisas demonstram que o estresse crônico deprime o sistema imunológico, agrava as inflamações, afeta o crescimento dos neurônios no cérebro e aumenta o risco de doença cardiovascular. "Se você aprende a lidar com o estresse e a regulá-lo — e o mesmo vale para todas as dores ligadas ao estresse, quer se trate de dor de cabeça, enxaqueca ou dores mais graves — aumenta a sua probabilidade de permanecer saudável. E tudo isso parte de uma consciência mais aguda da sua mente, do seu corpo e da sua relação com o estresse e a dor, bem como daquilo que lhe dá prazer, alegria e satisfação na vida."

Desde a época em que Kabat-Zinn desenvolveu a MBSR na década de 1980, vários estudos investigaram sua potencial utilidade nos mais diversos contextos — desde crianças que tinham prova na escola até pacientes de câncer que sofriam o trauma do diagnóstico e do subsequente tratamento. Vale notar que, em anos recentes, o rigor metodológico de boa parte dos primeiros estudos sobre *mindfulness* foi posto em questão, pois os padrões da pesquisa em psicologia e dos estudos clínicos em geral se tornaram mais rigorosos e os critérios de "prova" de benefícios clínicos são, hoje, muito mais exigentes. Vou tratar de algumas dessas questões no Capítulo 11, "Espelhos da mente". Por outro lado, deve-se reconhecer que todo tratamento novo só terá sua eficácia provada depois de um certo tempo, e para que isso aconteça são necessários recursos. Os primeiros estudos eram necessariamente pequenos e especulativos.

Kabat-Zinn reconheceu desde o começo as limitações do estudo-piloto que realizou em 1982 sobre a utilidade da MBSR para o tratamento da dor: o estudo não contou com um grupo de controle em relação ao qual os resultados do tratamento pudessem ser comparados nem levou em conta as potenciais parcialidades dos pacientes nos relatos que faziam acerca da dor (poderiam, por exemplo, ter exagerado os benefícios do programa simplesmente para agradar o professor). Kabat-Zinn também escreveu que, nesse tipo de estudo, o ideal é que as medidas de dor não sejam interpretadas pelo próprio pesquisador, mas por um painel independente. Três anos depois da publicação de seu estudo preliminar, Kabat-Zinn publicou um estudo maior, realizado no hospital com a ajuda de dois colaboradores independentes, no qual comparou noventa pacientes que sofriam de dor crônica e fizeram seu curso de *mindfulness* com outros pacientes que continuaram recebendo unicamente o tratamento-

-padrão.[11] Constatou uma melhora estatisticamente significativa na avaliação subjetiva que os pacientes faziam da própria dor; também a ansiedade e a depressão se reduziram em comparação com os tratamentos costumeiros. No final do curso, além de tudo, os pacientes haviam diminuído a quantidade de analgésicos que usavam. O notável é que os benefícios psicológicos ainda eram evidentes até quatro anos depois. A maioria dos pacientes relatava que mantivera a assiduidade na prática de meditação. Um dado interessante: a *intensidade* de sua dor não mudara em relação à situação anterior ao programa de meditação *mindfulness*, mas eles *lidavam* melhor com ela. Em outras palavras, ela já não dominava a vida deles.

As pesquisas de Kabat-Zinn envolviam grupos mistos de pacientes, que sofriam de diversas doenças. Estudos mais recentes proporcionam provas de que o *mindfulness* pode melhorar a qualidade de vida e reduzir o desconforto associado a certas situações específicas de dor crônica, como dor na região lombar, no pescoço, artrite, síndrome do cólon irritável e fibromialgia.[12-15] Mesmo assim, ainda será preciso fazer muitas pesquisas para provar acima de qualquer dúvida a eficácia da meditação *mindfulness* para aliviar o sofrimento associado a dores crônicas e sabermos quais os tipos de paciente que mais se beneficiam. A neurociência da dor — com sua complexa interação de sinais de alarme enviados por sensores em todo o corpo, crenças, emoções e pensamentos — também ainda está engatinhando, restam muitos mistérios a serem resolvidos. Mesmo assim, os pesquisadores estão começando a desvendar como a meditação afeta o modo pelo qual a percepção da dor é processada no cérebro.

Suponhamos que um neurocientista viajasse de volta no tempo até o século V a.C. e, a intervalos regulares, fizesse tomografias do cérebro de Siddhãrtha — desde os primeiros anos em que praticou a meditação com seus colegas de ascese até o momento em que alcançou a iluminação. O que esse cientista descobriria e o que suas descobertas poderiam nos dizer sobre a dor e o sofrimento? Estudos de laboratório dão a entender que até os iniciantes — como era o caso de Siddhãrtha aos 29 anos, quando deixou o palácio do pai e iniciou sua busca espiritual — são capazes de modificar drasticamente sua experiência da dor pelo uso da meditação *mindfulness*. Em 2011, pesquisadores comandados por Fadel Zeidan, na Escola de Medicina da Universidade de Wake Forest,

Carolina do Norte, constataram que homens e mulheres que haviam recebido apenas quatro lições de instrução de atenção plena, com apenas 20 minutos de duração cada uma, já eram capazes de reduzir em 57%, em média, a sensação de desagrado da dor causada por uma sonda de calor aplicada em suas pernas. Relataram ainda que a meditação reduziu a intensidade de sua dor em 40%.[16] Durante o experimento, os sujeitos de pesquisa permaneciam deitados com a cabeça dentro de uma máquina de ressonância magnética. As imagens revelaram que as mudanças em sua percepção da intensidade e da sensação de desagrado da dor eram associadas com diferentes regiões do cérebro. A redução na *sensação de desagrado* estava correlacionada com o aumento de atividade numa área frontal de ambos os hemisférios cerebrais, imediatamente acima da órbita ocular: o córtex orbitofrontal, uma parte do córtex pré-frontal responsável por atribuir uma "carga" emocional aos dados sensoriais, atividade essa que é essencial para o aprendizado e a tomada de decisões. A redução na *intensidade* da dor estava associada ao aumento de atividade numa área mais recuada, na superfície interior de cada um dos hemisférios, chamada córtex cingulado anterior (CCA), área essa que detecta conflitos entre tarefas que competem por atenção e, segundo se sabe, também desempenha um papel essencial na percepção da dor (ver a Figura 2, p. 80). O córtex cingulado envolve o corpo caloso — o agrupamento de fibras nervosas que liga os dois hemisférios do cérebro — como uma espécie de cinta (*cingulum* significa "cinto" em latim, e *córtex* é a casca ou camada exterior de qualquer coisa).

A redução na intensidade da dor também era acompanhada por uma ativação maior de uma estrutura cortical chamada ínsula, oculta no interior de ambos os hemisférios do cérebro dentro de uma fissura que separa três lobos. A ínsula está envolvida na experiência das emoções, na consciência das sensações corporais internas e da "saliência" destas — em outras palavras, em quanto elas devem ser consideradas dignas da nossa atenção em meio a todos os demais dados sensoriais. Tanto o CCA quanto a ínsula figuram com destaque nos resultados das pesquisas cerebrais sobre meditação. Chegou-se a aventar a hipótese de que essas duas estruturas são as responsáveis por criar a sensação de percepção consciente[17] — uma hipótese extraordinária cujo significado analiso de modo mais detalhado no Capítulo 10, "Estranho e maravilhoso".

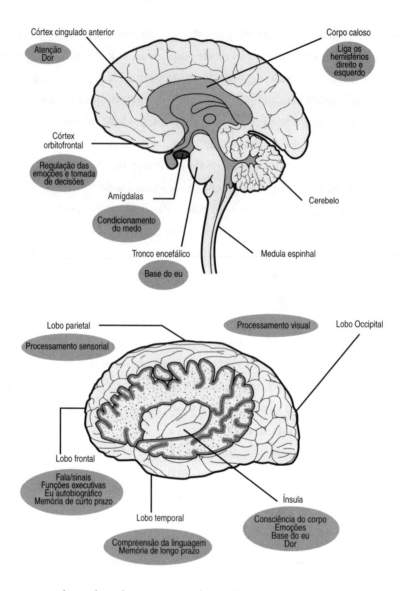

Figura 2: Combatendo a dor. Um curso breve de treinamento em *mindfulness* pode ajudar as pessoas a lidar melhor com dores crônicas. Estudos científicos constataram que o aumento da atividade do córtex orbitofrontal dos praticantes de meditação está associado à diminuição da *sensação de desagrado* provocada pela dor, ao passo que o aumento da atividade na ínsula e no córtex cingulado anterior (CCA) está associado à diminuição da *intensidade* da dor. *No alto*: o córtex cerebral direito, mostrando a linha divisória entre as duas metades do cérebro. *Embaixo*: a superfície exterior do córtex cerebral esquerdo, com um corte para revelar a ínsula (uma dobra do córtex cerebral situada numa fissura profunda que separa os lobos temporal, frontal e parietal).

As pesquisas dão a entender que a assinatura da dor no cérebro de praticantes de meditação mais experientes é diferente da que se verifica no cérebro dos iniciantes. Quando Joshua Grant, da Universidade de Montreal, se aliou a outros pesquisadores e usou a técnica de imagem de ressonância magnética funcional para examinar o cérebro de praticantes da meditação zen com pelo menos 1.000 horas de prática constatou, em comparação com um grupo de controle, uma *redução* da atividade no córtex pré-frontal durante momentos de dor. A atividade também se reduziu nas amígdalas, estruturas bastante envolvidas em emoções fortes como o medo e a ansiedade, e numa estrutura chamada hipocampo, com forma de cavalo-marinho, que armazena memórias desse tipo. A maior redução de atividade nessas três regiões do cérebro foi constatada nos praticantes de meditação mais experientes.[18] Outras diferenças se tornaram mais pronunciadas com a continuidade da prática. Grant e seus colegas descobriram que a atividade era maior naquelas áreas do córtex cerebral diretamente envolvidas no processamento de sensações dolorosas, entre as quais a ínsula e o CCA, e que ambas essas regiões corticais são mais espessas nos praticantes do zen e nos membros do grupo de controle cuja sensibilidade à dor era menor.[19] Essas descobertas fazem sentido porque, como vimos, o praticante de *mindfulness* deve se voltar para a dor e concentrar nela toda a sua atenção, e não tentar fugir dela ou suprimi-la. Do mesmo modo, a constatação de Grant de que o córtex pré-frontal dos praticantes experientes de meditação se aquieta nos momentos de dor se coaduna com o objetivo explícito da meditação *mindfulness*, que é o de prestar atenção às sensações sem julgá-las nem procurar mudá-las.

Pesquisadores comandados por Tim Gard, do Hospital Geral de Massachusetts, conseguiram identificar de modo ainda mais claro os mecanismos cerebrais que subjazem ao alívio da dor provocado pela meditação. Instalaram um eletrodo no antebraço de voluntários e aplicaram-lhes choques elétricos — provocando uma sensação semelhante à de um alfinete encostado na pele — a intervalos aleatórios. Em comparação com pessoas que nunca haviam meditado, praticantes experientes de meditação foram capazes de reduzir seu nível de ansiedade em 29% enquanto aguardavam os estímulos dolorosos. Quando faziam isso, a atividade do seu CCA aumentava. Quando a dor finalmente chegava, eles eram capazes de usar a aceitação atenta para reduzir a sensação de desagrado em 22% em comparação com os membros do grupo de controle. Exibiam uma diminuição de atividade no córtex pré-frontal e aumento de atividade na ínsula e no córtex somatossensorial secundário, onde se processam dados vindos de todo o corpo acerca de estímulos como pressão, dor e calor.[20] Os pesquisadores constataram que, quanto mais o praticante de meditação era capaz de reduzir a sensação de desagrado provocada pela dor, tanto maior era a ativação dessas áreas em seu cérebro.

Essas mudanças no cérebro refletem claramente os dois elementos da meditação *mindfulness*: "atenção concentrada" e "monitoramento aberto". A concentração da atenção na respiração ajuda, em primeiro lugar, a criar uma sensação de calma — combatendo a ansiedade acerca de quando virá a próxima pontada de dor e relaxando os músculos, o que fará diminuir a intensidade da dor quando ela acontecer. Sua assinatura no cérebro inclui a ativação do córtex cingulado anterior (CCA — recapitulando, essa região do cérebro controla a concentração e a conservação da atenção). O monitoramento aberto, por sua vez, envolve o direcionamento da atenção para a experiência sensorial da dor (aumento da atividade da ínsula e do córtex somatossensorial), mas com uma atitude de aceitação e de não formar, de maneira alguma, um juízo sobre a situação (diminuição da atividade do córtex pré-frontal). Os neurocientistas dão a esse tipo de regulação — também posta em ação quando praticantes experientes de meditação controlam suas emoções (como veremos no Capítulo 8) — o nome de "processamento de baixo para cima". Os praticantes de meditação iniciantes que receberam apenas quatro sessões de 20 minutos de treinamento no estudo de Zeidan parecem ter aprendido o truque mais fácil de concentrar a atenção na respiração para reduzir os níveis de ansiedade, o que tende a diminuir o impacto emocional da dor. Mas parecem, além disso, estar procurando implementar algum método cognitivo, "de cima para baixo", a fim de diminuir a dor.[21] Essa estratégia não é usada apenas por quem medita. Ela envolve uma reavaliação racional da dor — "eu consigo aguentar", "não é tão forte", "uma dorzinha de nada não me fará mal" — ou o ato de distrair-se prestando atenção em outra coisa, quer seja uma outra sensação corpórea, como a respiração, quer uma tarefa qualquer que exija bastante do cérebro, como fazer contas ou simplesmente montar a lista do supermercado para a semana.[22] Há também um efeito placebo que decorre simplesmente da crença de que algo vai funcionar — "Esse negócio de meditação é poderoso".[23] A fé na eficácia de uma pílula, um procedimento médico, um médico ou um rito muitas vezes é suficiente para provocar mudanças físicas e psicológicas efetivas, e a dor é particularmente suscetível a esses efeitos. Um placebo pode diminuir a dor desencadeando a liberação de endorfinas, os analgésicos naturais do corpo, ou enviando uma mensagem subliminar ao cérebro a fim de que este reavalie a dor e a considere menos desagradável ou nociva. No entanto, um estudo realizado por Zeidan e seus colegas em 2015 dá a entender que, mesmo nos iniciantes, o alívio da dor provocado pela meditação *mindfulness* é mais eficaz que o provocado unicamente pelo efeito placebo; além disso, os mecanismos cognitivos "de cima para baixo" empregados nos dois casos são diferentes.[24] Com isso, respondem-se a parte das críticas segundo as quais a meditação é apenas um método para desencadear o efeito placebo.

Como vimos, os praticantes experientes de meditação não recorrem a nenhum mecanismo cognitivo que atue de cima para baixo para mudar a avaliação da dor, mas se abrem completamente para a experiência da dor sem procurar formar juízos sobre ela ou modificá-la. Essa atitude constituía o núcleo do ensinamento do Buda sobre o sofrimento. Ele ensinou que, por meio da atenção plena (*mindfulness*), podemos aprender a ver com equanimidade as sensações tanto boas quanto más. A ideia de "não dualidade" — tratar da mesma maneira o prazer e a dor, a vitória e a derrota — já era importante no hinduísmo primitivo na época em que foi escrito o Bhagavad Gita, talvez nos séculos V ou IV a.C. Nessa narrativa épica, cujos temas são a guerra e o yoga, Krishna ensina ao Príncipe Arjuna o seguinte conceito:[25]

> *Quando os sentidos entram em contato com os objetos dos sentidos, a pessoa sente frio ou calor, prazer ou dor. Essas experiências são fugazes; vêm e vão. Suporta-as com paciência, ó Arjuna. Os que não são afetados por essas mudanças, que são os mesmos no prazer ou na dor, são verdadeiramente sábios e aptos à imortalidade.*

No mesmo sentido, o apego às experiências sensoriais — aos desejos egoístas — era considerado pelos hindus uma importante fonte de sofrimento. A julgar pelo trecho a seguir, o autor do Bhagavad Gita teria reconhecido e aplaudido a primeira lição de Siddhārtha acerca dos perigos do desejo:[26]

Quando pensas insistentemente nos objetos dos sentidos, forma-se o apego. O apego gera o desejo, a luxúria da cobiça, que, ardendo, transforma-se em ira. A ira obscurece o discernimento e perdes a capacidade de aprender com os erros do passado. Perdes assim o poder de discernir entre a sabedoria e a loucura e, com isso, pões a perder tua própria vida. Quando, porém, caminhas em meio ao mundo dos sentidos igualmente livre do apego e da aversão, encontras a paz na qual se extinguem todos os pesares e vives na sabedoria do Si Mesmo.

Não sabemos ao certo se essas ideias são originalmente budistas ou se já estavam se disseminando como verdades espirituais reconhecidas pelos aspirantes da planície do Ganges entre os séculos VI e V a.C. Essa incerteza suscita em nós um questionamento: o que terá o Buda ensinado a seus velhos amigos no parque dos veados, estimulando-os a ponto de fazê-los abandonar o caminho que seguiam e acompanhá-lo no que ele próprio havia descoberto? Todos eles haviam praticado o yoga ensinado por sábios como Ālāra Kālāma e Uddaka Rāmaputta a fim de escapar do *saṃsāra*, o doloroso ciclo de nascimento, morte e renascimento. Se não formos capazes de construir uma máquina do tempo, jamais saberemos quais os acréscimos exclusivos que Siddhārtha fez aos métodos e crenças sobre a iluminação que já eram praticados e adotados pelos ascetas. É certo que deu mais ênfase ao poder da compaixão e da bondade para aproximar seus seguidores da iluminação, mas alguns historiadores afirmam que a grande inovação budista foi o elemento de "monitoramento aberto" do *mindfulness*. Segundo essa tese, a meditação budista consistia em trabalhar *com* a mente, ao passo que a prática da meditação no jainismo e no yoga da tradição védica tratava de silenciar a mente.[27] Como os demais ascetas, Siddhārtha estava usando a força bruta para suprimir os sentidos e as tendências naturais da mente — quase morrendo de inanição e até tentando parar de respirar —, mas essa estratégia "de cima para baixo" fracassara redondamente. Sua grande descoberta só ocorreu quando ele percebeu que, se expusesse os grilhões do desejo e da dor à luz intensa da meditação *mindfulness* sem formar sobre eles nenhum juízo, esses grilhões se desprenderiam. Parece que o velho Kondañña já tinha uma intuição desse fato, pois, quando Siddhārtha acabou de falar, Kondañña formulou uma ideia poderosa que pode ser parafraseada como "Tudo aquilo que surge na tela da consciência também desaparecerá". Com essas palavras, ele não somente reconheceu que todos os fenômenos mentais são impermanentes, como também observou que eles somem com mais presteza sob a luz brilhante da atenção consciente. O Buda, animado, respondeu: "Kondañña sabe! Kondañña verdadeiramente sabe!". Seu velho amigo estava muito próximo da iluminação.[28]

A realização da não dualidade já estava bem estabelecida como objetivo da meditação na época em que o Bhagavad Gita foi escrito, mas Siddhārtha parece ter encontrado um meio eficaz de alcançar esse estado de felicidade sem que o devoto tivesse de castigar o corpo até ficar às portas da morte. Os brâmanes provavelmente não teriam visto nenhum problema nessa nova abordagem — pelo contrário, poderiam até tê-la acolhido de braços abertos. O que os assustou foi o fato de o Buda, alguns anos depois, ter fundado uma ordem monástica para mulheres, rejeitado o sistema de castas da Índia e a prática brâmane de sacrificar animais em fogueiras sagradas. Tudo isso ia contra a ordem estabelecida. Siddhārtha, porém, esposava também outra ideia revolucionária que os repugnava muito mais que todas essas inovações. No decurso de suas explorações interiores, ele descobrira algo que — para quem é capaz de acreditar nisso, sendo que a maioria das pessoas ainda não é — estilhaçara a visão de mundo bramânica e fora taxado como uma heresia. Descobrira que ele não tinha um Eu.

Meditação guiada: de mente aberta

Um método excelente para devolver a mente a seu "estado básico" — um estado no qual não há nem euforia nem torpor, mas somente atenção e abertura — consiste em perceber o ritmo natural das inspirações e expirações (ver "Meditação guiada: somente a respiração", p. 53). Trata-se da atenção concentrada, um pré-requisito para o segundo estágio da meditação *mindfulness*: o discernimento.

Assuma sua posição numa almofada ou numa cadeira. Comece por concentrar-se na sensação da respiração que entra e sai do seu corpo pelas narinas. Lembre-se de que você está apenas observando a respiração, sem controlá-la. Acompanhe cada inspiração e expiração do começo ao fim. Perceba as pequenas pausas entre a inspiração e a expiração, se houver.

Não se recrimine caso a mente devaneie ou se distraia com algum barulho. Tudo isso é perfeitamente normal. Simplesmente lembre-se: "É assim que a mente funciona", e retorne à respiração. Com a prática, você será mais capaz de perceber quando perdeu a concentração e desenvolverá uma atenção plena mais aguda do momento presente.

Agora que já aquietou a mente, deixe que sua atenção se expanda. Sempre que surgir um sentimento positivo ou negativo, transforme-o no foco da sua meditação, percebendo as sensações corpóreas a ele associadas: talvez uma constrição, uma aceleração ou desaceleração do batimento cardíaco, um frio na barriga, relaxamento ou tensão nos músculos. O que quer que seja, trate o sentimento com uma curiosidade amistosa e objetiva. Você pode, por exemplo, simplesmente rotular o que acontece em sua mente: "ansiedade", "calma", "alegria", "tédio". Lembre-se de que aqui vale tudo; não há nada que não seja digno da sua atenção.

Caso sinta alguma dor, coceira ou outro tipo de desconforto, trate-a exatamente da mesma maneira. Volte o holofote da sua atenção para a sensação, mas não se deixe envolver com ela. Ao inspirar, direcione o ar que entra, com a imaginação, para o local onde a sensação é mais forte e expila-o na expiração. Você talvez perceba que, quando explora a sensação com uma curiosidade amistosa — sem procurar mudá-la de maneira alguma, sem se apegar a ela nem reprimi-la — a sensação começa a diminuir sozinha. Quando tiver ido embora, redirecione sua plena atenção para a respiração.

Os instrutores de *mindfulness* às vezes dizem que devemos "surfar" na onda de uma sensação desagradável, como a dor, a ansiedade ou o desejo.

Em vez de se afogar no tsunami da sensação, monte mentalmente em sua prancha de surfe e deslize sobre ela. Sinta-a em sua plenitude, mas conserve a mente desapegada, digna e equilibrada. Ciente de que o poder de todas as ondas, mesmo as mais fortes, acabará por se dispersar, surfe sobre ela até o fim.

Caso um pensamento, uma emoção ou uma sensação se tornem fortes ou incômodos demais, use a respiração como um refúgio de calma, voltando toda a sua atenção para a sensação do ar nas narinas. Do mesmo modo, caso se sinta incapaz de aguentar uma dor nas pernas, no pescoço ou nas costas, mude sua postura. Mas faça com que a intenção de se mexer seja uma escolha consciente, não um simples reflexo; e se movimente de modo lento e deliberado.

CAPÍTULO 5

O homem que desapareceu

A eliminação daquele orgulho que procede do pensamento "Eu sou!" — é essa, na verdade, a mais elevada felicidade.

— *The Mahāvagga*, capítulo 1, parte 3, traduzido para o inglês por T. W. Rhys Davis

No dia em que chegou de sua longa caminhada desde Uruvelā (mais tarde chamada Bodh Gaya), Siddhārtha mudou o acampamento do grupo para o abrigo de uma monumental figueira-de-bengala. Nos três dias seguintes — protegidos do sol e das monções, adequadamente alimentados e cuidadosamente instruídos —, seus cinco discípulos recuperaram a força e o ânimo. Na quarta manhã, quando voltaram da cidade, Siddhārtha julgou-os aptos a adquirir o *insight* final que tinham de realizar a fim de alcançar a iluminação.[1,2]

"O corpo não é o Eu", começou. Se esse corpo fosse o Eu — a essência eterna da pessoa, sua alma —, acaso estaria sujeito à doença e à mudança? Acaso seria perecível e não estaria sujeito ao nosso controle? Seria a causa de tanto sofrimento e insatisfação, como todas as outras coisas impermanentes por natureza?

"Não, venerável senhor", responderam os discípulos. "Não seria, não estaria." Siddhārtha lhes disse que, qualquer que seja a forma que o corpo assumiu, assuma ou venha a assumir, é necessário concluir: "Isto não é meu, isto não sou eu, este não é meu Eu".

Pediu então que eles examinassem cada um dos quatro demais componentes de todo ser senciente e descobrissem por si mesmos se eram permanentes ou impermanentes. A sensação, a percepção, os pensamentos, a consciência...?

"Impermanente", responderam eles a cada vez. Assim, se os cinco componentes não ofereciam nenhum refúgio de estabilidade, onde o Eu supostamente eterno e imutável residiria dentro do ser humano? Para onde quer que se olhe, no corpo ou na mente, só se vê mudança e instabilidade. O Eu não está em lugar algum.

Havia mil anos que o princípio central da religião védica, da Índia antiga, sustentava-se sem questionamento: dentro de cada ser humano habita o Atman, uma essência que é o seu verdadeiro Eu. Esse "controlador interno" é idêntico à realidade última, Brahman, que é o Espírito Supremo e o fundamento de toda a existência. Nos mais profundos e extáticos estados de meditação, dizia-se que o yogue descartava seu eu mundano e cotidiano e identificava-se com seu verdadeiro Eu, tornando-se uma só coisa com Brahman e todos os seres sencientes da terra e das esferas celestes. O primeiro uso de que se tem notícia do termo sânscrito *Atman* ocorre no Rig Veda,[3] uma coletânea de hinos sagrados que talvez date de 1500 a.C. O Brihadaranyaka Upanishad, um tratado sobre o Atman composto por volta de 700 a.C., resume o conceito numa formulação clara:[4]

> *Ele não é visto, mas pelo contrário, é Ele a Testemunha; não é ouvido, mas, pelo contrário, é o Ouvinte; não é pensado, mas, pelo contrário, é o Pensador; não é conhecido, mas, pelo contrário, é o Conhecedor. Não há outra testemunha exceto Ele, outro ouvinte exceto Ele, outro pensador exceto Ele, outro conhecedor exceto Ele. É o Controlador Interno, teu Eu imortal.*

Os sacerdotes da religião védica ensinavam que, caso o ser humano conseguisse se despir de seus impulsos egoístas — do seu "eu" bruto, com inicial minúscula — por meio das disciplinas do yoga, o que lhes restaria seria a consciência pura, a testemunha de todos os pensamentos e sensações, seu verdadeiro Eu. O ponto mais importante é que tal entidade seria eterna, imutável e idêntica ao Espírito Supremo. Ao longo de toda a história humana, aspirantes espirituais de todo tipo chegaram a conclusões semelhantes acerca da importância da identificação com o Eu supremo. Na Grécia antiga, a máxima

"Conhece-te a ti mesmo" estava gravada em pedra no limiar do Templo de Apolo em Delfos;[5] o Deus do Antigo Testamento, falando a Moisés na sarça ardente, declarou que seu nome era "Eu Sou O Que Sou";[6] os gnósticos cristãos acreditavam que Deus só seria encontrado mediante a investigação do Eu;[7] no sufismo, o "espírito secreto" ou *ruh sirr* é concebido como uma ligação direta entre a pessoa e a Divindade.[8] Compreender o Eu é compreender a divindade suprema, o supremo "Eu Sou".

Na Índia antiga havia yogues convictos de sua capacidade de discernir seu Eu supremo nos estágios mais profundos da meditação. O autor do Bhagavad Gita escreveu que, quando a meditação é dominada, a mente se torna "imóvel como a chama de uma lâmpada no nicho de uma janela. Na mente aquietada, nas profundezas da meditação, o Eu se revela a Si Mesmo. Contemplando a Si Mesmo por Si Mesmo, o aspirante conhece a alegria e a paz da satisfação perfeita". Com perseverança, diz o autor, o yogue é capaz de alcançar a união com a fonte de toda a existência: "Para onde quer que a mente vague, inquieta e difusa em sua busca de satisfação externa, reconduza-a de volta para dentro; acostume-a a repousar no Eu. Aos que aquietam a mente faculta-se uma alegria permanente. Libertando-se da mácula da vontade própria, com a consciência unificada, tornam-se unos com Brahman".[9]

Assim os brâmanes viam o Eu como um ser espiritual que, habitando dentro do ser corpóreo, era indivisível, imutável e completamente intocado pelo sofrimento. Porém, quando Siddhārtha investigou os cinco componentes ou "agregados" da existência humana, examinando-os um por um — a forma física, as sensações, a percepção, a volição e a consciência (em outras palavras, a totalidade da pessoa) —, descobriu que cada um deles existia independentemente do nosso controle e era impermanente e, portanto, insatisfatório. Cada um deles era inextricavelmente ligado ao sofrimento. Podia-se crer na existência de outra coisa — de um espírito etéreo completamente desvinculado de todos os demais fenômenos mentais e físicos conhecidos —, mas isso seria pura questão de fé. Na opinião de Siddhārtha, não passava de uma ilusão. Ele passara seis anos refinando as habilidades necessárias para investigar a própria mente, igualando ou superando nisso qualquer pessoa viva naquela época. Por meio da meditação *mindfulness*, procurara durante muito tempo mas não encontrara nada que reunisse em si os requisitos mínimos para justificar o uso do nome Atman — o Eu eterno e imutável. A consequente doutrina do "não eu" não era algo banal; sem ter acesso a um Eu, como poderia a pessoa ter a esperança de comungar com Brahman, o "Eu Sou" universal? Quando se deixa de acreditar no Eu, a ponte sagrada que liga a humanidade à divindade desaparece como uma miragem e, com ela, some qualquer esperança de canalizar o poder dessa divindade, como os brâmanes se propunham fazer por meio da oferenda do fogo.

Não é somente o budismo que dá a entender que a alma não existe, mas essa ideia é quase sempre considerada incompatível com a fé religiosa. Foi nesse terreno perigoso que se meteu o autor cristão anônimo de *A nuvem do não saber*, para quem a pessoa, durante a meditação, é capaz de alcançar a Deus e "se unir perfeitamente" a Ele sem sair da terra. Escreveu que o Eu pecador era fonte de grande sofrimento, "um pedaço de carne imundo e malcheiroso" que deve ser sempre "odiado e desprezado".[10] Não seria melhor negar a existência desse eu? O autor parece ter estado a ponto de chegar à mesma conclusão de Siddhārtha — mas, quando se viu diante dela, recuou horrorizado: "No entanto, mesmo em meio a todo esse sofrimento, a alma não tem o desejo de não existir, pois isso seria uma loucura diabólica e desprezo por Deus; mas se compraz na própria existência e oferece a Deus graças sinceras pelo dom da existência, muito embora tenha o incessante desejo de não ter conhecimento e sensação dessa existência".

Além desse horror teológico, havia uma barreira psicológica à aceitação do conceito de "não eu". O Buda ensinou que, embora cada um de nós seja um simples agregado de elementos num estado de fluxo constante, nosso apego ou nossa adesão a esses elementos — nossa *identificação* com eles — dá origem ao sofrimento e à ilusão da existência de um eu. Segundo esse ponto de vista, o ser humano é um processo sem centro fixo. Eknath Easwaran, tradutor e erudito do século XX e especialista nas filosofias da Índia antiga, comparou os cinco agregados que (segundo a doutrina budista) constituem a pessoa às especiarias coloridas que se adquirem no mercado e se levam para casa a fim de serem moídas e misturadas para temperar o jantar.[11] Assim, a cada momento, cada um de nós é comparável a uma mistura exclusiva de especiarias, um *garam masala* feito em casa. Você deve estar pensando que "eu" devo ser bem mais que isso, pois ser humano é ter a sensação de ser dono das próprias sensações, dos próprios pensamentos, sentimentos e impulsos. Acreditamos intuitivamente que há um pensador por trás dos pensamentos, um ouvinte por trás do que ouvimos, um vidente por trás do que vemos. Temos a sensação de sermos um operador dentro do nosso próprio crânio, que vê o mundo por meio dos nossos olhos e determina o próprio destino.

Se isso fosse verdade, o ser humano não seria muito diferente de Rosenberg, dono da joalheria no filme *Homens de preto*, que leva por aí um segredo extraordinário dentro da sua cabeça. Quando esse joalheiro grisalho e de óculos acaba no necrotério depois de ser morto numa briga, os agentes J. e K. logo descobrem que ele não passava de um elaborado mecanismo feito para se parecer com um ser humano e operado por um minúsculo alienígena, um "homúnculo" que, sentado dentro de seu crânio, puxava alavancas com suas mãozinhas e apertava pedais com seus pezinhos. Não seria irrazoável nos perguntarmos se não há outro homúnculo controlando o alienígena e outra criatura ainda menor sentada dentro da cabeça *deste*, e assim por diante, até o infinito. O problema da ideia de um "controlador interno" que determina a nossa vida pelo exercício de sua livre vontade é que ela pressupõe a possibilidade de uma ação sem causa anterior, o que é impossível. No entanto, é exatamente isso que continuamente nos convencemos de estar acontecendo.

No século XVIII, o filósofo David Hume chegou à mesma conclusão a que Siddhãrtha Gautama chegara no século V a.C.:[12]

> *Caso qualquer impressão dê origem à ideia de eu, essa impressão deve permanecer invariavelmente a mesma durante todo o decurso da nossa vida, pois supõe-se que o eu exista dessa maneira. Mas não existe uma impressão constante e invariável. O prazer e a dor, o sofrimento e a alegria, as paixões e sensações sucedem-se umas às outras e nunca existem todas ao mesmo tempo. Portanto, não é possível que a ideia de eu seja derivada dessas impressões ou de quaisquer outras. Consequentemente, tal ideia não existe. [...] Quando eu, particularmente, entro de modo mais íntimo naquilo que chamo "eu mesmo", sempre me deparo com uma ou outra percepção de calor ou frio,*

luz ou sombra, amor ou ódio, dor ou prazer. Nunca flagrei a mim mesmo sem nenhuma percepção e nunca pude observar outra coisa que não a percepção. [...] Ouso afirmar, acerca do restante da humanidade, que todos são apenas um feixe ou uma coletânea de diferentes percepções que se sucedem com inconcebível rapidez e encontram-se em perpétuo fluxo e movimento.

A afirmação de que o Eu não existe era considerada revolucionária na época de Buda e ainda parecerá peculiar a muitos leitores modernos. Mas é importante compreender que Siddhārtha não estava negando a *experiência* do eu, a qual é perfeitamente real. Essa experiência é a corrente da nossa consciência. No entanto, os pensamentos, emoções e memórias que a constituem vêm e vão; nosso corpo e nossa mente mudam. A própria consciência aumenta e diminui durante o dia e enquanto dormimos. Nossos componentes encontram-se num estado de permanente fluxo. "A mente é uma espécie de palco", disse Hume, "onde várias percepções aparecem sucessivamente; passam, tornam a passar, desaparecem e entremesclam-se numa variedade infinita de posturas e situações". Na terminologia budista, os agregados (forma, sensação, percepção, volição e consciência) são "condicionados" — são arrastados numa torrente de causas e efeitos. O objetivo do *mindfulness* é resistir à nossa tendência natural de nos apegarmos a eles e, ao contrário, nos afastarmos um pouco da corrente e simplesmente vê-los passar. Só então somos capazes de perfurar a ilusão da existência de um eu, criada quando a mente se identifica com os fragmentos da consciência. O que resta não é nada — a aniquilação — exceto o *ato de conhecer*. A palavra *Buddha*, em páli, pode ser traduzida como "aquele que conhece". Evidentemente, esse conhecimento só é possível em razão da consciência, a qual, assim, continua sendo uma espécie de mistério para a ciência. O ponto crucial, no entanto, é que seu funcionamento não depende de termos um controlador interno, uma alma ou Eu.

Para os budistas, a interiorização da doutrina do não eu (*anatta* em páli) tem uma consequência notável. As distinções entre "eu e você" ou entre "nós e eles" começam a se desfazer. Quando o "eu" egoísta sai de cena, essas diferenças se desvanecem, e a sensação de alienação que outrora tínhamos começa a se dissolver. Essa mudança de perspectiva também enfraquece os laços do ciúme e da possessividade, diminuindo a diferença entre o que é "meu" e o que é "seu".

Como muitas outras pessoas, quando entrei em contato com a doutrina do não eu, concluí que os budistas são niilistas cujo objetivo é se tornar autômatos impassíveis de cabeça raspada. Mas Ajahn Amaro, abade do Mosteiro Amaravati, logo corrigiu essa minha noção. "O objetivo é reconhecer que as fronteiras do 'eu' e do 'meu' são apenas ficções convenientes", disse-me ao longo da entrevista. Estávamos sentados no escritório do seu *kuti*, o qual, semelhante a um bangalô, dava para um pequeno jardim murado. Me surpreendi ao ver a face inconfundível de Dalai Lama sorrindo para nós. Foi como encontrar uma pintura do Papa pendurada na parede do escritório do Arcebispo de Cantuária, mas foi apenas mais um sinal de que os budistas fazem as coisas de um jeito diferente. O abade estava sentado à escrivaninha, sobre a qual eu havia depositado o gravador para fazer a entrevista. Estava a todo vapor; só pausava de vez em quando para bebericar algo de uma caneca. "Você diz que este gravador é 'seu'", afirmou, apontando para o pequeno dispositivo. "Porém, se ele cair do seu bolso no metrô, já não será 'seu'. A ideia ou a lembrança permanece, mas ele já não é seu." Num reflexo, verifiquei se a luzinha vermelha estava acesa, indicando que tudo aquilo estava sendo gravado. "*Anatta* [não eu] é um reconhecimento de que este ser não pode ser separado de todas as outras coisas. Estamos constantemente inspirando e expirando ar, comendo e evacuando, vivendo numa inter-relação com o mundo inteiro, tanto material quanto mental, biológico e físico. Há uma troca ininterrupta, uma inter-relação. Mas isso não é o mesmo que dizer que 'eu não existo — sou budista e, portanto, devo acreditar que não existo'. Trata-se de um equívoco comum. É mais ou menos o mesmo que dizer…" Ele fez um gesto largo com o braço sobre a escrivaninha para ilustrar sua ideia e bateu na caneca, fazendo-a derramar para todos os lados uma chuva de um líquido marrom espumante. "Opa!"

Resgatei o gravador da poça em que ele agora estava alojado. "Quer testar para ver se ainda está funcionando?", disse ele, sinceramente preocupado. "Ainda está funcionando", respondi com otimismo, verificando a luz. "Foram umas poucas gotas." O monge se retirou para a sala anexa e voltou com uma pilha de lenços de papel. "Tecnicamente, portanto, essa bebida era *minha*", disse ele, divertido. "Mas agora não é mais! Vamos molhar os pés..." Ajoelhou-se para enxugar o chão e, nessa posição, continuou a conversa do ponto onde havíamos parado. "Tem outra coisa interessante. Ano passado, alguém me disse que Freud inventou a palavra *ego* sem postular tratar-se de uma entidade ou qualidade fixa e isolada. Apenas usou a palavra latina para se referir à *sensação* de que 'eu sou', para denotar a sensação do 'eu'. Essa abordagem é muito semelhante à budista." Sem interromper o fluxo, foi à outra sala buscar mais lenços de papel. "Essa palavra se aplica à nossa experiência, àquilo que percebemos — 'Eu estou falando', 'Eu estou aqui', 'Eu estou sentindo'. Porém, quando se atribui a ela uma realidade absoluta, um caráter distintivo que a isola de todo o resto do mundo, aí começam os problemas."

Os budistas acreditam que a realização (a experiência direta) dessa verdade — de que você não é seu Eu — é uma libertação imensa. Assim, os textos sagrados nos dizem que, quando o Buda terminou sua segunda preleção aos cinco monges no parque dos veados, já havia seis *arahants* (seres plenamente iluminados) no mundo.[13] Quando a doutrina do não eu veio se somar à do sofrimento e da impermanência, eles realizaram o *nibbāna*: libertaram-se de todos os apegos mundanos e dos venenos do desejo, da aversão e da ilusão. A palavra páli *nibbāna* significa literalmente a "extinção" de uma chama. O que se extinguira, porém, fora o ego, e não a personalidade.

Nas narrativas budistas, a iluminação espiritual é algo que muitas vezes ocorre de repente, como um relâmpago. O progresso de esclarecimento científico ocorrido nos últimos 500 anos foi mais lento mas não menos drástico, pois desferiu vários golpes humilhantes no ego humano. Entre os séculos XVI e XVII, Copérnico, Kepler e Galileu conseguiram descobrir que a Terra não é o centro do universo. No século XIX, Darwin propôs a hipótese de que todas as criaturas vivas evoluíram por seleção natural a partir de um único ancestral comum, e que o ser humano é apenas um tipo diferente de macaco. No século XX, ficamos sabendo que o sol é uma estrela insignificante em meio às 100 bilhões de estrelas da Via Láctea, a qual é apenas uma das cerca de 170 bilhões de galáxias do universo conhecido. Nos primeiros anos do século XXI, os astrônomos concluíram que muitas dessas galáxias, senão a maioria, contêm planetas habitáveis, alguns dos quais podem abrigar civilizações mais avançadas que a nossa. Para completar, temos de ouvir cientistas e filósofos que questionam a noção de que o ser humano tenha vontade livre ou, pior ainda, de que tem um Eu.

No livro *O acaso e a necessidade*, o biólogo molecular francês Jacques Monod, ganhador do Prêmio Nobel, reflete sobre o perene esforço do ser humano para continuar acreditando que ocupa um lugar especial no universo, apesar dos indícios cada vez mais fortes em contrário: "Gostaríamos de pensar que somos necessários e inevitáveis, que o mundo inteiro se ordenou para nós desde toda eternidade. Todas as religiões, quase todas as filosofias e até uma parte da ciência dão testemunho do esforço heroico e inabalável da humanidade para negar desesperadamente sua própria contingência".[14] Talvez isso nos dê uma sensação de segurança, de pertencer a algo maior, do mesmo modo que a criança precisa de um ambiente seguro e caloroso para desenvolver uma personalidade forte à medida que cresce. Ajahn Amaro usa a metáfora de um embrião de pássaro dentro da sua casca protetora para traçar uma importante distinção entre esse estágio vital da nossa infância e aquele estágio em que já nos encontramos maduros o bastante para sair da casca e enfrentar o mundo real.

De início, a ideia parece demasiado contraintuitiva, mas depois vai ficando mais palatável. A noção de que dentro de cada cabeça humana há um piloto — um Eu imutável e indivisível, como o alienígena dentro do crânio de Rosenberg — é muito convincente até começarmos a notar que a experiência do eu muda não apenas ao longo do tempo total da nossa vida, mas até de momento a momento, de hora em hora e de dia em dia. Repare que a sensação de ser "você" muda de acordo com o fato de você ter tomado ou não uma xícara de café pela manhã, de ter dormido bem ou mal, de estar de barriga cheia ou vazia, de estar se sentindo agitado, irritado, entediado, preocupado ou feliz. Se você é parecido comigo, a experiência do eu muda de minuto em minuto. Lembre-se de como era ser "você" na última festa de Natal no escritório, com seus colegas; quando estava na ceia de Natal com seus familiares; e uma semana depois, na noite de Ano-Novo, numa festa com seus amigos. Você se sentiu e se comportou como se fosse a mesma pessoa em todas essas ocasiões? Em qual delas era o seu eu *verdadeiro*? Talvez você tenha tirado alguns dias de férias antes de voltar para o trabalho no ano novo. Que tal foi ser "você" relaxando numa praia ao som das ondas, talvez lendo um romance para "sair de si"?

É claro que cada um de nós tem certos traços distintivos de personalidade, mas até eles variam de acordo com as circunstâncias. Nosso lugar no espectro que vai da introversão absoluta até a mais desinibida extroversão, por exemplo, varia de acordo com o ambiente, as pessoas que estão conosco — o quão bem as conhecemos e qual a nossa relação com elas — com o fato de termos ou não bebido, de estarmos ou não atentos, de nos sentirmos mais ou menos felizes naquele exato momento. Ouvimos a todo tempo expressões como "ela estava fora de si" para justificar alguma indiscrição; mas quando é que nós estamos "em nós"? Quando somos nosso verdadeiro eu?

O último refúgio do Eu talvez seja a continuidade física. Apesar da natureza mutável do corpo, nós o temos da conta de um selo de identidade que levamos conosco desde a época de nossas mais remotas memórias de infância. Um experimento mental concebido na década de 1980 pelo filósofo britânico Derek Parfit demonstra a importância — e também o caráter enganador — que essa sensação de continuidade física tem para nós.[15] Ele nos convida a imaginar um futuro em que as limitações convencionais das viagens espaciais — o transporte do frágil corpo humano para outro planeta a uma velocidade relativamente lenta — já foram solucionadas: todos os dados necessários para remontar a pessoa em seu destino são enviados para lá codificados em ondas de rádio. O viajante entra numa máquina chamada teletransportador, semelhante a uma cabine fotográfica. A máquina registra cada átomo do corpo da pessoa e envia a informação à velocidade da luz para outro planeta — Marte, digamos. Lá, seu corpo é reconstruído átomo por átomo usando os estoques locais de carbono, oxigênio, hidrogênio e por aí afora. Infelizmente, a alta energia necessária para o registro preciso dos átomos do corpo faz com que este se vaporize — mas isso não importa, pois a máquina reprodutora, em Marte, reproduz fielmente a estrutura do seu cérebro neurônio por neurônio, sinapse por sinapse. Você entra no teletransportador, aperta o botão verde e daí a pouco se materializa em Marte, onde pode continuar sua existência a partir do ponto em que parou. A pessoa que sai da máquina reprodutora não somente se parece com você, mas também leva gravados em seu cérebro todos os seus traços de personalidade e memórias, até a memória de ter tomado café naquela manhã e do seu último pensamento antes de apertar o botão verde.

Os fãs de *Jornada nas estrelas* não terão problema algum para usar esta nova modalidade de viagem espacial, pois é mais ou menos o que o teletransporte da USS *Enterprise* faz quando desloca equipes da nave para planetas alienígenas e destes de volta para a nave. Mas Parfit nos pede para imaginar o seguinte: anos depois de começarmos a usar o teletransportador, anuncia-se uma versão atualizada em que nosso corpo original pode ser "lido" sem ser destruído. Você decide experimentar. Paga a passagem, entra na cabine e aperta o botão. Nada acontece, senão uma leve sensação de formigamento; mas você espera pacientemente e, 45 minutos depois, uma imagem do seu novo ser aparece no vídeo; você passa os minutos seguintes travando uma conversa surreal com você mesmo em Marte. É então que chegam as más notícias: a operadora lhe informa, sorridente, que o novo teletransportador apresentou alguns problemas inesperados e danificou irremediavelmente seus órgãos internos. Assim, embora sua réplica em Marte esteja perfeitamente bem e vá continuar sua vida a partir desse ponto, este corpo que está na Terra morrerá dentro de poucas horas. Não quer acompanhá-la ao necrotério?

Como você se sente agora? Não há diferença de resultado entre essa hipótese e o que acontecia no antigo teletransportador — somente um dos dois "você" sobreviverá —, mas dessa vez parece que é o *verdadeiro* você quem está enfrentando o terror da aniquilação iminente. Mesmo assim, Parfit usa esse experimento mental para defender a tese de que o único critério racional para se julgar se uma pessoa continua viva não é a continuidade física do corpo, mas a "continuidade psicológica" — ter as mesmas memórias e os traços de personalidade que a versão mais recente de você mesmo. Os budistas formularam, assim, uma teoria da continuidade psicológica individual chamada "originação interdependente". Ela postula uma cadeia causal mediante a qual as motivações e ações de cada pessoa, assim como o *kamma* (karma) a elas associado, determina o que virá a acontecer em sua vida (ver a figura 8, p. 251). Afirma-se que essa cadeia se estende para além da morte, afetando o renascimento futuro e o novo corpo físico que então se constituirá — algo que não difere muito da hipótese do teletransportador interplanetário. Muitos budistas acreditam que o *kamma* resultante de suas atitudes e formas de conduta nesta vida vai determinar seu destino nessa existência futura. Alguns até dizem que se lembram de existências passadas.

O conceito budista de renascimento é controverso (vou retomá-lo no último capítulo), mas pouca gente refutaria a ideia de que o que fazemos hoje pode afetar nossa vida amanhã. Se você começar a fumar, por exemplo, seu eu mais velho terá de enfrentar as consequências. Se o seu eu mais velho tivesse essa oportunidade, provavelmente recriminaria seu eu mais jovem. O problema é que os jovens mal são capazes de conceber que um dia serão velhos, o que os leva a pôr em risco sua saúde e segurança. O eu mais jovem e o eu mais velho não têm as mesmas opiniões, de modo que o Eu, supostamente indivisível, se divide contra si mesmo no decorrer do tempo. Mas diferentes partes do cérebro também podem entrar em conflito quanto a opções de estilo de vida, a ponto de às vezes termos a impressão de que há em nós dois ou mais "Eus" que brigam pelo controle sobre nossa vida. Um dos hemisférios cerebrais pode ser a favor do tabagismo, ao passo que outro é radicalmente contra. Nosso cérebro em geral resolve esse tipo de conflito sem que o notemos; mas o mesmo conflito se tornou manifesto, por exemplo, numa mulher que passou a sofrer de "síndrome da mão alheia" quando um derrame danificou seu corpo caloso, um feixe de fibras que liga os hemisférios direito e esquerdo do cérebro e coordena suas atividades. Os pesquisadores viram-na pôr um cigarro entre os lábios com a mão direita (controlada pelo hemisfério esquerdo) e jogá-lo fora com a mão esquerda (controlada pelo hemisfério direito) antes mesmo que a direita pudesse acendê-lo com o isqueiro. "Acho que 'ele' não quer que eu fume esse cigarro", disse a paciente com certa amargura.[16] As pessoas que sofrem de síndrome da mão alheia juram que não têm a menor influência sobre o que a outra mão faz: é como se quem a controlasse fosse um outro Eu, um Eu independente.

Outros efeitos de "divisão cerebral" podem ser causados por uma cirurgia que visava a prevenir as convulsões epilépticas, inventada na década de 1960 pelos neurobiólogos Roger Sperry e Ronald Meyers. A cirurgia envolve a cisão do corpo caloso e funciona como a derrubada de uma faixa de floresta para conter um incêndio, detendo a transmissão de impulsos elétricos descontrolados de um hemisfério cerebral para o outro. O lado negativo é que ela também prejudica a comunicação normal entre os dois hemisférios. As pessoas que fazem a cirurgia parecem, às vezes, totalmente normais: não manifestam nenhuma mudança notável de temperamento, personalidade e inteligência e nenhum dificuldade nas interações sociais. Porém, quando são examinadas mais a fundo, percebe-se algo de extraordinário. Graças à divisão de trabalho entre as duas metades do cérebro, os pesquisadores conseguiram estudar as consequências da cisão do elo de comunicação. O hemisfério esquerdo processa os dados sensoriais do lado direito do corpo — recebe as informações visuais do olho direito, por exemplo — e controla os movimentos voluntários desse lado, ao passo que o hemisfério direito é responsável pelo outro lado do corpo. Além disso, o hemisfério esquerdo se especializa na fala e na leitura, ao passo que as habilidades linguísticas do hemisfério direito são rudimentares. Quando os pesquisadores, por exemplo, mostram a imagem de uma colher para o olho esquerdo do paciente e lhe pedem que diga o que está vendo, ele nega estar vendo qualquer coisa. Porém, quando se pede que estenda a mão para trás de uma tela e selecione, somente pelo tato, aquele objeto que "não foi capaz de ver", ele seleciona a colher entre vários objetos. Quando se pede que diga o que é o objeto que tem na mão, ele é incapaz de nomeá-lo ou descrevê-lo.[17]

Outros estudos com pacientes cujo corpo caloso foi cindido demonstram que os dois hemisférios têm processos de aprendizado independentes entre si, memórias separadas e motivações concorrentes. Um lado do cérebro às vezes sabe algo que o outro lado ignora por completo, e um lado pode se opor às ações do outro. Para todos os efeitos, cada hemisfério abriga sua própria corrente de consciência: há agora dois Eus funcionando na mesma cabeça. É como se os agentes J. e K. abrissem o crânio de Rosenberg e encontrassem dois alienígenas sentados lado a lado.

Os pacientes com o cérebro cindido eliminam por completo a noção de que dentro de nós há um Eu imutável e indivisível — um controlador interno que, em seu isolamento esplêndido, aperta os botões e puxa as alavancas do corpo. Os dois hemisférios são uma das causas da divisão; outra causa é a divergência entre as partes primitivas e emocionais do cérebro e as regiões que evoluíram em época mais recente. Há um constante cabo de guerra entre o animal assustado e raivoso dentro de nós e aquele ser mais intelectual que se preocupa com as consequências de longo prazo. Nosso cérebro também contém redes de regiões opostas que combatem entre si para determinar se nossa mente deve se concentrar numa tarefa externa ou em pensamentos dirigidos para o interior. Com base em todos esses dados, o neurocientista David Eagleman, do Baylor College of Medicine, em Houston, estado do Texas, propôs que o cérebro não seja visto como um sistema unificado, mas como uma equipe de rivais que brigam entre si. Muitas vezes sequer temos consciência dessas rivalidades, mas elas podem ser expostas por um derrame ou uma cirurgia cerebral.[18] Eu me lembro do engenhoso desenho animado *Divertida Mente*, da Disney-Pixar, que mostra uma equipe de cinco operadores que controlam a cabeça de uma garotinha — Alegria, Tristeza, Raiva, Medo e Nojo — e que têm ideias muito diferentes acerca de como ela deve se comportar. Embora as cinco emoções básicas não sejam geradas por partes distintas do cérebro que funcionem independentemente umas das outras, é fácil reconhecer que elas competem entre si pelo controle da nossa vida.

Em meio a essa confusão e essa rivalidade internas, como podemos nos conhecer? Como nos lembramos a cada dia de como somos — orgulhoso, sensível, obstinado, animado, tímido? No final de minha estadia no mosteiro, assisti a uma aula de meditação na qual um jovem monge sugeriu que perguntássemos a nós mesmos "Quem sou eu?", sem esperar obter nenhuma resposta específica. É o tipo de exercício mental de que os budistas gostam. Quando cheguei em casa, fiz a mesma pergunta ao meu *smartphone*. Ele respondeu: "É você quem está me perguntando, James?" — e mostrou meu endereço e meu número de telefone. Reformulei a pergunta: "*O que* sou eu?" Em poucos milissegundos, o telefone respondeu: "Ser humano". Acaso há uma parte do cérebro onde se gera a noção de eu — não a espécie animal a que você pertence, seu nome ou seus dados de contato, mas *como você é?* No passado, alguns neurocientistas afirmavam que não havia nada de especial no modo como o cérebro lida com esse tipo de informação, alegando que o modo como nos lembramos de dados referentes à nossa própria pessoa nada tem de diferente em relação ao modo como lembramos de dados referentes a qualquer outra coisa — picolés, cantores *pop*, os papas católicos. A diferença é que estamos muito mais familiarizados com nós mesmos do que com qualquer outra coisa no mundo. No entanto, estudos recentes identificaram uma parte do cérebro que se especializa em relatar à consciência não somente o tipo de pessoa que nós somos, mas também como nos relacionamos com os que nos rodeiam.

Alguns cientistas do Dartmouth College, em Hanover, estado de New Hampshire, estudaram essa atividade do cérebro em 2002. Pediram a seus sujeitos de pesquisa que, durante um exame de ressonância magnética, reagissem a uma série de adjetivos que descrevem traços de personalidade, como "confiável", "educado" e "falador". A cada palavra, eram feitas três perguntas às quais os sujeitos deviam responder: "O adjetivo o descreve?" (eu); "O adjetivo descreve o atual presidente dos Estados Unidos, George Bush?" (outro); e "O adjetivo está em maiúsculas?" (caixa). Quando se lhes perguntava se o adjetivo se aplicava a eles, a atividade no córtex pré-frontal médio dos voluntários aumentava em comparação com as vezes em que respondiam às perguntas referentes ao "outro" ou à "caixa".[19] Estudos subsequentes confirmaram essa descoberta e identificaram áreas adjacentes, entre as quais o córtex cingulado, que se ativam não somente quando refletimos sobre nós mesmos, mas também quando compreendemos intuitivamente o que outras pessoas estão pensando.[20] Isso significa que as mesmas partes do cérebro processam as sensações referentes ao "eu" e também se ativam quando nos colocamos no lugar de outra pessoa, ou seja, quando temos empatia. É compreensível, portanto, que a dificuldade que as pessoas que se enquadram no espectro do autismo, têm para intuir os pensamentos e motivações dos outros seja proporcional à ausência de seu sentido de "eu". Mais ainda: parece haver uma correlação entre a diminuição da noção de eu e a piora da capacidade social, de um lado, e uma ativação mais fraca do seu córtex cingulado, de outro.[21]

Os neurocientistas costumam se referir a essas regiões vizinhas como a uma estrutura cerebral única: as estruturas corticais mediais (ECMs). Elas se encontram na superfície interior de cada hemisfério, daí o adjetivo "medial" (ver Figura 3, p. 103). Caso tomássemos um cérebro humano e separássemos os dois hemisférios, expondo suas superfícies interiores — como se abríssemos um sanduíche para expor o recheio —, veríamos as ECMs de ambos. Em certo

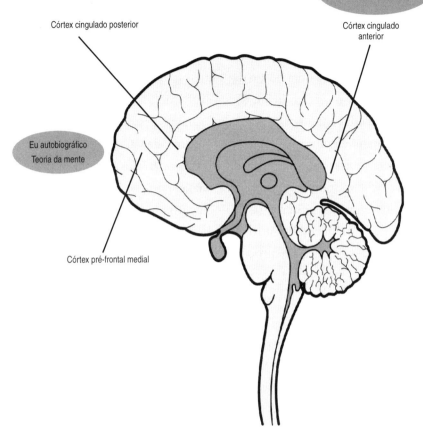

Figura 3: "Aplicativo do Eu" dentro do cérebro. O córtex pré-frontal medial, o córtex cingulado e outras "estruturas corticais mediais" são ativados não somente quando pensamos em nós mesmos, mas também quando intuímos as crenças e intenções de outras pessoas, habilidade conhecida como "mentalização" ou "teoria da mente". Essas habilidades dependem de memórias autobiográficas de longo prazo codificadas e armazenadas no lobo temporal. A meditação parece reduzir o pensamento autorreferencial, na medida em que diminui a atividade do córtex pré-frontal medial e do córtex cingulado posterior, um dos focos principais da rede que constitui nosso estado mental padrão.

sentido, o cérebro é um sanduíche cujo recheio é o ego. Multiplicam-se os indícios de que as ECMs são componentes essenciais do "aplicativo do Eu" dentro do cérebro: não somente têm acesso às memórias autobiográficas e aos aspectos relativamente estáveis da nossa personalidade, mas também "vinculam" essas coisas a importantes estímulos do nosso ambiente social e físico, criando assim uma noção do "eu" e uma noção do "outro". Isso levou alguns pesquisadores a especular que o sentido do eu é mero subproduto de um sistema que evoluiu para nos ajudar em nossa relação com as outras pessoas. No Capítulo 9, "A queda", explorarei algumas consequências surpreendentes dessa ideia; mas por ora vale notar que as duas áreas das ECMs que se ativam quando se pede que as pessoas reflitam sobre sua própria personalidade — o córtex pré-frontal medial e o córtex cingulado posterior (CCP) — são proporcionalmente maiores no ser humano que em qualquer outro primata. São também altamente interconectadas, o que levou alguns neurocientistas a propor a tese de que o CCP faz a comunicação entre nós e o nosso mundo, medindo a importância pessoal e emocional dos estímulos, ao passo que é no córtex pré-frontal medial que essas informações se comunicam com a consciência.[22, 23]

Pedi a Judson Brewer, psiquiatra e pesquisador de *mindfulness* nas Escolas de Medicina da Universidade Yale e da Universidade de Massachusetts, que explicasse como as duas regiões podem trabalhar juntas para criar essa sensação do Eu. "Segundo uma teoria, o córtex pré-frontal medial é um dos centros do eu conceitual — 'Eu sou o Jud' — ao passo que o CCP é uma espécie de 'selo temporal' que liga esse eu conceitual a certos acontecimentos no mundo", respondeu ele. "Assim, temos a sensação de que 'Sou eu que fiquei com raiva em tal situação. Sou eu que estou fazendo isto.'" Brewer propôs a ideia de que o CCP cria a experiência de estarmos "presos" a nossos pensamentos, sentimentos e sensações — o que corresponde de modo muito próximo ao conceito budista de apego, tido como a causa última de *dukkha*, ou sofrimento — e talvez também tenha um papel importante no desenvolvimento da dependência química.[24] Segundo os indícios por ele reunidos, a meditação *mindfulness*, na medida em que diminui a atividade do CCP, é capaz de reduzir o desejo de nicotina nos fumantes que querem largar o vício. Estudos clínicos dão a entender que a mesma região do cérebro talvez desempenhe um papel no tratamento de muitos outros desejos doentios, seja de alimento, de drogas ou de qualquer outra coisa (ver o Capítulo 7, "Adoradores do fogo").

Por outro lado, a substância alucinógena Psilocibina — componente ativo dos chamados cogumelos mágicos — não provoca dependência física, mas tem efeitos drásticos sobre os dois principais nodos das ECMs. Num estudo de imagem de ressonância magnética funcional, realizado em 2012, pesquisadores do Imperial College de Londres descobriram que ela não somente aquieta o córtex pré-frontal medial e o CCP como também desvincula as atividades de ambos.[25] Isso talvez explique o estado de "ausência de ego" relatado por pessoas que ingerem Psilocibina, estado no qual a distinção entre o eu e o resto do mundo se dissolve, evocando a experiência espiritual profunda de "unidade com o universo". É como se a ingestão da droga provocasse um curto-circuito temporário no maquinário cerebral que gera nossas noções de "eu" e "tudo o mais". Substâncias alucinógenas naturais são usadas desde há muito em ritos religiosos tradicionais para facilitar o contato com a divindade. Do mesmo modo, os sacerdotes védicos da Índia antiga acreditavam-se capazes de unir Atman com Brahman, o Eu com o Espírito Supremo, por meio da meditação. Alguns chegaram a afirmar que a bebida ritual védica chamada *soma*, que induzia o transe, era feita com espécie de fungo de efeito alucinógeno.[26]

Outro dado crucial é que as ECMs fazem parte de uma rede de regiões cerebrais chamada "rede de modo-padrão" (*default mode network*), que se ativam quando não estamos concentrados em nenhuma tarefa em particular e nossa mente está vagando.[27] Outro nodo fundamental dessa rede é o hipocampo, onde o cérebro registra memórias "episódicas" ou "autobiográficas" — recordações de coisas que nos aconteceram. Por outro lado, quando estamos concentrados em desempenhar uma tarefa que exige toda a nossa atenção, ativa-se uma constelação de regiões chamada "rede de tarefas positivas", ao passo que a atividade das ECMs e da rede de modo-padrão se extingue. Parece, assim, que o cérebro tem duas redes de função oposta: uma para cumprir tarefas que exigem concentração da atenção e outra para a reflexão sobre o eu, a meditação sobre o passado ou a especulação sobre o futuro. Enquanto uma está ativada a outra está suprimida, e vice-versa. Essas descobertas se coadunam com a agradável experiência de "nos perder" em algo que exige toda a nossa atenção, quer se trate de um *video game*, da manutenção de uma moto ou de matemática. Trata-se da sensação de "fluxo" que é tão difícil de captar e que é objetivada pelos atletas e músicos na busca do melhor desempenho possível. Quando estamos completamente focados numa tarefa, paramos por completo de pensar em nós mesmos. Você talvez esteja familiarizado, também, com a experiência oposta: a de se enredar a tal ponto nos próprios pensamentos que esquece o que estava fazendo ou dizendo, talvez perdendo a coordenação motora, cometendo erros bobos no trabalho ou perdendo o fio da meada de uma conversa. É então que diz: "Me desculpe, eu estava a quilômetros de distância".

O objetivo da meditação *mindfulness* é perceber os momentos em que a atenção começa a se perder no labirinto dos pensamentos autorreferenciais e trazê-la de volta para a respiração ou qualquer outra sensação que tenha sido escolhida como foco da meditação. Segundo os budistas, isso prepara a mente para entender e perceber que nosso sentido do eu não é uma coisa sólida e imutável, mas é criada sempre que nos apegamos ao que quer que esteja sendo levado pela nossa "corrente de consciência" — termo cunhado no século XIX pelo psicólogo William James com base em uma tradução literal do páli *viññāna-sota*.[28] A ideia é que, com a prática, aprendemos a nos desapegar dos pensamentos, memórias e emoções transitórios. Incrivelmente, a assinatura neurológica dessa mudança de perspectiva já pode ser lida no cérebro ao cabo de meras oito semanas de aprendizado *mindfulness*. Quando se pede aos que fizeram o curso que concentrem sua mente nas experiências que vão tendo de momento a momento enquanto se fazem imagens de ressonância magnética, a atividade do seu córtex pré-frontal medial — um dos dois componentes principais do "aplicativo do Eu" dentro do cérebro — declina de modo significativo em comparação com membros de um grupo de controle que não receberam nenhum treinamento.[29] O interessante é que, ao mesmo tempo, aumenta a atividade nas regiões cerebrais relacionadas à consciência do corpo e ao processamento de estímulos sensoriais, regiões que, como vimos no capítulo anterior, também estão associadas aos efeitos da meditação no alívio da dor. Ao que parece, o *mindfulness* desvia a nossa concentração do pensamento autorreferencial e direciona-a para uma concentração mais desinteressada nas sensações corpóreas momentâneas e no ambiente externo.

Com a dedicação à prática, essa alteração de perspectiva se consolida e as mudanças características na atividade cerebral não se restringem mais aos períodos de meditação, mas se tornam uma característica permanente da pessoa em estado de vigília. Em 2011, Brewer e seus colegas da Universidade Yale descobriram que o córtex pré-frontal medial e o córtex cingulado posterior (CCP) de pessoas que já praticavam meditação havia mais de dez anos demonstravam menos atividade num exame de ressonância magnética feito enquanto elas meditavam, em comparação com o grupo de controle.[30] Mesmo quando não estavam meditando, havia diferenças claras entre os dois grupos. Nos que meditavam, a atividade nas partes do cérebro ligadas à metaconsciência (a capacidade de pensar sobre o que se está pensando) e ao controle cognitivo aumentava e diminuía em uníssono com a do CCP, o que dava a entender que a atividade deste estava sendo regulada de algum modo.

O ensinamento de Buda sobre o não eu constitui a própria essência da iluminação ou *nibbāna*, pois está muito claro que *entender* o conceito não basta. Para *realizá-lo* e nos libertarmos das noções habituais de "eu" e "meu" que marcam a existência humana, é preciso treinar a mente durante muitos anos para não se identificar pessoalmente com todos os desejos e emoções transitórios. É preciso eliminar aos poucos os velhos hábitos mentais e inscrever hábitos novos no *hardware* do cérebro. Os iniciantes em meditação aprendem a perceber os momentos em que se apegam a seus pensamentos, emoções e sensações corpóreas e, em seguida, a se desapegar, voltando sua atenção para o momento presente. Em vez de pensar "*eu* estou com raiva" quando surge essa emoção, por exemplo, eles aprendem a dizer em silêncio: "existe raiva". Começam assim a encarar sua corrente de consciência de um ponto de vista mais impessoal, como se fossem uma terceira pessoa. Longe de se tratar de um exercício puramente filosófico e "espiritual", essa descentralização da mente tem um efeito mensurável sobre o bem-estar, como veremos no próximo capítulo. As terapias baseadas em *mindfulness* estão mostrando seu valor na redução do estresse e da ansiedade e na prevenção da recaída na depressão.

Segundo a crença dos budistas, a noção profundamente arraigada de que temos um Eu independente e imutável que se mantém milagrosamente impermeável a tudo e a todos não somente é ilusória, como também nos torna vulneráveis a todo tipo de sofrimento. Um grande físico do século XX, famoso por ter rasgado as regras do espaço e do tempo, chegou a uma conclusão semelhante. Em 1950, escreveu uma carta a Robert E. Marcus, diretor político do Congresso Mundial Judaico, cujo filho morrera havia pouco de poliomielite. Não se tratava, de maneira alguma, de uma mensagem convencional de condolências:[31]

Prezado Dr. Marcus,

Um ser humano é uma parte daquele todo que chamamos "Universo", uma parte limitada no espaço e no tempo. Percebe a si mesmo e a seus pensamentos e sentimentos como se fossem coisas separadas das demais — uma espécie de ilusão de ótica de sua consciência. O esforço para se livrar dessa ilusão é a meta única de toda religião verdadeira. Não nutrir a ilusão, mas procurar superá-la: é esse o caminho para alcançarmos o quanto nos é dado ter de paz de espírito.

Com meus melhores votos,
Atenciosamente,
Albert Einstein

Naturalmente, isso é muito mais fácil de falar do que de fazer. Mas os dados reunidos por Brewer em Yale e por outros pesquisadores dão a entender que a meditação pode nos ajudar a alcançar esse estado de felicidade.

É tentador procurar imaginar o que uma análise de imagem de ressonância magnética funcional do cérebro de Siddhãrtha revelaria caso se fizessem exames a intervalos regulares durante os seis anos que se seguiram ao abandono da confortável vida do lar, anos esses em que ele seguiu um regime rigoroso de meditação. Os cientistas por certo teriam registrado, como registram no cérebro dos praticantes de meditação de hoje em dia, que as partes do cérebro envolvidas no monitoramento das experiências vividas de momento a momento e no exercício do controle cognitivo estavam se tornando mais fortes. Ao mesmo tempo, constatariam uma diminuição contínua da atividade nas estruturas corticais médias de Siddhārtha, as regiões mais associadas à criação da ilusão de que temos um Eu sólido e imutável.

Os textos sagrados budistas nos dizem que, depois da iluminação, o homem que um dia se chamara Siddhārtha Gautama começou a se referir a si mesmo na terceira pessoa, chamando-se de Tathāgata — que significa, literalmente, "[aquele que] assim se foi".[32] Já não se apegava aos elementos impermanentes de seu ser e à antiga ilusão do ego. Os budistas creem que, extinguindo o Eu, ele extinguiu o sofrimento. Para todos os efeitos, o homem que um dia fora havia desaparecido.

CAPÍTULO 6

Chinelos de ouro

É dificultoso treinar a mente, que vai aonde quer e faz o que quer; mas a mente treinada atrai saúde e felicidade.

— *The Dhammapada* (traduzido para o inglês por Eknath Easwaran), versículos 35-6

Era cerca de quatro da manhã quando o filho do milionário surgiu da escuridão como um sonâmbulo, vestindo unicamente um roupão de seda e um par de chinelos bordados a fio de ouro. Não estava bem; gemia e falava sozinho sobre seu sofrimento e o perigo que corria. Seus chinelos de ouro estavam cobertos de lama, pois ele atravessara o parque encharcado pela chuva. Depois se descobriu o que acontecera: ele despertara de madrugada em sua mansão de Benares (Varanasi) e, incapaz de voltar a dormir, viu-se tomado por uma sensação de terror cada vez mais intensa. Saiu da cama, calçou os chinelos e saiu vagando pela escuridão. Seu nome era Yasa e ele era filho de um rico mercador.[1,2] No acampamento sob a figueira-de-bengala, todos dormiam pacificamente quando ele chegou, com exceção de Siddhārtha, que praticava a meditação no caminhar quando se deparou com o sofredor desconhecido. Abordou o jovem e assegurou-lhe de que chegara a um refúgio seguro. Encorajou-o então a sentar-se e a contar o que lhe acontecera. Por acaso não estaria interessado em aprender a verdade sobre o sofrimento, sua causa, sua cessação e o nobre caminho que conduz à sua cessação? O rapaz lançou fora seus chinelos de ouro enlameados e sentou-se para ouvir o que o Buda tinha a dizer.

Para muita gente, ficar sozinha com os próprios pensamentos é uma espécie de tortura. Os insones que sofrem agonias terríveis permanecendo acordados noite após noite logo percebem que é muito melhor levantar e fazer algo, *qualquer coisa*, do que continuar deitados tendo por companhia a própria mente inquieta na vã esperança de acabar pegando no sono. À noite, quando estamos sozinhos no escuro, emoções negativas como a culpa, a insegurança e a ansiedade se intensificam descontroladamente. O dia, com sua promessa de tarefas comuns e interações sociais, geralmente espanta esses monstros da nossa imaginação de volta para seus esconderijos, mas eles tornam a sair sempre que a ausência de distrações externas torna a mente desocupada. Certas pessoas fazem praticamente de tudo para que isso não aconteça. Foi o que se descobriu numa série de experimentos realizada por psicólogos de Harvard e da Universidade da Virgínia em 2014.[3]

Estudantes universitários foram instruídos a sentar-se sozinhos por um período de até 15 minutos numa sala sem enfeites e esparsamente mobiliada, "entretendo-se com seus pensamentos". Permitia-se que pensassem no que quisessem; a única regra era que tinham de continuar sentados e acordados. Antes de entrar na sala, eram obrigados a entregar quaisquer meios de distração que levassem consigo, como o celular, livros ou material para escrever. Depois, pedia-se que avaliassem a experiência em várias escalas. Como era de se esperar, a maioria relatou que teve dificuldade para se concentrar e que sua mente havia vagado; metade disse que não havia gostado da experiência.

Num experimento subsequente, entretanto, contatou-se que muitas pessoas acham tão desagradável ficar sozinhas numa sala vazia sem nada com que ocupar a mente (é isso, afinal, que faz da cela solitária um meio de punição tão severo nas prisões) que preferiam, antes, aplicar a si mesmas um choque elétrico. Na primeira parte do experimento, pediu-se aos voluntários que avaliassem o grau de desagrado provocado por um choque elétrico administrado ao tornozelo por meio de eletrodos e dissessem se estariam dispostos a pagar uma pequena quantia em dinheiro para não ter de tomar o choque novamente. Na segunda parte, depois de ficarem sozinhos com seus pensamentos durante 15 minutos, surgiu-lhes a oportunidade de aplicarem a si mesmos um novo choque elétrico. Incrível: entre os que se haviam afirmado dispostos a pagar para não ter de tomar o choque novamente, 67% dos homens (12 em 18) e 25% das mulheres (6 em 24) optaram por aplicar-se pelo menos mais um choque. Uma das mulheres administrou-se mais nove choques. Um dos homens se sujeitou a não menos que 190 choques, embora seu caso tenha sido considerado excepcional — uma anomalia estatística — e seus resultados tenham sido excluídos da análise final.

Em seu relatório para a revista *Science*, os pesquisadores escreveram: "O mais impressionante é que o simples fato de permanecer sozinhos com seus pensamentos durante 15 minutos foi, ao que parece, tão desagradável que levou muitos participantes a administrarem a si próprios um choque elétrico que, mais cedo, haviam se declarado dispostos a pagar para não tomar". Isso colabora para explicar por que muita gente tem, de início, tanta dificuldade para meditar: sentar-se em silêncio de olhos fechados é convidar a mente para vagar por toda parte. Em certo sentido, é esse o objetivo: estamos simplesmente aprendendo a perceber que isso acontece. Assim, a frustrante percepção de que os pensamentos se desviaram do foco — mais uma vez — é um sinal de progresso, não de fracasso. Somente percebendo como os pensamentos ricocheteiam dentro de nossa mente como as bolas de uma máquina de fliperama é que podemos aprender a observá-los com distanciamento e simplesmente permitir que eles parem por si mesmos, resistindo ao impulso de puxar de novo o lançador da máquina e soltar ainda mais bolinhas. Um dos benefícios da meditação é permitir-nos desenvolver a capacidade de aquietar a mente pela nossa própria vontade. Os psicólogos concluem seu artigo sem grandes firulas: "Sem esse tipo de treinamento, as pessoas preferem 'fazer' a 'pensar', mesmo que estejam fazendo algo tão desagradável que, normalmente, estariam dispostas a pagar para não ter de fazê-lo. A mente descontrolada não gosta de ficar sozinha na própria companhia".

Os pensamentos divagantes, tanto agradáveis quanto desagradáveis, são produzidos pela "rede de modo-padrão" do cérebro, que começa a funcionar sempre que nossa mente não está concentrada na realização de uma tarefa externa. Os pesquisadores identificaram essa rede quando notaram que, durante os exames de ressonância magnética, certas regiões do cérebro se ativam quando os voluntários são instruídos a "deitar e não fazer nada".[4] Você há de lembrar do que se disse no capítulo anterior: as estruturas corticais médias do cérebro — o "aplicativo do Eu" — fazem parte dessa rede, o que explica por que nossa mente errante é tão obcecada consigo mesma. A rede de modo-padrão nos permite pensar sobre o passado e imaginar o futuro. É capaz de voltar à cena de acontecimentos que já vivemos e avançar rumo a coisas que ainda não aconteceram. Para isso, faz uso de memórias autobiográficas armazenadas no lobo temporal medial, particularmente no hipocampo — que também faz parte da rede-padrão. Nem todos os pensamentos se voltam para o eu, no entanto; outra função importante da rede é descobrir os pontos de vista das outras pessoas. O que essas funções têm em comum é a simulação. Em essência, os nodos da rede funcionam como o *hardware* de um simulador que usa as experiências passadas para construir nosso sentido do eu, conceber os pontos de vista das outras pessoas (operação que os psicólogos chamam de "teoria da mente") e imaginar possibilidades para o futuro (a chamada "viagem mental no tempo"). Essas capacidades tornam a rede indispensável para a interação social, a imaginação, a criatividade e o planejamento.[5]

É bem alto o preço que pagamos por esse engenhoso aparato neural, pois a rede de modo-padrão é responsável pelas divagações mentais. Os estudos de "amostragem de experiências" — que consistem em pedir que as pessoas relatem seu estado de humor e seus pensamentos em momentos aleatórios no decorrer do dia — dão a entender que nossa mente se distrai do que estamos fazendo durante 30% a 50% do tempo em que estamos acordados. Trata-se de um dado impressionante e de uma realidade muitas vezes associada à sensação de infelicidade.[6, 7, 8] Segundo Matthew Killingsworth e Daniel Gilbert, psicólogos de Harvard que criaram um aplicativo para iPhone chamado "Track Your Happiness" para coletar dados, as flutuações da felicidade dependem mais do que estamos pensando que daquilo que estamos fazendo. Um dado importantíssimo: os resultados dão a entender que a divagação mental não é uma consequência das emoções negativas, mas sua *causa*. Como diz o primeiro versículo do Dhammapada: "Nossa vida é moldada pela mente; tornamo-nos aquilo que pensamos. O sofrimento segue um mau pensamento da mesma forma que as rodas de uma carroça seguem os bois que a puxam".[9] Os psicólogos, de modo bem menos poético, concluíram que "a capacidade de pensar sobre o que não está acontecendo é uma conquista cognitiva que acarreta um custo emocional".

Assim, conquanto a rede-padrão seja essencial para as viagens virtuais no tempo e a intuição dos desejos, crenças e intenções das outras pessoas, temos de suprimir temporariamente sua atividade para nos concentrar numa atividade que exige a participação da nossa mente. Multiplicam-se cada vez mais os indícios de que as pessoas que sofrem um episódio de depressão severa têm dificuldade para fazer isso. Estudos feitos com base em imagens do cérebro dão a entender que esses pacientes sofrem de anomalias nas regiões ligadas à geração e regulação das emoções, entre as quais o hipocampo, as amígdalas e o córtex pré-frontal medial[10] — todos os quais fazem parte da rede-padrão extensa (rotineiramente se ativam quando não estamos concentrados numa tarefa externa) —, bem como o córtex cingulado anterior ou CCA, que detecta erros quando estamos executando uma tarefa e monitora os conflitos entre tarefas diferentes. Em comparação com membros de um grupo de controle, que não sofriam de depressão, os pacientes deprimidos parecem apresentar uma atividade maior da rede-padrão quando confrontados com imagens negativas, por exemplo, e têm dificuldade para reduzir essa atividade a um nível normal quando se pede que reavaliem as imagens sob um ponto de vista mais positivo.[11]

A ruminação — um pensamento autorreferencial repetitivo — é um poderoso fato de risco para depressão clínica. Nas pessoas que têm a sorte de nunca ter sido afligidas por esse fenômeno debilitante, o lado negativo da divagação mental pode chegar no máximo a certos episódios de perda de coordenação motora, desatenção aos detalhes e infelicidade momentânea; numa pessoa vulnerável à depressão, entretanto, e sobretudo em momentos de grande estresse, estados fugazes de infelicidade se prolongam em razão da ruminação e podem chegar a desencadear um episódio depressivo pleno. Entre as pessoas vulneráveis a essa doença, as pesquisas dão a entender que as que mais ruminam tendem a sofrer os episódios mais severos e mais prolongados.[12] A superatividade nas estruturas corticais médias anteriores, as que ficam mais "à frente" do cérebro — sobretudo no córtex pré-frontal medial —, parece desempenhar um papel crucial na ruminação e na depressão.[13] Isso faz sentido. Afinal, como vimos, essa área do cérebro colabora para gerar nosso sentido do eu e de como esse eu se relaciona com o mundo externo. As pessoas vulneráveis à depressão têm dificuldade para controlar a atividade das ECMs anteriores, quer pelo fato de elas serem superestimuladas pelo sistema límbico — o motor das emoções no cérebro —, quer em razão da incapacidade de outras partes do córtex pré--frontal, que normalmente regulam as emoções, de diminuir sua atividade.

Essa última frase talvez devesse começar com as palavras "as pessoas *mais* vulneráveis à depressão", pois todos nós, em medida maior ou menor, corremos o risco de nos deprimir simplesmente em razão do modo como o cérebro humano se estrutura. Cada um de nós tem uma rede-padrão na qual está instalado o "aplicativo do Eu", o qual se ativa sempre que não precisamos empenhar nossa atenção consciente na realização de uma tarefa. Imagine que você tivesse, em seu *smartphone*, um aplicativo que começasse a funcionar automaticamente sempre que o telefone não estivesse em uso e fizesse aparecer na tela mensagens repetitivas de cunho pessoal. Não seria irritante? Pois bem, é assim que a mente humana parece funcionar. Lembre-se de que, durante até 50% do tempo em que estamos acordados, nossa mente se distrai do que estamos fazendo. Isso só é possível porque passamos boa parte do estado de vigília cumprindo tarefas que já realizamos tantas vezes — preparando e tomando o café da manhã, fazendo a barba ou passando maquiagem, percorrendo o familiar caminho de casa até o trabalho — que podemos, agora, realizá-las em piloto automático, sem prestar atenção consciente ao que estamos fazendo e ao que acontece ao nosso redor. Isso dá liberdade à mente para divagar para onde quiser; muitos desses pensamentos versarão sobre nós mesmos e serão negativos. Quando a vida se torna mais difícil que o normal — em razão de problemas no trabalho, por exemplo, de dificuldades de relacionamento ou de doença física —, a tendência de ruminar aumenta, aumentando também a possibilidade de nos encontrarmos num mau-humor persistente e talvez até cairmos em depressão.

À luz dessas descobertas, não surpreende que, em 2013, a Organização Mundial da Saúde (OMS) tenha estimado que por volta de 7% da população do mundo (ou seja, 404 milhões de pessoas) sofram de depressão clínica e que 4% (272 milhões de pessoas) sejam portadores de algum transtorno de ansiedade. Segundo a OMS, a depressão e a ansiedade são as principais causas de incapacitação no mundo inteiro.[14] Em 2030, a depressão pode vir a ser responsável pelo maior "prejuízo de saúde" em todo o globo (uma estatística que associa os anos de vida perdidos em razão de morte prematura e os anos de vida perdidos em razão de doença), ganhando de doenças comuns como o diabetes, as cardiopatias e infecções como o HIV/aids.[15] Levantamentos feitos pela OMS dão a entender que a depressão tem efeito mais debilitante sobre os que dela sofrem do que doenças comuns como a artrite, a angina e a asma;[16] num estudo, constatou-se que ela reduz a expectativa de vida tanto quanto o tabagismo.[17] O grau de sofrimento dos pacientes e de suas famílias é impressionante; talvez seu reflexo mais severo sejam as estatísticas de suicídio. Segundo os números mais recentes a que temos acesso, cerca de 12 pessoas em cada 100 mil tiraram a própria vida no Reino Unido em 2013.[18] Nos Estados Unidos, a taxa foi de 13 em cada 100 mil em 2012.[19]

Nos últimos vinte anos, os antidepressivos ISRS, entre os quais se incluem o Prozac (a fluoxetina) e o Paxil (a paroxetina), mostraram-se valiosos aliados no tratamento da depressão persistente; o mesmo se pode afirmar acerca de uma forma de terapia chamada terapia cognitivo-comportamental (TCC).[20] No entanto, caso o tratamento não prossiga após a recuperação, o risco de recaída na depressão é de 50% a 80%.[21] Ao que parece, os padrões negativos de pensamento tornam-se tão habituais durante os episódios anteriores da doença que, depois, mesmo leves perturbações de humor tendem a desencadear pensamentos negativos como "eu não sirvo para nada", "tudo é difícil demais" ou "não há nada que eu possa fazer para sair dessa situação". Os psicólogos dão a esse fenômeno o nome de "reatividade cognitiva". Períodos de leve infelicidade, percebidos pela pessoa como sinais de alerta de um episódio iminente, também podem levá-la a ruminar seus problemas na crença equivocada de que essa autoanálise a ajudará. A verdade é que a ruminação só faz prolongar e aprofundar a perturbação de humor inicial.[22] "Em pessoas vulneráveis, pequenas quantidades de tristeza podem desencadear uma grande intensificação dos pensamentos negativos", afirma Zindel Segal, psicólogo da Universidade de Toronto. Assim, diante de acontecimentos que provocam estresse, fatores como a baixa autoestima e a ruminação excessiva podem desencadear uma recaída.

Em 1991, Segal recebeu uma verba da Fundação MacArthur para desenvolver um novo tipo de TCC concebido especialmente para impedir que isso acontecesse. A fim de desenvolver o programa, Segal organizou uma série de reuniões em Cambridge (Reino Unido) e em Toronto com outros dois especialistas em recaída em depressão: Mark Williams, psicólogo clínico que então trabalhava na Universidade do País de Gales, em Bangor, e John Teasdale, psicólogo cognitivo da Universidade de Cambridge. Na primeira reunião, decidiu-se que a nova terapia seria somente uma forma de "manutenção" do programa já existente, com sessões a cada mês, e não a cada semana. No decorrer das duas reuniões seguintes, entretanto, os três psicólogos se tornaram mais ambiciosos. Decidiram-se a criar uma forma de TCC que visasse especificamente a reatividade cognitiva dos pacientes: os padrões de pensamento negativo que constituem fatores de risco confirmados para a recaída. "Queríamos desenvolver um tratamento para esses gatilhos, que ajudasse as pessoas a se tornar menos vulneráveis e mais resistentes", contou-me Segal. "Naquelas discussões, formulamos a ideia de que os padrões de pensamento depressivos poderiam ser derrubados caso ensinássemos as pessoas a se relacionar com seus pensamentos de maneira diferente." Mas como?

Por mero acaso, uma psicóloga chamada Marsha Linehan, da Universidade de Washington, Seattle, estava passando parte de seu ano de folga com Teasdale e Williams, colaborando com eles na Unidade de Psicologia Aplicada da Universidade de Cambridge.[23] No final da década de 1980, ela havia desenvolvido um programa para pacientes de transtorno da personalidade *borderline*, baseando-o numa antiga prática budista chamada atenção plena. Explicou que ajudava seus pacientes a ver suas próprias experiências de maneira mais objetiva e com mais aceitação. Em vez de tentar "consertar" pensamentos e emoções persistentes e poderosos, os pacientes aprendiam a tomar distância e observá-los. Será que que o mesmo método não funcionaria para pacientes com histórico de depressão? Alguns anos antes disso, em 1984, Teasdale havia assistido a uma palestra sobre o sofrimento humano e os benefícios práticos da meditação, ministrada por Ajahn Sumedho, monge budista norte-americano que antecedera Ajahn Amaro como abade do Mosteiro Amaravati. Teasdale se impressionara com as semelhanças entre a análise budista do sofrimento e suas próprias pesquisas sobre a reatividade cognitiva em pessoas deprimidas — mas não se considerara capaz de dar uma aplicação terapêutica a essas antigas descobertas. Agora, algumas peças do quebra-cabeça estavam começando a se encaixar. Mesmo assim, os três psicólogos não se sentiam à vontade para combinar a TCC com uma prática que os psicólogos convencionais consideravam, na melhor das hipóteses, charlatanesca, quando não completamente absurda. "Conversar com outros psiquiatras sobre meditação era correr o risco de abortar minha carreira", confessou Segal, reproduzindo o que vários outros pioneiros da pesquisa em meditação *mindfulness* me contaram sobre o início de seus trabalhos. Ele telefonou, assim, para a Fundação MacArthur e perguntou o que eles achavam de gastar seu dinheiro para desenvolver um programa baseado na meditação. A resposta foi imediata: ficariam muito satisfeitos, desde que o programa fosse validado por estudos clínicos. Não obstante, cientes do ceticismo de seus colegas em relação à meditação, Segal e seus dois colaboradores conservaram-se em prudente silêncio durante os dois anos seguintes, ao longo dos quais desenvolveram e testaram a nova terapia. Esta foi chamada de "terapia cognitiva baseada em *mindfulness*" (MBCT).

Além das técnicas desenvolvidas por Jon Kabat-Zinn nas décadas de 1970 e 1980 para seu programa de redução do estresse baseada em *mindfulness*, tais como a atenção no movimento, a atenção na alimentação e o *"body scan"* (escaneamento do corpo) (ver p. 211), a MBCT inclui sessões de instrução sobre os mecanismos da depressão e exercícios derivados da terapia cognitiva que visam a aumentar a consciência dos elos que ligam os pensamentos aos sentimentos. Ao longo de oito sessões semanais de terapia de grupo, cada uma das quais durava cerca de duas horas, e com a ajuda de tarefas de casa, os participantes aprendem a tomar maior consciência de suas sensações corpóreas, pensamentos e sentimentos e a reconhecer os primeiros sinais de que seu estado de espírito está descambando para a depressão. Ao contrário da TCC, no entanto, a MBCT não procura mudar o *conteúdo* dos pensamentos negativos. Em vez disso, encoraja as pessoas a adaptar o modo como se relacionam com seus pensamentos, sentimentos e sensações corpóreas, permitindo-lhes descobrir por si mesmas, em primeiro lugar, que essas experiências são acontecimentos fugazes que ocorrem na mente e no corpo; e, em segundo lugar, que podem optar conscientemente por não se identificar com elas. A observação objetiva dos pensamentos, emoções e sensações num espírito de curiosidade e autocompaixão ajuda os participantes a compreender que não precisam mais se definir por essas coisas. Ao curso de oito semanas seguem-se quatro sessões de reavivamento a cada três meses, mais ou menos, no decorrer dos doze meses seguintes.

A essência da MBCT consiste em aprender a reconhecer a diferença entre o modo de pensamento e comportamento que Teasdale chama de "fazer", e que é puramente automático e habitual, e o modo "ser", mais atento e consciente, que envolve a consciência metacognitiva — a capacidade de vivenciar os pensamentos e sentimentos como fenômenos transitórios.[24] Quando os participantes começam a perceber com mais clareza esses padrões de pensamento, tornam-se capazes de perceber também quando seu estado de humor começa a piorar, mas, impedindo-se de cair no antigo hábito da ruminação, já não colaboram para piorar o problema. "Aprender a colocar-se ao lado do rodamoinho para vê-lo girar, sem, no entanto, mergulhar nele", afirma Segal. "Isso colabora para que se rompa a antiga associação entre os sentimentos negativos e o pensamento negativo que aqueles sentimentos normalmente desencadeariam." Como todas as abordagens baseadas na meditação *mindfulness*, o programa ensina as pessoas a permitir que as emoções, os pensamentos e as sensações desagradáveis surjam e desapareçam sem tentar combatê-los, suprimi-los ou fugir deles. "Aprendem a ficar em contato com o momento presente, sem serem levadas a ruminar sobre o passado ou preocupar-se com o futuro", diz ele. Essa é a essência do *mindfulness*.

Uma das técnicas ensinadas durante o curso de MBCT e que os participantes consideram mais úteis é a do "espaço para a respiração em três etapas", que você poderá experimentar seguindo as instruções dadas no final deste capítulo. Trata-se de uma prática informal, para a qual não é necessário reservar um momento específico do dia. Antes, você pode usá-la para mudar o modo como se relaciona cognitivamente com o estresse ou a ansiedade sempre que essas sensações se manifestarem — num metrô lotado, antes de uma reunião ou entrevista ou após uma discussão com um colega, por exemplo. A prática foi chamada de "minimeditação" porque não precisa durar mais que cerca de 3 minutos — certamente pode ser praticada durante a pausa para o café. A forma global da minimeditação foi comparada à de uma ampulheta: no começo, o foco da atenção é amplo; depois, estreita-se; e, por fim, torna a se ampliar. Cada etapa dura cerca de 1 minuto.[25] Judith Soulsby, assistente de pesquisas de Williams na Universidade do País de Gales durante o primeiro estudo clínico da MBCT, explica que o exercício foi concebido para quebrar o elo de retroalimentação que normalmente perpetua os efeitos psicológicos desagradáveis do estresse. "Sentimo-nos estressados; então, nos estressamos ainda mais ao pensar em como as coisas são difíceis ou foram terríveis", diz ela. "O simples ato de parar e fazer algo que acalma o corpo e a mente é extremamente útil." Além disso, afirma ela, o exercício contribui para a "descentralização" que está no próprio âmago do ensinamento da atenção plena. "Tudo consiste em nos distanciarmos do que estamos vivendo e sentindo em vez de nos envolvermos profundamente — nos distanciarmos e percebermos, de repente, que 'isto é um pensamento', 'este é um hábito de comportamento', 'esta é a emoção que estou sentindo agora nesta ou naquela parte do corpo', o peito, o abdome ou seja o que for. Isso nos permite perceber a nossa experiência a partir de um ponto de vista diferente. Não necessariamente mudamos os acontecimentos, mas mudamos nossa relação com eles."

Soulsby, com mais de 70 anos, ainda dá cursos e forma professores no Centro de Pesquisa e Prática em Mindfulness da Universidade do País de Gales (e comparece regularmente aos retiros do Mosteiro Amaravati). Os resultados do estudo preliminar que ela ajudou a organizar foram publicados no ano 2000.[26] Foram promissores, de modo que diversos outros estudos clínicos foram feitos ao longo dos dez anos seguintes, fortalecendo os indícios de que a MBCT é eficaz na prevenção da recaída em depressão. Em 2011, Jacob Piet e Esben Hougaard, da Universidade de Aarhus, na Dinamarca, publicaram um estudo de revisão que conglomerava os resultados de seus estudos clínicos randomizados e controlados feitos, no total, com mais de 600 participantes. Descobriram que, entre as pessoas que haviam sofrido pelo menos um episódio de depressão severa, o fato de terem feito o curso de MBCT diminuiu em 34% o risco de recaída em comparação com as pessoas que receberam um placebo ou o tratamento usual. Para os que haviam sofrido três ou mais episódios anteriores, o curso reduziu o risco de recaída em impressionantes 43%.[27]

Esses ensaios clínicos, bem como outros estudos, já haviam persuadido o Instituto Nacional de Excelência em Assistência Médica (NICE) — o órgão consultivo do Reino Unido em matéria de saúde — a recomendar, primeiro em 2004 e depois em 2009, que a MBCT fosse oferecida a pessoas que atualmente estão bem, mas que já haviam sofrido três ou mais episódios anteriores de depressão.[28] Os médicos geralmente tratam os episódios agudos com antidepressivos, que o paciente, após a recuperação, continua tomando por um período de seis meses a três anos a fim de evitar a recaída. A MBCT proporciona uma proteção contínua depois desse período, ou mais cedo, para os pacientes que decidem interromper o uso do antidepressivo em razão de efeitos colaterais indesejados (ansiedade, agitação ou disfunção sexual, por exemplo). "A meu ver, a principal eficácia da MBCT está no fato de ser a sequência perfeita para o uso de medicamentos antidepressivos", afirma Segal. Tomando o antidepressivo, o paciente melhora; depois de discutir as opções com seu médico, pode entrar num grupo de MBCT e receber uma proteção semelhante mesmo ao deixar de tomar o medicamento. Outra vantagem importante da meditação *mindfulness* sobre os medicamentos é que ela ensina habilidades que beneficiarão a pessoa em outras áreas da vida, ao passo que o antidepressivo só funciona enquanto o paciente toma regularmente os comprimidos. Segundo Willem Kuyken, professor de psicologia clínica na Universidade de Oxford e diretor do Centro de Mindfulness de Oxford, os benefícios da MBCT vão além da prevenção da recaída. "O *mindfulness* pode fazer com que as pessoas se sintam mais despertas, mais atentas, mais sensíveis em seus relacionamentos e mais presentes junto a companheiro/a e a filhos."

A descoberta mais notável que se depreende dos estudos clínicos da MBCT talvez seja a de que os maiores benefícios do *mindfulness* são recebidos pelos adultos que relatam ter sofrido adversidades severas, maus-tratos ou negligência dos pais durante a infância. Em 2015, o maior estudo já realizado sobre a MBCT foi publicado na revista *The Lancet*. Comandado por Kuyken, que na época trabalhava na Universidade de Exeter, foi feito com 424 pacientes adultos com depressão maior recorrente, os quais foram acompanhados durante dois anos. Entre os pacientes que reduziram ou eliminaram o uso de antidepressivos e fizeram um curso de MBCT, 44% recaíram em depressão durante o período, ao passo que 47% dos que continuaram tomando os comprimidos sofreram uma recaída.[29] Embora essa pequena vantagem global da MBCT em relação ao tratamento medicamentoso usual não seja estatisticamente significativa, ela foi muito mais clara entre os pacientes que mais haviam sofrido na infância. Eram eles, também, os pacientes que mais haviam recebido tratamento psiquiátrico no passado, tendo sido, inclusive, internados mais vezes. Seu primeiro episódio de depressão havia ocorrido mais cedo; eles haviam sofrido mais episódios e haviam tentado o suicídio com mais frequência. Por fim, tinham maior probabilidade de ter um histórico de suicídio e doença mental na família. Nesse subgrupo de pacientes, a taxa de recaída foi de 47% entre os que deixaram de tomar o antidepressivo e 59% entre os que continuaram tomando o medicamento. Vários outros chegaram a resultados semelhantes.[30] Por isso, embora não seja uma panaceia, a MBCT proporciona benefícios tangíveis para as pessoas que mais sofreram desde a infância até a idade adulta.

Pedi a Kuyken que aventasse uma explicação para esse fenômeno. "A premissa da MBCT é a de ensinar as pessoas a tomar mais consciência dos pensamentos e sentimentos negativos, da reatividade cognitiva e da tendência à ruminação. As pessoas com históricos de maus-tratos têm mais tendência a apresentar essas características", diz ele. "Gatilhos insignificantes, internos e externos, podem disparar os pensamentos de 'eu não presto', 'as pessoas não gostam de mim', 'vão descobrir que sou incompetente' — pensamentos esses que rapidamente podem descambar para a depressão."

Ainda não temos certeza de quais sejam os aspectos da MBCT que ajudam as pessoas mais vulneráveis à recaída em depressão a se tornarem mais resistentes e as protegem contra episódios futuros. As pesquisas sobre esses mecanismos de resistência, que Kuyken e outros estudiosos ainda estão fazendo, poderão talvez sugerir maneiras de aperfeiçoar a terapia para deixá-la ainda mais eficaz. A dificuldade reside em isolar os benefícios comuns à maior parte das terapias de grupo — a formação de laços de amizade com outras pessoas sofredoras e a redução da percepção de ser estigmatizado por ter uma doença mental — dos benefícios específicos da MBCT. "Para quem sofre de um transtorno como a depressão, uma das principais características da qual é a sensação de ser diferente, o simples fato de sentar-se numa sala com 14 pessoas muito parecidas consigo — um pedreiro, um professor, um médico, um vizinho — e que descrevem as mesmas experiências é um fator poderosíssimo para diminuir o estigma e intensificar a sensação de que todos partilham da mesma humanidade", diz Kuyken. Porém, ele também afirma que os dados analisados até agora por ele e seus colegas indicam que a MBCT tem benefícios exclusivos, relacionados ao aumento da atenção plena, a mudanças no pensamento ruminativo e a um nível maior de compaixão, tanto pela própria pessoa quanto pelos outros.[31]

Em 2014, pouco antes de uma cúpula organizada em Londres pela revista *The Economist*, intitulada "The Global Crisis of Depression" [A Crise Global da Depressão], entrevistei um dos convidados de honra: Simon Wessely, presidente do Royal College of Psychiatrists e professor de medicina psicológica no Kings College de Londres. As estatísticas delineadas no início deste capítulo são sombrias. Perguntei-lhe o que torna tantas pessoas vulneráveis à depressão, ao passo que outras parecem seguir a vida sem ser perturbadas por esse mal. "A depressão não é um fenômeno único com uma causa única", disse-me. "Quando dou aula, digo quase a cada cinco segundos: 'Repitam comigo: os transtornos psiquiátricos são multifatoriais.'" Segundo ele, essas doenças têm causas complexas, tanto genéticas quanto ambientais; mas um dos meios comprovados de prevenir a depressão em adultos é dar apoio adicional às mães que sofrem de depressão pós-parto, doença que aumenta o risco de que seus filhos venham a sofrer de depressão mais tarde na vida. "O ambiente em que vivemos após o nascimento e a relação que temos com a mãe nesse momento influencia a possibilidade de depressão na infância e na vida adulta. Sabemos disso." No mundo inteiro, uma em cada cinco mães sofre de depressão quer durante a gravidez, quer durante o ano seguinte a esta. Com isso, a depressão materna é a segunda causa de prejuízo de saúde entre as mulheres, sendo a primeira as infecções e doenças provocadas por parasitas.[32] Vários outros fatores ambientais durante a gravidez tornam as pessoas mais suscetíveis à depressão num momento posterior da vida: maus-tratos, uma posição baixa na hierarquia socioeconômica e isolamento social.[33, 34]

Pesquisas feitas com imagens do cérebro vêm proporcionando indícios preliminares de que o desenvolvimento anormal da rede-padrão na primeira infância em decorrência de traumas como esses pode ser parcialmente responsável pela maior vulnerabilidade à depressão. Vimos que o excesso de atividade numa parte específica dessa rede — as estruturas corticais mediais, às quais dei o nome de "aplicativo do Eu" — é um dos fatores cruciais da ruminação excessiva que caracteriza a depressão. A mente divagante tende a recair em pensamentos autorreferenciais frequentemente acompanhados por emoções negativas. Assim, a ausência de regulação da atividade da rede-padrão pode fazer com que esses pensamentos e emoções se imiscuam cada vez mais na vida cotidiana. Os estudos baseados em imagens cerebrais revelam que a rede-padrão ainda está em desenvolvimento — ou seja, as ligações entre seus nodos ainda estão se formando — em crianças de 7 a 9 anos de idade.[35] Isso significa que o ambiente pode desempenhar um papel crucial nesse processo. Segundo essa hipótese, uma infância especialmente tensa e difícil deixa "cicatrizes" na rede durante o desenvolvimento desta, e essas cicatrizes têm consequências duradouras. O estresse crônico durante a infância pode alterar os níveis das substâncias que provocam o crescimento dos nervos, por exemplo, e isso pode influenciar a qualidade das conexões na rede.[36] Essas mudanças, por sua vez, podem tornar a pessoa mais tendente à ruminação e à depressão em fases posteriores da vida.

Levanta-se assim uma possibilidade intrigante: será que a prática do *mindfulness* restaura essas conexões defeituosas? Vimos que a MBCT funciona melhor nas pessoas que relatam ter sofrido mais maus-tratos na infância. Também há indícios de que, para pessoas que sofreram vários episódios de depressão, o curso de MBCT as ajuda a ruminar menos, o que por sua vez as protege da recaída.[37] Entretanto, será preciso fazer mais pesquisas para que se possa afirmar com certeza quais mudanças cerebrais tornam certas pessoas mais vulneráveis à depressão e quais aspectos da meditação *mindfulness* torna menos provável a recaída na doença. Por ora, uma das principais hipóteses é a de que, colocando sob controle consciente a atividade da rede-padrão, a meditação melhora a regulação das emoções e o bem-estar mental. Pode ser que o mecanismo — a ser explorado mais a fundo no Capítulo 10, "Estranho e maravilhoso" — seja o fator comum responsável pela eficácia da meditação no combate à depressão, à dor, ao estresse e à ansiedade.

As anomalias da rede-padrão também já foram correlacionadas a várias outras doenças mentais comuns, como o transtorno bipolar, a psicose, o transtorno de estresse pós-traumático (TEPT), o transtorno obsessivo-compulsivo (TOC) e o transtorno de déficit de atenção/hiperatividade (TDAH), o que nos dá a esperança de que a meditação também possa beneficiar a quem sofre desses distúrbios. Chegou-se a aventar a hipótese de que a meditação seja capaz de proteger o cérebro contra o mal de Alzheimer, caracterizado por uma degeneração progressiva da rede neural devida talvez a um excesso de atividade ao longo de toda a vida. Falarei mais sobre esse assunto no Capítulo 11, "Espelhos da mente". Por ora, ainda não há indícios suficientes (os quais só podem ser fornecidos por ensaios clínicos de grande porte e bem controlados) de que a meditação *mindfulness* seja uma estratégia eficaz para a prevenção ou o tratamento de qualquer um desses transtornos, embora as pesquisas preliminares sejam promissoras.[38-41]

Uma intervenção precoce que reduzisse a vulnerabilidade dos adolescentes à doença mental teria um impacto tremendo sobre a saúde mental da população no futuro. A maioria dos problemas de saúde mental, entre os quais a depressão, se desenvolvem durante a adolescência; cerca de 50% dos transtornos mentais dos adultos se manifestam pela primeira vez antes dos 14 anos, e 75% se manifestam antes dos 24.[42] Kuyken está comandando o maior estudo já feito para procurar determinar se o treinamento em *mindfulness* é capaz de impedir que adolescentes desenvolvam doenças mentais. O estudo vai durar sete anos e envolverá 76 escolas nos Reino Unido. Conduzido por cientistas do Centro de Mindfulness de Oxford e do University College de Londres, recebeu do Wellcome Trust uma verba de cerca de 6,4 milhões de libras esterlinas. Seu objetivo é monitorar os efeitos do Projeto Mindfulness nas Escolas, um curso de dez semanas desenvolvido especialmente para o estudo, que envolve uma aula de 30 minutos a cada semana e cerca de 20 minutos de prática diária em casa.[43] A partir de 2016, cerca de 3.200 jovens de 11 a 14 anos farão o curso, ao passo que outros 3.200 assistirão às aulas costumeiras de educação pessoal, social e para a saúde. Ambos os grupos serão monitorados para que se avalie sua susceptibilidade à depressão e seu bem-estar mental geral no decorrer dos dois anos subsequentes. Outros quatrocentos adolescentes de 14 a 16 anos terão suas habilidades de autocontrole e regulação das emoções avaliadas pelos neurocientistas do University College, de Londres, antes e após o curso. Alguns farão exames de imagem do cérebro na tentativa de identificar quaisquer mudanças correlatas.

"Um treinamento mental que ensine os jovens a controlar sua atenção e a saber determinar quando reagir aos estímulos — especialmente a estímulos dotados de carga emocional, como exames ou dinâmicas sociais complexas — os ajudará a navegar não só pela vida escolar, mas também pela vida em geral", diz Kuyken. Ele fez questão de deixar claro que o programa não visa somente a superar os desafios negativos, mas também a ajudar os jovens a conhecer seu potencial nos esportes ou em qualquer outra atividade que apreciem. "Para um adolescente que cobra um pênalti, a visão dos colegas observando-o fora do campo pode ter um efeito paralisante. A percepção de que isso está acontecendo e a capacidade de controlar a atenção, focando-a no que se está fazendo no momento, é uma habilidade essencialmente ligada à atenção plena."

Mesmo na ausência de distrações externas, como os espectadores num jogo de futebol, parece que a rede de modo-padrão procura constantemente afastar nossa atenção daquilo que deveríamos estar fazendo. Ao contrário da rede sensorial e da rede de atenção do cérebro, que dirigem a atenção consciente e processam as informações provindas de dentro e de fora do corpo para nos dizer mais ou menos qual é o estado real do mundo agora, a rede-padrão processa a memória para criar simulações mentais do passado, futuros possíveis, o eu autobiográfico e as ideias sobre os estados mentais de outras pessoas. Faz planos para as férias, elabora conversas inteiras, reproduz o filme a que assistimos na noite anterior e repete trechos musicais indefinidamente. No entanto, suas simulações nem sempre são adequadas à realidade. Às vezes ela produz ruminações, ansiedades e delírios, que podem servir de gatilho para que pessoas vulneráveis descambem para a doença mental. Como escreveu Milton: "A mente localiza-se em si mesma e pode fazer do inferno um céu, do céu um inferno".[44] Dado que ela previne a depressão nas pessoas mais vulneráveis, talvez um pouquinho mais de atenção plena possa ajudar todos nós a adotar a perspectiva mais celeste.

Poucas horas após o nascer do sol, o pai de Yasa apareceu no acampamento dos monges, pois havia seguido as pegadas características que os chinelos de ouro de seu filho deixaram na lama. Estava quase tão transtornado quanto Yasa estivera na noite anterior. Ninguém sabia do paradeiro do filho. Acaso Siddhārtha o vira? Antes de permitir que ele visse o filho, Siddhārtha falou-lhe a verdade sobre o sofrimento e sobre o caminho que leva à cessação deste e explicou que Yasa já não poderia voltar à antiga vida, pois estava livre, agora, de todos os apegos terrenos. Nenhuma das riquezas e prazeres de Varanasi tinha, agora, poder sobre ele. O pai de Yasa se entristeceu ao ouvir isso, mas percebeu que não havia nada que pudesse fazer ou dizer para que o filho mudasse de opinião. Assim, fez o que qualquer pai sensato faria naquela situação: convidou o Buda para almoçar.[45]

Essa situação se repetiu várias vezes ao longo das semanas e meses subsequentes. Espalhou-se pela cidade a notícia de que havia um mestre inspirado vivendo sob uma figueira-de-bengala no parque dos veados, acompanhado de um grupo cada vez maior de monges. As pessoas vinham da cidade para ouvi-lo pregar o Dhamma, ensinamentos novos e radicais que, quando devidamente postos em prática, dariam fim ao sofrimento que está à espreita de todos do nascimento à morte — até dos ricos e privilegiados. Centenas de mulheres e homens se tornaram discípulos leigos depois de o ouvir ensinar, e muitos homens (ainda não havia uma ordem monástica feminina) renunciaram à vida mundana, cortaram a barba, rasparam a cabeça e vestiram o manto amarelo. Todos se refugiaram no Buda, no Dhamma e na Sangha.

Segundo os textos sagrados, já havia então 61 seres iluminados no mundo. No final da estação das chuvas, Siddhārtha reuniu-os e dirigiu-lhes um sermão. Disse que enviaria cada um deles individualmente — não poderiam viajar na companhia uns dos outros — para pregar a palavra, dando-lhes autoridade para ordenar noviços e monges.[46] "Ide, pois, monges", disse-lhes, "e viajai para o bem e a felicidade do povo, por compaixão pelo mundo, pelo benefício, bem-estar e felicidade de deuses e homens."

Meditação guiada: três etapas para a reinicialização

Este exercício, também chamado Espaço para a Respiração em Três Etapas, foi desenvolvido como parte da terapia cognitiva baseada em *mindfulness* (MBCT).[47] É um meio conveniente para dissipar o estresse e recompor a mente e pode ser praticado a qualquer hora e a qualquer lugar. Esta meditação é curta o suficiente para ser feita durante a pausa para o café no trabalho, o que a torna ideal para aquietar a irritação, a hostilidade, a ansiedade e a tensão que vão se acumulando ao longo de um dia difícil.

Quando conheci esta minimeditação, me lembrei de como um computador velho precisa ser reinicializado sempre que o processador para de funcionar por estar tentando rodar vários aplicativos ao mesmo tempo. Quando chamamos o técnico, a primeira coisa que ele pergunta é: "Você tentou desligar e ligar de novo?". Apesar das piadas, trata-se de um excelente conselho, tanto para um antigo *desktop* quanto para a mente humana. Esta meditação, como a reinicialização do computador, é capaz de fazer tudo voltar à estaca zero para que você veja com clareza o que está acontecendo. Ajudará você a ver as coisas de maneira mais objetiva e permitirá que seu cérebro opere de forma mais confortável, eficiente e harmônica.

A forma geral desta minimeditação foi comparada a uma ampulheta: de início, seu foco é amplo; depois, restringe-se; e torna a ser amplo no final. Cada uma das três etapas pode durar cerca de 1 minuto, mas sinta-se livre para mais ou menos tempo conforme seja necessário.

Primeira etapa — Consciência

Quer esteja sentado, quer em pé, assuma uma postura relaxada, ereta e atenta. Se possível, feche os olhos. Volte-se para sua mente e seu corpo, reconhecendo todos os pensamentos, sentimentos e sensações corpóreas que estejam presentes neste momento, sem tentar mudá-las. Lembre-se de que todos esses elementos constituintes da experiência do momento presente são eventos mentais transitórios.

Segunda etapa — Reunir e concentrar a atenção

Concentre sua atenção na sensação da respiração que entra e sai do seu corpo pelas narinas. Use a respiração para ancorar-se com segurança no momento presente. Passe algum tempo acompanhando a sensação do diafragma e do abdome subindo e descendo lentamente, em sincronia. Ao acompanhar a respiração entrando e saindo do corpo, repare em como a tensão nos músculos diminui e os ossos se encaixam em suas articulações. Aprecie a sensação gostosa do relaxamento. Quando a mente divagar, o que com toda a probabilidade acontecerá, reconduza-a delicadamente à respiração.

Terceira etapa — Expandir a atenção

Conduza sua atenção numa turnê pelo seu corpo inteiro: o rosto, os ombros, o peito, o abdome, as pernas, os pés, as mãos, os braços. Se houver uma sensação de desconforto num determinado lugar, concentre-se nele temporariamente. Lembre-se que você não está tentando suprimir as sensações desagradáveis, mas conhecendo-as e fazendo amizade com elas. Sentidas simplesmente como são, sem que você faça nenhuma tentativa de explicá-las ou suprimi-las, como você as sente? Imagine que, a cada inspiração e expiração, você direciona o ar para a sensação. Depois de fazer as pazes com ela, expanda a atenção para o corpo como um todo e repare em como você o sente aqui e agora. É aqui mesmo que você quer estar.

CAPÍTULO 7

Adoradores do fogo

Nem uma chuva de ouro é capaz de satisfazer as paixões: sábios são aqueles que reconhecem que as paixões são passageiras e deixam a dor em seu rastro.

— *The Dhammapada* (traduzido para o inglês por Eknath Easwaran), versículo 186

Estamos no alto de uma colina rochosa e árida na margem oeste do Rio Nerañjarã, em Uruvelã, poucos quilômetros a jusante de onde Siddhãrtha alcançou a iluminação. No cume plano da colina, ao nosso redor, uma multidão de ascetas ocupa cada centímetro quadrado de rocha e terra vermelha. Pelo menos mil ascetas estão reunidos ali, a maioria trajando apenas uma saia; seus cabelos trançados pendem sobre o ombro esquerdo e caem sobre o peito. Alguns, reunidos em grupos, travam acaloradas discussões; alguns equilibram-se precariamente sobre as rochas, ingerindo o que resta de seu escasso almoço; outros, descalços, escolhem cuidadosamente um caminho em meio à multidão rumo a um local melhor onde se sentar.

São os jatilas, adoradores do fogo que vivem nas florestas ao redor do rio praticando yoga e cumprindo os antigos ritos védicos. Eles cuidam das três chamas sagradas, queimando oferendas de arroz integral para seus deuses ao nascer e ao pôr do sol. Nos meses de inverno, mergulham nas águas geladas do Nerañjarã para purificar a alma. Três colônias de habitantes das florestas, comandadas por três irmãos cheios de carisma, vieram se reunir na colina nua. A maioria tem os cabelos enrolados e sujos que caracterizam os ascetas, mas alguns apresentam a cabeça recém-raspada, ainda marcada por pequenas manchas de sangue coagulado. A palidez do couro cabeludo forma um agudo contraste com o marrom-escuro de suas faces marcadas pelo tempo. O corte dos cabelos é uma espécie de traição, um repúdio do modo de vida ascético, mas os homens mantêm-se em silêncio e recusam-se a responder a quaisquer perguntas.

As cabeças raspadas constituem apenas uma das novidades perturbadoras com que os adoradores do fogo tiveram de haver-se nos últimos dias. O líder da maior colônia, chamado Kassapa, é um brâmane altamente respeitado que, porém, teria sofrido a influência de um sábio do clã dos Shakyas, ao norte — um homem que sequer era brâmane. O mais chocante é que, segundo se comenta aos sussurros, Kassapa e seus acompanhantes teriam deixado que os três fogos sagrados se extinguissem e atirado no rio suas tranças cerimoniais e toda a parafernália da adoração do fogo. Testemunhas dignas de crédito viram os objetos sagrados flutuando rio abaixo. Os jatilas se reuniram no Monte Ga-yasisa para exigir uma explicação.

Uma onda de silêncio se alastra pelo alto da colina e todos se voltam para descobrir de onde ela vem. Os três irmãos, líderes das três colônias, acabam de surgir no topo da escadaria pela qual se chega ao cume desde as planícies circundantes. Alguns passos à frente deles vem caminhando Siddhārtha Gautama. Os jatilas abrem caminho para ele enquanto se dirige ao ponto mais alto; ele tem as mãos postas diante do peito num gesto de saudação e abraça a todos com seu sorriso. Parece muito mais forte do que quando Yasa o encontrou, algumas semanas atrás. Há mais carne ao redor de seus ossos e mais cor em sua face; agora ele usa um manto feito com uma única peça de tecido grosseiro, tingido da cor da terra. Ele também raspou a cabeça. Os braços dos circunstantes o ajudam a subir sobre uma laje de pedra semelhante a uma plataforma; um espaço se abre ao seu redor e mil adoradores do fogo aquietam-se a um só tempo para ouvi-lo falar.

"Ó jatilas", começa ele em voz clara e cheia de autoridade, "tudo está em chamas. Os órgãos e objetos dos sentidos estão em chamas, as percepções estão em chamas, as sensações estão em chamas, os pensamentos e a consciência estão em chamas. Estão sendo consumidos pelas fogueiras do desejo, do ódio e da ilusão; enquanto essas fogueiras tiverem combustível, continuarão acesas e haverá nascimento e morte, corrupção, pesar, lamentação, sofrimento, tristeza e desespero. Irmãos, o discípulo nobre e instruído que compreender essa verdade trilhará o caminho óctuplo da santidade. Desconfiará de seus olhos, desconfiará de todos os seus sentidos, desconfiará de seus pensamentos e conceitos. Quando já não estiver apegado a tudo isso, as chamas do desejo, do ódio e da ilusão se apagarão. Ele será libertado do egoísmo e alcançará o bem-aventurado estado do *nibbāna*."[1]

Os adoradores do fogo permanecem sentados em silêncio por bastante tempo, refletindo sobre o que foi dito. Depois, alguns começam a murmurar. Outros se juntam a eles e, em uníssono, começam a recitar palavras rítmicas. À medida que um número cada vez maior se une a eles, fica claro que estão repetindo e memorizando o sermão. Enquanto essa tarefa os absorve, Siddhārtha desce da laje de pedra e caminha rumo à escadaria que desce o monte. De ambos os lados, os jatilas inclinam a cabeça à sua passagem.

Poderia ter dado certo, poderia ter dado errado. Dizer a uma multidão raivosa de adoradores do fogo que "tudo está em chamas" poderia ser um golpe de mestre de psicologia ou um desastre diplomático. O resultado mostra que foi uma atitude inspirada: segundo a história, mil jatilas se tornaram monges budistas depois de ouvir o chamado Sermão do Fogo — o terceiro ensinamento ou "discurso" proferido por Siddhārtha após sua iluminação. Nesse sermão, ele compara os cinco componentes da existência humana — o mundo físico, nossos órgãos dos sentidos, as percepções, as sensações agradáveis e desagradáveis, os pensamentos e a consciência — a feixes de lenha. Disse que tudo isso está sendo queimado pelo fogo da ilusão, do ódio e do desejo. Segundo a teoria budista, essas três forças poderosas são as causas do sofrimento. Tudo começa com a ilusão de que cada um de nós é uma ilha, um "Eu" distinto de tudo e de todos. Isso nos leva a apegarmo-nos firmemente às coisas que queremos para nós e a odiar as coisas que nos impedem de possuir os objetos do nosso desejo. A metáfora do fogo fica mais clara na versão original da história, escrita na antiga língua indiana chamada páli. A palavra que designa cada um dos cinco componentes da existência humana é *khanda*, que também significa "monte" ou "feixe", e a palavra "apego" é *upādāna*, que também significa "combustível".

O sentido literal de *nibbāna* é a "extinção" de uma chama. Assim, a lição que os jatilas deveriam tirar do discurso é que, se abandonassem o desejo e a cobiça pelos objetos dos sentidos e da mente, seu sofrimento chegaria ao fim. As "três fogueiras" do desejo, da aversão e da ilusão constituem uma analogia particularmente afrontosa, pois os sacerdotes védicos mantinham três fogueiras sacrificiais permanentemente acesas.

Em certo sentido, todos nós somos adoradores do fogo, pois dedicamos a vida a atiçar as chamas das paixões. A seleção natural nos programou para buscar os prazeres do alimento e do sexo, buscar um *status* social elevado e defender agressivamente o que acreditamos nos pertencer. Num ambiente como uma cidade rica — ou um palácio real —, no qual os alimentos e outros recursos se tornaram muito mais abundantes do que jamais foram nas planícies da África onde surgiram nossos ancestrais, o fogo das nossas paixões queima descontrolado como um incêndio na savana em razão da abundância de combustível. Além de proporcionar alimento em abundância, o desenvolvimento da agricultura por volta de 10 mil a.C. também acabou levando à produção de materiais altamente inflamáveis para serem lançados no fogo: substâncias que provocam dependência, como o álcool, a nicotina, os opiáceos e a cocaína. Quem é escravizado pela dependência anda numa montanha-russa de desejo, satisfação e síndrome de abstinência, quer sua paixão tenha como objeto algo inócuo, como a cafeína; algo que pode matar a longo prazo, como o tabaco; ou uma droga tão viciante e com efeitos tão drásticos sobre o comportamento — como heroína e metanfetamina — que pode reduzir substancialmente sua expectativa de vida, quer diretamente, morte por overdose, ou indiretamente, em razão da violência ou de uma infecção mortífera contraída pelo uso de uma seringa contaminada. Neste paraíso dos tolos onde os recursos são abundantes, pagamos alto preço até pelos vícios mais "brandos". O tabagismo causa mais de 5 milhões de mortes no mundo inteiro todo ano,[2] e os custos econômicos do alcoolismo são estimados em 1% a 3% do produto nacional bruto de cada país, em média.[3]

É claro que os vícios não são apenas químicos. As atividades também podem provocar dependência. Tenho lembranças vívidas da ruidosa casa de jogos eletrônicos que eu costumava frequentar no South Parade Pier, em

Southsea, litoral sul da Inglaterra: o cheiro da pipoca doce, o tapete vermelho bem gasto, as luzes piscantes e os sons do parque de diversões. Foi ali, durante férias em família em meados da década de 1970, que eu e minha irmã mais velha nos habituamos ao jogo. Não conseguíamos jogar nos caça-níqueis, pois não tínhamos nem altura nem força suficientes para puxar a alavanca, mas passamos uma boa hora apostando em qual cavalinho de madeira ganharia o *derby*, introduzindo no orifício da máquina o dinheiro que ganháramos para as férias. Depois de cada corrida, que nos fascinava, os cavalinhos retornavam em altíssima velocidade para o ponto de partida, como se nos convidassem para tentar a sorte de novo. Bastou ganharmos uma ou duas vezes em dez para que fôssemos fisgados. Voltamos no dia seguinte e continuamos jogando na mesma máquina até gastar todo o nosso dinheiro. Se nossos pais não tivessem se recusado a nos adiantar algo da mesada seguinte, a esta altura nossa família estaria afundada em dívidas de jogo.

Estou brincando, mas não muito. Esse desejo nasce bem cedo na vida: num levantamento feito em 2013, descobriu-se que 15% dos jovens de 11 a 15 anos no Reino Unido haviam jogado a dinheiro na semana anterior.[4] E esse hábito acaba tendo efeitos altamente adversos para uma minoria bastante expressiva: segundo outro estudo realizado em 2010, entre a população adulta do Reino Unido pouco menos de 1% (ou seja, cerca de 451 mil adultos) eram jogadores inveterados.[5] As oportunidades de jogar a dinheiro proliferaram nos últimos dez anos, com o advento de terminais de apostas com probabilidades fixas e, é claro, da internet, do *tablet* e do *smartphone*.

De início, a droga ou atividade é superagradável. Com a repetição, vai ficando cada vez mais difícil obter a mesma sensação boa, até que — caso cheguemos a afundar tanto — nossa única motivação passa a ser a de aliviar a terrível sensação de desconforto que decorre da abstinência e do desejo. Os circuitos do cérebro que registram a sensação de satisfação nos dão a convicção de que mais sempre será melhor — um prato maior de comida mais saborosa, uma companheira mais atraente, mais dinheiro no banco, um carro mais moderno, mais sucesso aos olhos do mundo — e, no entanto, nossa satisfação nunca chega a durar. Vivemos naquilo que os psicólogos chamam de "esteira rolante do hedonismo", pois todas as experiências novas se tornam velhas e desgastadas e acabam por não nos dar mais o mesmo "barato" ou a "brisa" de antes. A esteira rolante passa a rodar mais rápido e temos, então, de consumir mais ou encontrar fontes diferentes de prazer simplesmente para ficar no mesmo lugar. Parece que a satisfação que recebemos de qualquer coisa que nos dê prazer acaba por voltar a uma norma predeterminada (as pessoas que ganharam na loteria e os recém-casados sabem exatamente a que estou me referindo). Isso não é problema, mas as coisas podem começar a azedar quando tentamos perpetuar a sensação das drogas, do jogo ou mesmo das comilanças. Para usar a evocativa imagem da psicologia budista, nos tornamos "espíritos famintos", criaturas trágicas que vagam por um dos seis mundos inferiores da existência e são incapazes de saciar seus torturantes desejos. Esses espíritos são representados nos murais dos tempos com o ventre distendido, mas a boca pequena e um pescoço tão fino que nenhum alimento consegue jamais chegar-lhes no estômago. No "jardim do inferno" de Wat Phai Rong Wua, em Suphanburi, Tailândia, as estátuas de madeira os representam como figuras magras de seis metros de altura, com um sorriso cadavérico.

O budismo nos aconselha a desistir do desejo, do impulso de tentar perpetuar as experiências agradáveis e de nos afastarmos das dolorosas ou desagradáveis. Porém, ele também reconhece que certos desejos são saudáveis. Em 2013, num diálogo sobre o vício e a dependência travado entre o Dalai Lama e cientistas em Dharamsala, na Índia, Sua Santidade observou que os desejos saudáveis são essenciais para que se alcance qualquer objetivo digno, mesmo os elevados objetivos espirituais de um monge. Sem o desejo, segundo ele, não haveria entusiasmo, ação e progresso. "Sem o desejo, acho que pegaríamos no sono!", brincou, inclinando-se para o lado na cadeira para ilustrar suas palavras. Os budistas acreditam que existe um caminho do meio entre a abnegação total e a busca excessiva do prazer. Afinal de contas, se o Buda tivesse recusado a tigela de arroz com leite que lhe fora oferecida em Uruvelá, teria morrido de inanição e nenhum de nós saberia de nada disso. O neurotransmissor chamado dopamina ativou os circuitos de satisfação no cérebro dele e lhe deu motivação para comer e alcançar seu objetivo espiritual. A dopamina é produzida pelo *nucleus accumbens*, um agregado de células nervosas abaixo do córtex cerebral, a que os neurocientistas deram o nome de "centro do prazer". A dependência acontece quando uma droga como a cocaína se insinua nesse sistema e deixa seu interruptor permanentemente ligado, inundando a mente com uma sensação intensa de bem-estar e a convicção de que podemos fazer praticamente qualquer coisa. Com a repetição, no entanto, a intensidade da sensação diminui e, ao mesmo tempo, o desejo aumenta e a capacidade da mente de tomar decisões racionais se debilita. O Dhammapada descreve o modo pelo qual os impulsos compulsivos crescem até nos perdermos numa "floresta de desejos".

No alto da colina, o Buda falou sobre o sofrimento que vem do desejo; mas acaso ele tinha uma solução prática? Será que o Sermão do Fogo não foi nada além de um chamado à moderação? Ou será que o Sábio dos Shakyas havia descoberto alguma espécie de antídoto? Talvez a pista estivesse em seu cérebro: com base em imagens de ressonância magnética do cérebro de monges atuais, é provável que o cérebro de Siddhãrtha tivesse uma atividade extremamente baixa da rede de modo-padrão — não apenas quando estava meditando, mas também em repouso. Como vimos, a rede-padrão começa a funcionar sozinha sempre que não estamos concentrados na execução de uma tarefa mental ou física particular. Como uma máquina do tempo, ela remete nossa mente para o passado, reprisando certos acontecimentos e interações sociais, ou a envia para o futuro, inventando conversas e experiências que ainda não aconteceram. Também desempenha um papel crucial no modo como vemos a nós mesmos e nos relacionamos com as outras pessoas.

O modo-padrão é capaz de nos conduzir em aventuras mentais extraordinárias: é responsável por algumas das maiores realizações da nossa espécie e possibilitou os feitos de criatividade e planejamento que são a nossa marca registrada. Sem o modo-padrão do cérebro, não haveria as pirâmides, os sonetos de Shakespeare e o Grande Colisor de Hádrons. Mas ele tem também um lado sombrio. No capítulo anterior, vimos que está envolvido nos transtornos de ansiedade e depressão e que possivelmente desempenha um papel no transtorno de déficit de atenção/hiperatividade (TDAH); vimos também que o treinamento em *mindfulness* ajuda a diminuir sua atividade. Parece, no fim, que o modo-padrão também está relacionado à dependência de drogas — não em razão da divagação mental, mas do papel que ele talvez desempenhe na experiência de estar pessoalmente envolvido ou "preso" numa sensação corpórea, como o desejo irrefreável por uma droga. É essencialmente disso que os budistas estão falando quando se referem ao apego, e eles creem que esse princípio se aplica igualmente bem aos pensamentos e ideias. Segundo essa concepção, o caminho para pôr fim ao sofrimento passa por "largarmos" nossos apegos. É claro que essa percepção não é exclusiva do budismo. Os clássicos hindus têm muito a dizer acerca dos perigos do apego e da importância da renúncia a ele. Quando lhe pediram que resumisse em até 25 palavras tudo o que aprendera na vida, Mahatma Gandhi disse: "Posso fazê-lo em três!" E citou o *Isha Upanishad*: "Renuncia e alegra-te".[6]

Em comparação com o de pessoas que não meditam, é quase certo que o cérebro de Siddhãrtha apresentava uma atividade muito menor num dos principais componentes do modo-padrão, chamado córtex cingulado posterior (CCP). Além disso, outras partes de seu cérebro exerceriam sobre esse córtex um forte controle cognitivo. Foi exatamente isso que Judson Brewer, neurocientista nas Escolas de Medicina das Universidades de Yale e Massachusetts, descobriu quando comparou imagens do cérebro de pessoas que praticavam meditação havia mais de dez anos — tendo meditado, em média, mais de 10 mil horas cada uma — com as de membros de um grupo de controle, que não meditavam.[7] Brewer constatou que, nos praticantes de meditação, há uma correlação mais forte entre a atividade do CCP e a atividade nas regiões cerebrais envolvidas no controle cognitivo e na detecção de conflitos entre diferentes tarefas mentais (o córtex pré-frontal dorsolateral e o córtex cingulado anterior, respectivamente), o que dá a entender que essas regiões exercem sobre ele uma influência poderosa. Um estudo publicado em 2016 constatou que, até em pessoas que nunca haviam meditado, meros três dias de treinamento intensivo foram suficientes para fortalecer o controle cognitivo sobre o córtex cingulado posterior.[8] Além disso, esse maior controle estava correlacionado com a redução no índice de uma substância química presente nos corpos dessas pessoas e chamada interleucina 6, que causa inflamações e está envolvida nas doenças relacionadas ao estresse. É notável que os efeitos ainda se manifestavam quatro meses após o treinamento.

Mas o que essas características incomuns do cérebro dos praticantes de meditação experimentados nos dizem sobre o desejo, se é que dizem alguma coisa? Ainda temos muito a aprender sobre o papel do CCP, mas já sabemos que ele é faminto por energia, muito bem conectado com outras regiões do cérebro e elemento importante do aprendizado e da identificação com as memórias autobiográficas. É uma parte inalienável das estruturas corticais mediais do cérebro — o "aplicativo do Eu". Se o CCP fosse uma pessoa, seria um amigo insistente que a todo momento quer nos mostrar o álbum de fotos de sua família. Além de estar intimamente envolvido na criação do nosso sentido do eu, sabemos que o CCP entra em ação sempre que começamos a divagar e se aquieta quando nossa atenção é absorvida por uma atividade que exija presença de espírito, tal como fazer contas de cabeça ou jogar um *videogame*. Mas o CCP também foi correlacionado aos complexos mecanismos cerebrais associados ao desejo ardente por alguma coisa. Pesquisadores da Faculdade de Medicina de Wisconsin, em Milwaukee, descobriram que o CCP se ativou em usuários de cocaína quando assistiram a um filme no qual dois homens falavam sobre drogas e fumavam *crack*, mas não se ativou em membros de um grupo de controle não dependentes da droga.[9] O interessante é que um filme de sexo explícito ativou a mesma área tanto nos dependentes quanto nos membros do grupo de controle, levando os cientistas a propor a hipótese de que essa ativação faz parte da atividade de desejo normal do cérebro, e não somente da dependência de drogas. Eles assinalam que o CCP também se ativa quando as pessoas sentem sede.[10]

Neurocirurgiões franceses também encontraram indícios de que a mesma parte do cérebro tem relação com a dependência de nicotina. Em 2010, relataram o caso de uma mulher de 35 anos que vinha fumando desde os 17. Fumava mais de dois maços por dia (acendia o primeiro cigarro, em geral, 5 minutos depois de acordar) e não tinha a intenção de parar. Então teve um AVC. Recuperou-se bem após a cirurgia de emergência e da terapia intensiva, mas relatou que perdera por completo a vontade de fumar, embora negasse que o AVC a tivesse motivado a parar. Um exame de diagnóstico por imagem revelou uma lesão em seu CCP. Os cirurgiões escreveram que, um ano depois, ela ainda não tinha voltado a fumar.[11] Trata-se de um caso isolado — é muito difícil encontrar quem haja sofrido uma lesão nessa parte do cérebro —, mas, no contexto dos demais indícios, inscreve o CCP bem no alto da lista de partes do cérebro suspeitas de governar o complexo mecanismo da dependência. Brewer especula que, sendo o CCP um dos nodos fundamentais da rede de modo-padrão, ele contribui para a dependência na medida em que cria a sensação de estarmos pessoalmente envolvidos ou "presos" a um desejo intenso.[12] A Clínica Terapêutica de Neurociências de Yale, na qual Brewer trabalha, usa o treinamento em *mindfulness* para ajudar os fumantes a superar o desejo de nicotina. Pesquisadores em outras instituições estão investigando a eficácia dessa técnica no combate à dependência do álcool e de outras drogas.

Conhecemos o professor Brewer no Capítulo 5, "O homem que desapareceu", no contexto de como o cérebro cria nossa sensação de eu. Ele começou a praticar meditação em 1996, quando passou por uma fase difícil da vida após o término de um relacionamento. "Eu cheguei a isso por meio do meu próprio sofrimento", disse-me. "Estava noivo quando entrei na faculdade de medicina, e depois rompemos. Eu não conseguia dormir. Li um livro sobre *mindfulness* chamado *Full Catastrophe Living*, de Jon Kabat-Zinn, que me ajudou muito. Muito mesmo." Perguntei-lhe a que ele se refere quando fala sobre a sensação de estar "preso" ou "enredado" em experiências emocionais difíceis e sobre o possível papel do CCP tanto nessa sensação quanto na dependência. "Quando nos sentimos nervosos na presença de alguém, quando estamos com raiva de alguém ou quando estamos com medo, tudo isso nos enreda ou nos prende ao que estamos sentindo", explicou ele. "Nosso campo de visão se estreita e perdemos a liberdade. Estudos de boa qualidade dão a entender que quando mentimos, nos sentimos culpados, estamos com raiva ou devaneamos, o CCP está sempre envolvido." Brewer não afirma que o CCP seja o único responsável — quanto mais aprendemos sobre o cérebro, mais percebemos que suas operações dependem da integração entre redes interconectadas de diferentes regiões —, mas diz que essa parte do cérebro talvez seja uma boa "sentinela indicadora" desse tipo de atividade cerebral. Vale notar que a *sensação física* de desejo ardente por algo — e não a experiência de estar preso ou enredado nesse algo — é associada à satisfação ligada à produção de dopamina pelo núcleo acumbente.[13]

Perguntei a Brewer o que a meditação *mindfulness* pode fazer para nos libertar do desejo de coisas que provocam dependência. Segundo ele, os fumantes que o consultam aprendem a fazer algo que vai completamente contra os seus instintos quando sentem o anseio de acender um cigarro. Como na redução do estresse baseada em *mindfulness* (MBSR), desenvolvida por Kabbat-Zinn para que tem dores crônicas e incuráveis, pede-se aos pacientes que concentrem sua atenção nesse desejo, em vez de tentar evitá-lo ou distrair-se para não pensar nele.

Opino: "Então, isso significa que os fumantes e as pessoas que sentem dor têm simplesmente de tomar coragem e combater pela força as sensações desagradáveis?".

Brewer me corrige de imediato: "Combater pela força é o que habitualmente fazemos no Ocidente. 'Vou brigar com você', sabe como é. Com o *minduflness*, o que fazemos é ensinar as pessoas a ficarem *curiosas*. Se você sentir curiosidade pela sensação de desejo, de repente ela não será mais desagradável, pois a própria curiosidade é agradável em si". Essa mudança de perspectiva — parar de levar as coisas para o lado pessoal e começar a vê-las de modo desapaixonado, sem se deixar enredar por elas — é fundamental em todo treinamento em *mindfulness* e parece refletir-se no cérebro dos praticantes de meditação. Usando a atenção concentrada para moderar a atividade do CCP e do restante da rede-padrão, essas pessoas começam a processar as sensações corpóreas de maneira mais desapegada. É quase como se os rótulos de "eu" e "meu" que o cérebro insiste em afixar em todas as experiências perdessem algo do seu poder de aderência.

Na clínica de Brewer, o que se procura fazer é provocar essa mudança em fumantes que, embora desesperados para largar o cigarro, não conseguem resistir ao desejo de fumar. "Na verdade, tudo depende de eles repararem nessas sensações corpóreas quando elas aparecem", explica Brewer. "Será uma tensão, um aperto, uma queimação? Tudo depende de se perceber que essas sensações, na prática, estão levando as pessoas a contrair câncer. Então, os pacientes olham para o maço de cigarros e se perguntam: 'Por que estou fazendo isto?'" Quando os fumantes aprendem que o desejo é uma simples sensação corpórea e não um imperativo pessoal que os obriga a alimentar o vício, sua capacidade de resistir a esse desejo aumenta. Ou pelo menos é isso o que diz a teoria. Será que o sistema funciona na prática? Num estudo publicado em 2011,[14] Brewer e seus colegas recrutaram 88 homens e mulheres dependentes de nicotina que fumavam cerca de vinte cigarros por dia e queriam parar de fumar (em média depois de cinco tentativas fracassadas no passado). Os participantes foram distribuídos aleatoriamente em dois grupos. Um deles recebeu treinamento em *mindfulness* e o outro participou do programa Libertação do Tabagismo da Associação Americana do Pulmão (American Lung Association), considerado até agora o melhor tratamento para parar de fumar, pois ensina estratégias para que os fumantes controlem seu comportamento e reduzam o estresse. Ambos os tipos de terapia foram realizados em oito sessões de treinamento ao longo de quatro semanas, com práticas prescritas para serem feitas em casa; o sucesso foi medido pelo número de cigarros que os participantes declaravam fumar por dia antes do tratamento, no final deste e 13 semanas depois. Os relatos pessoais foram conferidos com uma medida do monóxido de carbono presente no ar expirado pelos participantes, sendo essa uma medida confiável e objetiva de quanto realmente fumavam.

De acordo com os resultados, os fumantes que receberam treinamento em *mindfulness* foram mais capazes de reduzir seu consumo de cigarros e de abandonar o tabagismo no final do período de tratamento. Três meses depois, 31% dos participantes do grupo de *mindfulness* não haviam mais voltado a fumar. Esse número talvez não pareça muito significativo, mas, entre os que haviam feito o programa de Libertação do Tabagismo, somente 6% ainda estavam livres do hábito três meses depois. Os participantes do grupo registraram num diário a frequência de sua prática; para cada dia de prática formal de *mindfulness* por semana, eles fumaram, em médio, 1,2 cigarro a menos. É o que se chama de "resposta à dosagem" — quanto mais praticavam, melhor o resultado —, sendo esse fenômeno, num estudo clínico, um dos melhores indicadores de que o que está provocando os benefícios constatados é o tratamento e não outra coisa. Para os participantes do programa Libertação do Tabagismo, no entanto, não houve correlação entre a quantidade de prática em casa e os resultados obtidos.

Brewer e seus colegas estavam curiosos para saber se a meditação *mindfulness* estava funcionando como eles pensavam que estaria — ajudando os fumantes a lidar com o desejo de nicotina — e por isso fizeram uma análise suplementar dos dados.[15] Os fumantes que fizeram o treinamento em *mindfulness* fizeram uma estimativa da intensidade de seu desejo e do seu consumo de cigarros antes do estudo, no final do treinamento e em entrevistas de atualização. Quando os cientistas examinaram a relação entre o número de cigarros que declaravam fumar e a intensidade do desejo, identificaram um padrão revelador. No início do estudo, havia uma forte correlação entre o desejo e o consumo de cigarros (ou seja, quanto mais desejavam a nicotina, mais fumavam). Já no final do período de tratamento e nas entrevistas de atualização, essa correlação era muito mais fraca. Ao que parece, a técnica do *mindfulness* não diminuía a vontade de fumar em si, mas ajudava os participantes a tolerar seus desejos sem correr para acender um cigarro. A intensidade do desejo em si começou a diminuir somente semanas ou meses após o fim do período de tratamento, e apenas entre os participantes que de fato permaneceram sem fumar. Entre os que voltaram a fumar, a intensidade do desejo aumentou.

Esse é o problema da dependência: os hábitos são profundamente arraigados. As pessoas que param de fumar conhecem o impulso que sentem quando estão ao lado de fumantes; ou em certas horas do dia, como depois das refeições ou nas pausas para o café, quando costumavam acender um cigarro; ou, ainda, quando estão estressadas. No passado, elas associavam esses sinais internos e ambientais aos efeitos emocionais positivos do cigarro — a curtição social, a sensação de calma, a atividade química — e ao alívio da desagradável sensação de desejo. A isso damos o nome de condicionamento operante. Na década de 1920, o psicólogo B. F. Skinner criou uma caixa experimental para moldar o comportamento de animais de laboratório. Chamou-a de câmara de condicionamento operante, mais depois ela se tornou conhecida apenas como caixa de Skinner. É, em essência, uma representação em miniatura do modo pelo qual o ambiente determina o comportamento. Primeiro, Skinner demonstrou que era capaz de treinar um rato para puxar uma alavanca sempre que quisesse uma cápsula de comida. Mais tarde, treinou-o para fazer isso sempre que se acendia uma luz dentro da caixa. Puxar uma alavanca em resposta ao acendimento de uma lâmpada não faz parte do comportamento "natural" do rato, assim como o ato de pôr fogo numa das extremidades de um tubo de papel cheio de folhas secas e aspirar a fumaça não faz parte do nosso; mas o animal aprendera a associar esse sinal particular e aquele comportamento particular com o prazer de alimentar-se.

O intenso efeito de prazer de uma droga ou comportamento que provocam dependência é memorizado por uma parte do cérebro chamada hipocampo, e a produção aguda de dopamina desencadeada por essa droga ou esse comportamento acostuma as amígdalas a associá-los a determinados estímulos. Os psicólogos chamam esse processo de "resposta condicionada". Os fumantes, por exemplo, aprendem com a experiência a associar inúmeros sinais internos e externos do cotidiano — a sensação fisiológica do estresse, a visão de um amigo que os acompanha na pausa para o café e o cigarro, o próprio gosto do café — à experiência de acender um cigarro e sentir o corpo preencher--se de nicotina, que alivia o estresse e dá prazer. Isso talvez explique por que, embora cerca de 70% dos fumantes afirmem querer largar o cigarro, somente menos de 6% são capazes de alcançar essa meta a cada ano.[16] A taxa de sucesso é igualmente baixa entre os que procuram largar o vício das drogas ilícitas e do álcool. Nos Estados Unidos, somente cerca de 10% das pessoas que sofrem desses distúrbios buscam tratamento, mas mesmo entre essas pessoas, que estão motivadas, de 40% a 60% recaem no período de um ano.[17] Desnecessário dizer que os sistemas de saúde pública em todo o mundo gostariam muito de encontrar métodos mais confiáveis para prevenir a recaída após o tratamento de dependentes químicos. Segundo Brewer, o problema das estratégias convencionais de tratamento da dependência é que elas ensinam as pessoas a evitar certas situações ou a substituir um comportamento por outro (mascando goma de nicotina ou fumando um cigarro eletrônico), mas não mexem na situação de base. Isso não é necessariamente problemático em si, mas pode acontecer de os estímulos serem tão comuns que não seja possível evitá-los. Ou seja, embora as estratégias de substituição do tabagismo pela nicotina e da heroína pela metadona aliviem de fato o desejo, não impedem que as sensações voltem quando os antigos estímulos ambientais voltarem a se manifestar na vida cotidiana, o que inevitavelmente acontece.[18]

A terapia de atenção plena, por sua vez, procura tirar do desejo seu poder destrutivo, de modo que a resistência se torne cada vez mais fácil para o dependente. Há aqui uma analogia bastante próxima com a terapia de exposição para fobias. As pessoas que sofrem de uma fobia, por exemplo um medo intenso e irracional de aranhas ou situações sociais, em geral aprendem a conviver com essa fobia evitando o objeto de seu medo ou procurando não pensar nele. Quem sofre de fobia social, por exemplo, evitará ir a festas; o aracnófobo insistirá em que seu companheiro ou sua companheira matem a aranha que está na banheira. Ambos os comportamentos têm o efeito perverso de perpetuar o medo por meio de um "reforço negativo" — você decide não ir à festa e sua ansiedade se alivia imediatamente, o que aumenta a probabilidade de que você venha a evitar festas no futuro; seu companheiro mata a aranha e você se sente melhor, e assim, na próxima vez em que vê uma aranha na banheira, você pede que ele faça a mesma coisa. Já o tratamento para as fobias consiste em introduzir o paciente num ambiente seguro e controlado e ir aumentando aos poucos a exposição dele à coisa de que mais tem medo — situações sociais, aranhas ou seja lá o que for —, o que leva ao que os psicólogos chamam de "habituação" ao estímulo e, dada a ausência de quaisquer consequências negativas, à extinção da reação de medo. Do mesmo modo, o *mindfulness* envolve o direcionamento da mente para as emoções e sensações corpóreas desagradáveis e a observação dessas coisas com uma curiosidade desapegada. Isso pode permitir que se produza uma descoberta incrível: o *desagrado* provocado pela sensação diminui quando se torna objeto de uma atenção desapegada. Com o tempo, a própria sensação perde a intensidade.

Como Siddhārtha falaria sobre esse processo? Disse aos jatilas, adoradores do fogo, que "tudo está em chamas" nos fogos do desejo, da aversão e da ilusão. O desejo pelo objeto de nossa dependência pode ser semelhante à sensação de ser queimado vivo. Porém, a identificação pessoal com as sensações físicas — o apego a elas — só põe ainda mais lenha nessa fogueira. Às vezes parece que a única saída é o uísque ou o cigarro, e assim o ciclo da dependência se perpetua e os hábitos, assim como seus estímulos, se tornam um pouquinho mais arraigados. Quando o desejo se torna objeto de uma consciência desapegada, no entanto, mudamos nossa relação com ele e percebemos que ele diminuirá mesmo que não seja satisfeito. A fogueira do desejo pode até continuar soltando fumaça, mas, com o tempo — e caso não se lhe acrescente mais combustível — acabará por extinguir-se.

Os estudos de Brewer e outras pesquisas vêm proporcionando indícios preliminares de que a meditação *mindfulness* pode ajudar os fumantes a largar o cigarro, e há também sinais de que possa ajudar no tratamento de outras formas de dependência. Em 2009, psicólogos comandados por Sarah Bowen, do Centro de Pesquisas sobre Comportamentos Dependentes da Universidade de Washington, em Seattle, começaram a recrutar pacientes que estavam sendo tratados numa clínica particular de reabilitação para usuários de drogas. Distribuíram-nos aleatoriamente em três grupos. O primeiro recebeu o acompanhamento usual baseado no programa de 12 passos dos Alcoólicos e Narcóticos Anônimos, participando de reuniões semanais de discussão e apoio com pacientes e terapeutas. O segundo grupo recebeu uma forma de terapia cognitivo-comportamental (TCC) com estabelecimento de metas, apoio social, aprendizado de avaliação de situações de alto risco para o consumo de álcool ou drogas e aquisição de habilidades cognitivas e comportamentais para lidar com sua situação. O terceiro grupo recebeu uma forma de treinamento em *mindfulness* especialmente desenvolvida para o tratamento de dependência de drogas, que incluía alguns elementos da TCC mas também contava com meditações guiadas e aumento da consciência dos fenômenos físicos, emocionais e cognitivos. As três intervenções foram feitas por meio de oito sessões grupais semanais.

Os pesquisadores continuaram recrutando sujeitos de pesquisa para seu estudo até meados de 2012, elevando o número de pessoas estudadas para 286. Os resultados e conclusões foram publicados em março de 2014.[19] Cerca de 15% dos participantes eram apenas alcoólatras, mas cerca de 80% consumiam diversas drogas, entre as quais *crack* e metanfetaminas. No fim, após seis meses de tratamento, os que recebiam o tratamento-padrão corriam risco significativamente maior de voltar a beber ou usar drogas em comparação com os que fizeram TCC ou receberam treinamento em *mindfulness*. A curto prazo, a TCC levou vantagem sobre o *mindfulness*, e seus pacientes conseguiram manter-se longe das drogas e do álcool por mais tempo. Após um ano, entretanto, os que haviam sido treinados para usar a meditação *mindfulness* relataram um número significativamente menor de dias em que haviam usado drogas e/ou ingerido bebidas alcoólicas em comparação com o grupo da TCC. Os relatos foram comparados com exames de urina para confirmar o nível de consumo de álcool e outras drogas. Os psicólogos concluíram que o *mindfulness* funciona melhor a longo prazo porque aperfeiçoa a capacidade das pessoas de reconhecer e tolerar o desconforto associado ao desejo intenso e às emoções negativas. Em vez de simplesmente evitar situações de alto risco de tentação, os pacientes aprenderam que o desejo é uma simples sensação corpórea que não necessariamente os define como pessoas. Podem senti-lo sem se enredar nele.[20] Associada à renúncia efetiva ao uso de drogas, essa capacidade dava a impressão de enfraquecer o poder dos estímulos ambientais de evocar o desejo.

Quando conversei por telefone com Bowen para saber mais sobre o programa, batizado de "prevenção da recaída baseada em *mindfulness*" (MBRP, *Mindfulness-Based Relapse Prevention*), ela explicou que, além de ensinar os clientes a conviver com seus desejos sem agir com base neles, os coordenadores do curso procuram ajudá-los a voltar a apreciar as atividades cotidianas. Um dos maiores problemas do uso de drogas é que as experiências que a maioria das pessoas considera agradáveis já não são satisfatórias para o narcodependente. O sistema cerebral que registra a satisfação, baseado na dopamina, foi saturado pela liberação excessiva desse neurotransmissor em consequência do uso de drogas. "Coisas que antes eram naturalmente satisfatórias, como sair de férias e ver o mar, já não o são, pois não têm força suficiente para pôr em ação o sistema de satisfação baseado na dopamina. O sistema precisa das drogas para funcionar. Perguntamos aos clientes: 'Quais são as coisas em sua vida de que você sente falta?'" Um dos objetivos da MBRP é ajudar as pessoas a retomar atividades de que costumavam gostar, devolvendo-lhes a sensibilidade, para que não precisem recorrer a algo que lhes garanta uma descarga imensa de dopamina de uma só vez. O curso, por meio de seus exercícios, ensina os pacientes a perceber e apreciar experiências que lhes oferecem um reforço natural. "Às vezes são coisas extremamente simples, como a sensação dos pés apoiando-se no chão durante o caminhar, tomar uma boa xícara de café pela manhã e reservar algum tempo para apreciar essa experiência, ou brincar com os filhos e estar presente junto a eles de maneira muito mais gostosa, o que reforça a experiência boa." Bowen viaja pelo mundo para ensinar como se administra a MBRP. Trabalha, por exemplo, com psicólogos da Universidade Federal de São Paulo, no Brasil, que fornecem o programa a usuários de drogas residentes na cidade. Além disso, ela formou professores de MBRP no Reino Unido, na Suécia e na Itália.

A maior tolerância aos desejos proporcionada pelo treinamento em *mindfulness* pode ser acompanhada por um maior autocontrole. Como vimos, as imagens cerebrais de peritos em meditação dão a entender que a meditação *mindfulness* inibe a atividade da rede-padrão do cérebro em geral e do córtex cingulado posterior (CCP) em particular. Pode também intensificar a atividade nas regiões pré-frontais do cérebro, envolvidas na tomada de decisões e no controle emocional. É o caso dos córtices dorsolateral e orbitofrontal e de parte do córtex cingulado anterior (CCA) (ver a Figura 4, p. 148). Sabe-se que essas regiões funcionam mal nos indivíduos narcodependentes, o que reduz sua capacidade de autocontrole.[21] Num estudo recente, constatou-se que duas semanas de treinamento em *mindfulness* fez aumentar a atividade dos córtices cingulados anterior e pré-frontal de estudantes voluntários, o que dá a entender que a meditação talvez ajude a compensar esse tipo de dano.[22] Além disso, a quantidade de cigarros fumados pelos voluntários reduziu-se em impressionantes 60%. Num grupo de controle composto por fumantes que fizeram treinamento em relaxamento, o consumo de cigarros não se reduziu ao final do estudo e não houve mudanças nessas áreas do cérebro. A história, no entanto, é mais estranha do que parece, pois os estudantes não sabiam que o estudo tinha qualquer coisa a ver com o tabagismo. Quando foram recrutados, lhes foi dito que o objetivo era aprender a lidar com o estresse. No entanto, o consumo de cigarros caiu em mais de 50% — taxa de sucesso a ser invejada por quem quer que conduzisse um programa especificamente voltado para o abandono do fumo. Todo fumante que já tentou parar de fumar lhe dirá que a tentativa consciente de abandonar o hábito tem o efeito prejudicial de tornar o desejo de fumar ainda mais intenso a curto prazo. Sabe-se muito bem que a repressão dos pensamentos é contraproducente — se você se esforçar demais para não

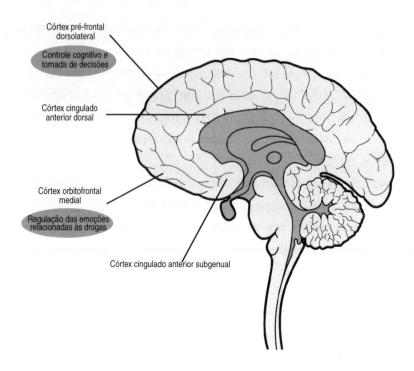

Figura 4: Autocontrole. Nos narcodependentes, a atividade cerebral é anormal nas regiões pré-frontais associadas ao autocontrole, prejudicando sua capacidade de resistir aos desejos intensos. Estudos de imagem constataram uma redução da atividade no córtex cingulado dorsal anterior e no córtex pré-frontal dorsolateral, envolvidos no controle do comportamento "de cima para baixo". A atividade também diminuiu no córtex orbitofrontal medial e no córtex cingulado dorsal anterior subgenual, que administram a regulação subconsciente das emoções. Aumentando a atividade nessas regiões, o treinamento em *mindfulness* pode ajudar os viciados a reduzir sua dependência em relação às drogas.

pensar em acender um cigarro, daqui a pouco só conseguirá pensar nisso e em mais nada. Caso os resultados sejam confirmados em estudos futuros, a conclusão a se tirar é que a melhor estratégia para parar de fumar é praticar meditação e não ficar obcecado pela ideia de parar. Outras pesquisas indicam que a meditação *mindfulness* funciona melhor que a repressão de pensamentos para pessoas que querem reduzir o consumo de bebidas alcoólicas.[23]

Nossos vislumbres do cérebro de Siddhārtha indicam quais possam ser alguns desses efeitos colaterais benéficos da meditação: aumento da força de vontade e diminuição da tendência a enredar-se emocionalmente nas sensações desagradáveis, como a do desejo intenso do objeto de dependência. No sermão que pregou aos adoradores do fogo na colina de Gayasisa, ele definiu a condição humana com uma metáfora inteligente: "Tudo está em chamas". Não há dúvida de que, caso seu cérebro fosse examinado por meio de imagens de ressonância magnética, essas imagens revelariam — como revelaram no caso de outras pessoas experientes na prática da meditação — mudanças estruturais e funcionais características, entre as quais a diminuição da atividade do CCP — o qual pode desempenhar um papel naquilo que os budistas chamam de "apego" — e o aumento da atividade nas partes do cérebro envolvidas no autocontrole. Quando nos enredamos em nossos desejos, é como se insuflássemos nas fogueiras do sofrimento o oxigênio de que elas precisam para continuar acesas. Outra possibilidade intrigante decorre do que estamos descobrindo sobre a relação entre a dependência e o sistema de satisfação baseado na dopamina. Sabemos que, em pessoas dependentes, a produção de dopamina em resposta a coisas antes consideradas agradáveis acaba diminuindo em razão da superestimulação prolongada. Será que o inverso se aplica a monges e monjas que aprenderam a viver sem muitos dos prazeres que a maioria de nós considera perfeitamente naturais? O sistema de produção de dopamina de uma pessoa acostumada à vida monástica talvez seja sensível aos menores estímulos de prazer — um bocado de comida, o som dos cânticos, a visão de uma árvore, um sorriso. Longe de levar uma vida de privação sensorial, pode ser que os monges e monjas tenham uma experiência do mundo muito mais intensa e vívida do que podemos imaginar.

CAPÍTULO 8

Um elefante bêbado

Fala com suavidade a todos e também eles serão gentis em suas palavras. As palavras duras ferem e retornam a quem as pronunciou. Se tua mente estiver silenciosa como um gongo quebrado, é porque entraste no nirvana e deixaste todos os conflitos para trás.

— *The Dhammapada* (traduzido para o inglês por Eknath Easwaran), versículos 133-34

"Estão chegando!" A rua longa e empoeirada está deserta, mas os habitantes de Rājagaha, antiga capital do reino de Magadha, lotam os terraços e coberturas de suas casas e esticam a cabeça para fora das janelas para contemplar a correnteza viva de cores ocre, alaranjada e amarela que desce pela estrada do Bambual. Como um exército de soldados descalços, milhares de monges de 18 mosteiros locais saem em fila indiana do bosque situado ao sopé do Pico dos Abutres. À frente deles, sem nenhum sinal de pressa, há um monge idoso que leva uma tigela de esmolas.

Da segurança de suas casas, os habitantes da cidade começam a apreciar a atmosfera de festa. De repente, no entanto, a tranquilidade é rompida por um ruído terrível. No outro lado da rua, parcialmente oculto atrás de grandes nuvens de pó, um monstruoso elefante macho grita furioso, com a tromba levantada e as orelhas abertas. Avança para um lado e para o outro, revirando carroças, esmagando-as debaixo de suas patas e derrubando os frágeis toldos das lojas como se fossem ervas pisoteadas na floresta. Cada uma de suas presas tem o comprimento de um eixo de carruagem; sua cabeça é sólida e impiedosa como um aríete. Essa fera é Nālāgiri, um dos elefantes de guerra do rei, famoso por ser um matador de homens. Desde o dia em que fora separado da mãe, ainda filhote, Nālāgiri alimentara um ressentimento assassino contra esses seres que caminham cheios de arrogância sobre duas pernas e ferem com lanças pontiagudas. Já matara muitos deles, e não somente no campo de batalha. Seus cuidadores costumam prender-lhe pelas patas com pesadas correntes de ferro e toda manhã lhe trazem um balde de um destilado de vinho de palmiste, que o acalma e pacifica. Hoje, entretanto, um monge chamado Devadatta chegou no estábulo afirmando ser parente do rei. Com ameaças de demissão e promessas de promoção, induziu os cuidadores de Nālāgiri a dar ao elefante assassino dois baldes do destilado em vez de um; depois, eles tiraram-lhe as correntes e usaram os aguilhões para forçá-lo a sair à rua.

Na verdade, Devadatta não é parente do rei. É primo de Siddhārtha e seu rival desde a infância. Alguns anos atrás, Devadatta e Ananda — que atuava havia décadas como fiel criado do Buda — haviam sido ordenados monges dentro de uma Sangha que se expandia rapidamente. Devadatta alimentava a secreta ambição de derrubar o Buda e assumir ele próprio o controle da Sangha. Orador brilhante, aproveitara a ocasião de um discurso sobre o Dhamma, ao qual haviam comparecido o próprio rei e um grande grupo de monges, para pedir a aposentadoria do líder de 72 anos — e fora publicamente execrado. Humilhado e atiçado pela ambição, contratou arqueiros para matarem seu rival, mas os soldados não encontraram em si força de vontade suficiente para ferir o Buda, que os converteu a todos. Quando Devadatta decidiu cumprir ele próprio a tarefa que tinha em mente e atirou uma grande rocha do alto do Pico dos Abutres no momento em que o Buda passava lá em baixo, a rocha apenas lhe roçou o pé. Mas Devadatta encontrara, por fim, um assassino que não se comoveria com as palavras sábias e o carisma de sua vítima.

Na rua principal de Rājagaha, a procissão se detém e os líderes dos monges fazem um último e desesperado esforço para convencer o Bem-Aventurado a sair do caminho do elefante enfurecido, mas ele não se deixa mover.

"Que o elefante me mate primeiro!", grita Ananda, colocando-se à frente do mestre.

Siddhārtha o afasta: "Não seja tolo, Ananda".

Os ruídos da destruição se tornam cada vez mais altos, mas as grandes nuvens de poeira encobrem a visão do monstro. Todos se surpreendem quando Nālāgiri surge entre nuvens rodopiantes como uma montanha a meros vinte metros de onde o Buda, impassível, está em pé. Atrás do mestre, os monges se alinharam em cerradas fileiras e sentaram-se; começam agora a entoar seus cânticos. A fera faz uma pausa e mexe as orelhas, mas tudo o que consegue ver é um oceano de cores vivas. Depois, com o canto de seus olhos assassinos e arregalados, o elefante percebe um movimento: uma mulher que corre para salvar a vida. Enquanto ela foge, deixa cair dos braços uma criança chorando. Ao ouvir o som de seus gritos, a fera se detém, gigantesca, diante do bebê que jaz indefeso no chão.

É esse o momento que o Buda escolhe para chamar com voz suave: "Nālāgiri!"

Virando a cabeça e abanando as orelhas rasgadas como se acabasse de notar o velho no meio da rua — tão imóvel e silencioso —, o elefante se afasta do bebê e avança em direção ao Buda. De repente, no entanto, perde toda a agressividade e se ajoelha diante dele, como se tivesse à sua frente o próprio rei. Siddhārtha estende a mão e a passa com suavidade sobre a testa larga do animal, dirigindo-lhe algumas palavras sobre o *kamma* (karma) e o sofrimento que necessariamente haveremos de colher em decorrência dos atos maus que praticarmos nesta vida. Quando termina de falar, Nālāgiri aspira com a tromba o pó dos pés do Bem-Aventurado e solta-o sobre a própria cabeça. Depois, soltando um imenso suspiro, se põe em pé e volta placidamente ao estábulo.[1, 2, 3]

Há milênios que os elefantes treinados são venerados na Índia não apenas por sua força, mas também pela inteligência e pela lealdade. Na época de Siddhārtha, esses animais eram importantes ferramentas de guerra que podiam determinar o curso de uma batalha e o destino de um reino. Eram também altamente valorizados como pacientes animais de carga, capazes de arrastar pesos imensos, como grandes troncos de árvore. Foram ainda usados para esse fim pelo setor madeireiro indiano durante a maior parte do século XX. No entanto, os elefantes sempre evocaram medo e desconfiança em razão de sua tendência de perder completamente o controle e enlouquecer quando provocados. O Fundo Mundial para a Natureza estima que, apesar da diminuição do número de espécimes, os elefantes selvagens matam até 200 pessoas por ano na Índia moderna.[4] Na época do Buda, essa espécie de dupla personalidade — a resistência paciente do animal bem treinado e a violência latente do animal selvagem ou maltratado — fazia do elefante uma imagem perfeita da mente, simbolizando o que há de melhor e de pior na natureza humana. Na mitologia budista, o demônio da morte, chamado Mara, cavalga um elefante de "150 léguas de altura", mas o próprio Buda, por outro lado, foi às vezes comparado a um grande elefante: havia domado sua mente poderosa, mas desregrada. Na história de Nālāgiri, tirada dos Contos de Jataka, seu encontro com o elefante é apresentado quase como um duelo de vida e morte, um confronto épico entre "Buda, o senhor dos elefantes, e este elefante do mundo grosseiro".

Não é preciso procurar muito para encontrar analogias com elefantes nos textos sagrados do budismo. O Dhammapada tem várias passagens onde a mente é comparada a um elefante que precisa ser treinado para realizar todo o seu potencial:

> *Com paciência suportarei palavras ásperas como o elefante suporta as flechadas no campo de batalha. As pessoas muitas vezes não têm consideração. Somente o elefante treinado vai à guerra; somente o elefante treinado leva o rei em seus ombros. Os melhores entre os homens são os que treinaram a mente para suportar com paciência as palavras ásperas.[5]*
>
> *Há muito tempo, minha mente vagava para onde queria e fazia o que queria. Agora controlo a mente como um* mahut *controla o elefante por meio de seu aguilhão. Sê vigilante; guarda a mente contra os pensamentos negativos. Arranca-te dos maus caminhos como o elefante se ergue da lama.[6]*

O domínio sobre as emoções descontroladas é um dos objetivos centrais da meditação budista. As áreas do cérebro de Siddhārtha associadas ao controle emocional teriam sido transformadas ao longo de décadas de prática. As imagens do cérebro de praticantes modernos igualmente dedicados dão a entender que, nos primeiros anos, ter-se-ia constatado um aumento da espessura das partes do córtex associadas à atenção e à consciência dos estados internos do corpo, as quais são essenciais para o controle emocional. Essas mudanças se conservariam ao longo de boa parte da vida dele.[7] A "massa cinzenta" — formada essencialmente por corpos de células nervosas e suas inúmeras conexões — teria se tornado mais densa em diversas regiões, entre as quais a ínsula e o córtex somatossensorial, que monitoram respectivamente os estímulos internos e externos, e o hipocampo, que desempenha papel crucial na memória e no desmonte dos condicionamentos que geram medo.[8, 9] Na infância e depois na juventude, é possível que houvesse intensa atividade elétrica na parte frontal de seu hemisfério direito em comparação com o esquerdo, o que indica que ele encarava a vida de um ponto de vista mais ou menos negativo;[10] no entanto, depois de meditar intensamente no começo de sua quarta década de vida, esse padrão teria se invertido: as ondas alfa pulsariam com mais intensidade no lado esquerdo de seu cérebro que no direito.[11] Graças ao trabalho incansável da telomerase, a enzima que repara o DNA, seus cromossomos estariam em grande forma para um homem de sua idade. Isso seria indício não somente de uma boa dieta e muito exercício físico, mas também de que nele nada havia de estresse crônico.[12-16] Na realidade, seu ritmo cardíaco, a condutividade elétrica de sua pele e os índices do hormônio cortisol em sua saliva — indicadores fisiológicos do estresse — teriam voltado ao normal poucos minutos depois de seu encontro potencialmente fatal com o assassino Nālāgiri.

Essa aparente facilidade de regulação das emoções seria explicada por mudanças ocorridas em muitas partes do cérebro ao longo das quatro décadas anteriores. Nos primeiros anos de prática de meditação, tanto a densidade da massa cinzenta quanto a atividade elétrica provavelmente aumentaram em áreas específicas de seu córtex cingulado anterior e córtex pré-frontal, indicando uma regulação deliberada, "de cima para baixo", de emoções poderosas como a raiva, a euforia, a ansiedade e o medo. Nos anos posteriores, entretanto, essa atividade chegou ao máximo e depois começou a diminuir, refletindo uma regulação cada vez mais inconsciente e feita de baixo para cima.[17] Em outras palavras, seus poderes de controle emocional se tornaram automáticos e passaram a exercer-se quase sem esforço. O desapego tornou-se para ele como uma segunda natureza. Caso se registrassem num gráfico as mudanças de atividade nessas regiões corticais nos primeiros dez anos desde que ele começou a meditar, a figura obtida seria uma curva com a forma de um U invertido. Os neurocientistas reconhecem nisso um efeito da prática dedicada, que acompanha o aumento da perícia nas mais diversas atividades humanas, do atletismo à matemática, do malabarismo ao raciocínio, do corte e costura à carpintaria. No começo, o trabalho do estudante ou do aprendiz pressupõe um esforço e uma concentração conscientes, mas, com a prática e a consolidação e otimização das mudanças no sistema nervoso periférico e central, o desempenho se torna mais fácil e a necessidade de controle consciente diminui. Os processos de pensamento e padrões de comportamento necessários se tornam habituais. É isso que os neurocientistas chamam de "memória muscular". Assim, por exemplo, quando um atleta do salto em altura aprende a executar o salto Fosbury — a técnica peculiar pela qual a barra é transposta com o atleta de costas, passando com a cabeça antes dos pés —, ele precisa a princípio monitorar e controlar conscientemente o que o corpo está fazendo a cada parte da corrida, do impulso e da transposição. Porém, após centenas ou milhares de repetições, toda a sequência de movimentos se torna quase completamente automática, permitindo que fatores competitivos muito mais sutis entrem em jogo. Do mesmo modo, o pianista que aprende o Terceiro Concerto para Piano de Prokofiev começa lendo essa peça (que exige uma rapidez incrível) na partitura, tocando-a bem devagar e sem nenhuma dinâmica; porém, após horas de prática, executa-a com facilidade cada vez maior. É como se as próprias mãos aprendessem a tocar a peça, permitindo que o pianista se concentre cada vez mais nas nuances de sentimento que podem ser expressas por meio da música.

O mesmo processo pode ocorrer à medida que as pessoas, por meio da meditação, aprendem a controlar emoções perturbadoras. Quando os psicólogos falam de regulação emocional, se referem às estratégias empregadas para influenciar quais emoções se manifestam, quando se manifestam, quanto duram e como são sentidas e expressas.[18] Como, por exemplo, uma pessoa que morre de medo de falar em público pode aprender a dominar esse medo? Quais recursos interiores permitiram que Siddhārtha permanecesse inabalável diante de um elefante raivoso? As quatro principais estratégias de regulação emocional reconhecida pelos psicólogos são a evitação, a distração, a repressão e a reavaliação. A evitação consiste em ficar longe de situações que provoquem sensações fortes, como as de medo ou desejo. Como vimos no capítulo anterior, essa estratégia não resolve o problema subjacente, que pode até piorar. A evitação é, sem dúvida, a estratégia mais sensata no que se refere a um elefante raivoso, mas não é tão boa quando o problema é o medo intenso de entrevistas de emprego, por exemplo. Caso não seja resolvido, esse medo pode obstaculizar uma carreira. Por outro lado, a distração — de que é exemplo a estratégia popular de imaginar o entrevistador sem roupas, por exemplo — é capaz pelo menos de impedir que você se levante da cadeira e fuja da sala. A repressão das emoções indesejadas talvez seja a estratégia mais falha, pois tende a ter o efeito oposto ao que se pretendia.[19] Segundo a "teoria do processo irônico", proposta na década de 1980 por Daniel Wegner, psicólogo de Harvard, a repressão ativa de um pensamento ou uma emoção desagradável tende a aumentar a probabilidade de que esse pensamento ou essa emoção se manifeste na hora errada, quando o cérebro está sobrecarregado por uma situação de estresse ou uma tarefa que exige muita capacidade cognitiva.[20] Fiodor Dostoievsky formulou há 150 anos o exemplo clássico desse fenômeno. "Procure propor-se a tarefa de não pensar num urso polar. Você verá que o maldito urso lhe virá à mente a cada minuto."[21] É por isso que a teoria do processo irônico é conhecida informalmente como "problema do urso branco".

Um dos objetivos explícitos do programa de redução do estresse baseada em *mindfulness* (MBSR) desenvolvido por Jon Kabat-Zinn no Centro Médico de Massachusetts, do qual falei no Capítulo 4 no contexto do alívio da dor, é o de ajudar as pessoas a desenvolver habilidades que lhes permitam controlar o estresse e a ansiedade excessivos. Em oito sessões semanais realizadas em grupo, com duração de até duas horas cada uma, mais um "dia de atenção plena" na sexta semana, os participantes aprendem a meditar sentados e caminhando, aprendem exercícios de yoga e o "*body scan*" (escaneamento do corpo) (ver "Meditação guiada: "*body scan*" — escaneamento do corpo — p. 236). Com a ajuda de uma gravação de áudio, também praticam meditação em casa (e são encorajadas a prestar mais atenção em atividades cotidianas como comer, lavar a louça e tomar banho). A ideia é que a concentração da atenção na respiração relaxa o corpo e tranquiliza a mente. Esse é o estágio de "calma" da meditação. Em seguida, os pensamentos, emoções e sensações corporais são contemplados à medida que surgem e investigados sem nenhuma paixão e sem provocar nenhuma reação. Esse é o estágio do "discernimento". A reavaliação desempenha papel de destaque na meditação *mindfulness*, não somente no que se refere às distrações internas, mas também por ajudar as pessoas a reinterpretar os estímulos externos desagradáveis, passando a considerá-los menos perigosos do que antes eram levados a crer por suas reações habituais. Nossa tendência é de levarmos para o lado pessoal tudo o que nos distrai, por insignificante que seja. Há alguns anos, quando comecei, aos trancos e barrancos, a meditar em casa, as distrações eram um enorme problema. Toda manhã, após o café, entronizado em minha poltrona predileta e de olhos bem fechados, eu me irritava com o zumbido elétrico de um secador de cabelo ligado no apartamento ao lado ou com o ranger das tábuas do assoalho quando os vizinhos de cima se levantavam da cama. Que gente sem consideração! De repente, minha mente se via completamente dispersa. Quando passei a reconhecer o que essas distrações são de fato — simplesmente outras pessoas como eu, começando seu dia — elas perderam o poder emocional que tinham sobre mim.

No Mosteiro Budista Amaravati ainda se conta a história da primeira visita do monge tailandês Ajahn Chah ao Reino Unido, em 1977, quando foi acompanhado por Ajahn Sumedho e outro monge ocidental formado por esse mestre de meditação na Tailândia. Eles haviam sido convidados pelo Vihara Budista de Hampstead, na zona norte de Londres. A ocasião era importante: um venerado mestre do Extremo Oriente visitava um dos primeiros e vacilantes postos avançados do budismo no Ocidente. Numa noite de verão quente e úmida, Ajahn Chah comandou uma sessão de meditação numa sala pequena e abafada. Todos faziam o possível para se concentrar, mas a temperatura ia subindo; além disso, um bar no outro lado da rua tocava *rock* num volume insuportável. Alguém abriu uma janela para deixar entrar um pouco de ar fresco, mas poucos minutos depois teve de fechá-la porque não se aguentava o barulho. Chegou-se a enviar uma delegação ao bar para solicitar que se diminuísse o volume da música, mas em vão. Enquanto todos se irritavam e suavam, Ajahn Chah permanecia em tranquila meditação e só bateu o sino quando todos já haviam suportado essa investida sensorial por uma hora e meia. De imediato, várias pessoas começaram a se desculpar pelo barulho. Ajahn Chah por fim falou, e suas palavras foram traduzidas por um intérprete: "Vocês pensam que o som os está irritando, mas são vocês que estão irritando o som. O som é o que é, uma simples vibração do ar. Cabe a nós decidir brigar com ele ou não".

Nas palavras do Dhammapada: "Se tua mente estiver silenciosa como um gongo quebrado, é porque entraste no nirvana e deixaste todos os conflitos para trás". É claro que é mais fácil falar sobre deixar os conflitos para trás do que os deixar de fato. As brigas e discussões são manifestações espontâneas da reatividade da mente humana — reagimos às menores provocações. De que modo a meditação pode nos ajudar? A ideia não é entorpecer a mente e torná-la impermeável às emoções. Antes, o princípio é que a consciência do momento presente aumenta nossa sensibilidade às sensações corpóreas associadas a emoções poderosas como a raiva e a irritação, nos avisando da necessidade de exercermos nosso controle cognitivo. Depois, com a reavaliação e a aceitação, as sensações se esvaem de modo bastante natural. Na linguagem metafórica do Sermão do Fogo, as chamas se apagam na ausência de combustível.

Apresentando imagens, sons ou palavras a voluntários deitados num aparelho de ressonância magnética, os neurocientistas investigam a influência de programas como o MBSR sobre o modo pelo qual o cérebro processa as emoções. Os participantes podem, por exemplo, ver imagens de rostos com expressão agressiva, amistosa ou neutra, ou ouvir sons como os de uma mulher gritando, o burburinho de um restaurante movimento ou os balbucios de um bebê. São instruídos a acolher esses estímulos seja com a técnica do *mindfulness*, quer com seu estado mental habitual. As pesquisas dão a entender que a meditação *mindfulness* aumenta a atividade na ínsula e no complexo somatossensorial diante de provocações emocionais.[22] Essas regiões estão envolvidas no monitoramento das informações sensoriais provindas respectivamente dos ambientes interno e externo. Como vimos nos capítulos anteriores, o direcionamento da atenção para sensações corpóreas desagradáveis também é um dos principais fatores responsáveis pela eficácia da meditação *mindfulness* no alívio da dor e no tratamento da dependência química. A concentração da atenção nas reações do corpo a determinados estímulos pode produzir uma consciência maior da vida emocional, consciência essa que é um pré-requisito para qualquer tipo de controle das emoções. Emoções perturbadoras como o medo, a raiva e o desejo intenso podem ser acolhidas sem que se reaja a elas, ou reavaliadas de modo a concluir-se que não são tão ameaçadoras quanto pareciam. Em vez de ser arrastada pelas emoções, a pessoa as observa sem paixão, reconhecendo-as como estados mentais transitórios que não necessariamente têm a ver com a realidade.

Sabe-se também que as técnicas do *mindfulness* intensifica a atividade numa parte do córtex pré-frontal associada ao controle emocional voluntário, o chamado córtex pré-frontal dorsolateral (ver Figura 5, p. 163).[23] Essa região apresenta inúmeras conexões com outras partes do cérebro, diminuindo a atividade não somente na rede-padrão (a qual, como vimos, está envolvida na experiência de nos "enredarmos" em nossos estados emocionais), mas também nas amígdalas, estruturas escondidas nas profundezas do cérebro, uma em cada hemisfério. As amígdalas são componentes essenciais do sistema límbico, a antiga rede cerebral responsável pelas emoções e pela memória. Ambas funcionam como um detector de fumaça, disparando um alarme sempre que captam sinais de perigo no ambiente. Ao contrário dos detectores de fumaça, no entanto, as amígdalas são capazes de distinguir os estímulos que nos causaram problemas no passado daqueles que se mostraram inofensivos. Têm a função de distinguir as coisas ameaçadoras das seguras, voltando nossa atenção para estímulos emocionalmente significativos em nosso ambiente e sondando o significado dos estímulos ambíguos.[24] Para fazer isso, elas armazenam memórias de acontecimentos agradáveis e desagradáveis que se seguiram a determinados estímulos. Mas parece que nosso bem-estar de longo prazo depende criticamente da rapidez com que a ativação das amígdalas volta ao normal depois de nos depararmos com um estímulo emocional.[25] Vários transtornos da regulação emocional, entre eles a depressão, o transtorno de estresse pós--traumático (TEPT), a fobia social, o transtorno obsessivo-compulsivo (TOC) e a ansiedade, envolvem a redução da atividade pré-frontal e a superatividade crônica das amígdalas. Aproveitando a analogia do detector de fumaça, é como se algo tivesse disparado o alarme e este continuasse tocando muito depois de a fumaça ter-se dissipado.

Há indícios de que um dos fatores por trás da eficácia da atenção plena no tratamento da ansiedade e da depressão é o fato de ela aumentar a atividade das partes do córtex pré-frontal envolvidas no controle emocional, as quais, por sua vez, controlam e diminuem a atividade das amígdalas. No entanto, ainda há muito trabalho a ser feito para esclarecer-se o modo exato pelo qual o *mindfulness* ajuda as pessoas a melhorar seu modo de lidar com as emoções.[26] Uma das descobertas mais surpreendentes foi a de que os praticantes de meditação altamente experientes apresentam uma atividade pré-frontal *menor* em resposta aos estímulos emocionais. Talvez isso aconteça porque desenvolveram o hábito de aceitar as emoções, de modo que já não precisam exercer sobre elas um controle cognitivo consciente, de cima para baixo. Assim, embora os novatos em meditação usem a reavaliação para trabalhar as emoções fortes, os adeptos com milhares de horas de experiência às vezes desenvolvem uma resposta automática de *não avaliação* — ou, em outras palavras, aceitação.[27] Assim, quando o alarme de fumaça dispara, enquanto nós subimos numa cadeira e abanamos um guardanapo para dispersar a fumaça e fazer parar o barulho (regulação das emoções de cima para baixo), os praticantes de meditação experientes — como Ajahn Chah, que meditava serenamente enquanto o ar ao seu redor pulsava ao som do *rock* — simplesmente deixam o alarme tocar (aceitação). Sabem que ele vai parar assim que a fumaça se dispersar.

Como vimos, o objetivo do *mindfulness* é voltarmos a atenção para sensações e sentimentos perturbadores num espírito de curiosidade e abertura, em vez de ignorá-las, procurar sufocá-las ou nos enredarmos nelas. Os budistas acreditam que essa atitude mental facilita o "esvaimento" ou a "cessação" de emoções como o desejo intenso do objeto de dependência, a ansiedade, o ódio e a raiva. Na linguagem da psicologia moderna, a exposição reiterada a um estímulo que provoca medo, sem que disso decorram quaisquer consequências negativas, acaba levando à "extinção" da reação de medo. Quando deixamos o cérebro trabalhar, ele é capaz não somente de aprender a temer determinadas situações, mas também de *desaprender* essa reação. Se não tivesse essa capacidade de desaprender antigos medos, nunca teríamos coragem de sair de casa de manhã. Como vimos no capítulo anterior, a terapia de exposição para fobias como a aracnofobia se vale desse mecanismo natural: o paciente, de maneira muito gradativa e confortável, é exposto à coisa de que tem medo (aranhas) e aos poucos vai construindo uma sensação de segurança na presença desse aracnídeo. A meditação *mindfulness* pode ser vista como uma espécie de terapia de exposição internalizada. A neurociência acumula cada vez mais indícios de que o mesmo mecanismo opera tanto na atenção plena quanto na exposição: a mesma rede de regiões do cérebro envolvidas na extinção do medo condicionado — o hipocampo, as amígdalas e parte do córtex cingulado anterior (CCA) — é influenciada pela meditação *mindfulness*. O hipocampo desempenha um papel tanto na memória quanto na regulação das emoções, e, como já foi dito, as amígdalas têm participação essencial no processo pelo qual as reações de medo se consolidam. Parece que o córtex anterior cingulado e o hipocampo são vitais para extinguir essas reações e mantê-las extintas.[28] As pesquisas dão a entender que a meditação estimula a conectividade entre as regiões pré-frontais do cérebro e as amígdalas, aumenta a densidade da massa cinzenta no hipocampo e fortalece o CCA (ver Figura 5, p. 163).[29] Também sabemos que a exposição crônica a um alto índice de hormônios do estresse *diminui* o tamanho do hipocampo, sendo essa uma característica tanto da depressão maior quanto do TEPT.[30] Controlando a ansiedade na vida cotidiana, sempre cheia de alarmes falsos e pequenos infortúnios, a atitude de atenção plena talvez proteja o hipocampo contra os danos decorrentes do estresse, protegendo-nos assim contra as doenças mentais de modo geral.

No passado, considerava-se que o critério máximo para determinar se a meditação realmente funciona no sentido de melhorar a estabilidade emocional era o estabelecimento de uma correlação entre a melhora emocional e o aumento do "traço de atenção plena". Os psicólogos que pesquisam a meditação *mindfulness* procuraram detectar esse traço fugidio por meio de questionários a serem preenchidos pelos sujeitos de pesquisa antes e depois de fazerem um curso de MBSR. Os praticantes escolhem uma alternativa numa escala que vai de "quase sempre" a "quase nunca" em relação a afirmações como "Às vezes acontece de eu sentir uma emoção e só tomar consciência dela algum tempo depois"; "tendo a não reparar nas sensações de tensão ou desconforto físico até o momento em que elas realmente chamam a minha atenção"; ou "faço minhas atividades com pressa, sem prestar muita atenção". No entanto, esses questionários caíram em descrédito em época recente, quando se descobriu que às vezes davam resultados muito peculiares. Um dos estudos dava a entender que, a se crer nos questionários, estudantes universitários ocidentais estavam mais avançados em matéria de atenção plena do que monges budistas tailandeses.[31] Uma das explicações desses resultados bizarros é que, paradoxalmente, é preciso um alto grau de atenção plena para se perceber que não se está prestando atenção — para isso é preciso ter uma boa "metacognição", a capacidade de observar objetivamente a própria vida mental. Outro problema é que as pessoas formadas em MBSR podem entender o questionário como um teste para saber se elas aprenderam algo no curso, de modo que talvez simplesmente marquem as respostas que considerem "corretas". Outra crítica é que as declarações contidas no questionário medem a capacidade de concentração da pessoa, e não a atenção plena como os budistas a concebem, ou seja, a capacidade de ter consciência das nossas experiências a cada momento, com abertura e sem julgá-las.[32]

Para medir a capacidade de atenção plena no sentido budista, seria melhor, por exemplo, ver com qual grau de precisão uma pessoa é capaz de contar suas respirações durante a meditação. O princípio é simples: se a mente dela começa a divagar, ela rapidamente perderá a conta.[33] Outros pesquisadores, no entanto, concluíram que a atenção plena é um traço por demais sutil e escorregadio para ser detectado experimentalmente e desistiram, assim, de tentar detectá-la dessa maneira. Propõem, em vez disso, que as pesquisas futuras tenham por foco a "equanimidade" — a capacidade de manter um estado de felicidade e equilíbrio a meio caminho entre o torpor e a excessiva excitação emocional. A equanimidade anda de mãos dadas com a resiliência emocional: a capacidade de se recuperar rapidamente após um desafio estressante, aceitando a realidade ou "deixando para trás o que já passou" em vez de remoer a experiência e, assim, prolongá-la. Como vimos no Capítulo 6, "Chinelos de ouro", a terapia cognitiva baseada em *mindfulness* (MBCT) foi criada para desenvolver essa capacidade e impedir mais uma recaída em pessoas que já sofreram diversos episódios de depressão severa. A equanimidade e a resiliência emocional são metas declaradas da meditação, mas, ao contrário da atenção

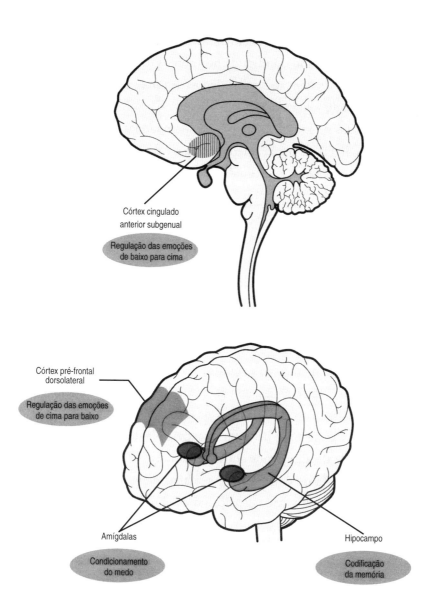

Figura 5: Regulação das emoções. Uma rede de regiões cerebrais responsáveis pelo "desaprendizado" das respostas de medo, entre as quais o hipocampo e parte do córtex cingulado anterior (CCA), é ativada pela meditação *mindfulness*. As mesmas regiões são ativadas durante a terapia de exposição que visa reduzir os medos irracionais característicos das fobias. A atenção plena também aumenta a atividade no córtex pré-frontal dorsolateral, que desempenha importante papel na regulação emocional deliberada, "de cima para baixo", inibindo a atividade na rede-padrão e nas amígdalas.

plena, podem ser medidas psicologicamente caso se registre o tempo que leva para que certos fatores como o índice de hormônios de estresse, o batimento cardíaco e a respiração voltem ao normal depois de uma experiência que cause medo.[34] Para não ter de soltar um elefante bêbado no laboratório, os cientistas podem pedir que seus sujeitos de pesquisa executem tarefas estressantes, como fazer um discurso diante de uma câmera de vídeo e dois cientistas inexpressivos com pranchetas na mão e, em seguida, resolver de cabeça diante deles uma complexa operação aritmética. As medidas fisiológicas são tomadas antes do desafio estressante e a determinados intervalos depois dele.

Algumas das pesquisas mais interessantes sobre a meditação *mindfulness* envolve medidas de estresse tomadas a longo prazo e nos dão um vislumbre de como a meditação pode beneficiar não somente a saúde física, mas também o bem-estar mental. Num estudo clássico conduzido por Jon Kabat-Zinn e Richard Davidson, os funcionários de uma empresa de biotecnologia em Madison, estado de Wisconsin, foram distribuídos aleatoriamente em dois grupos, um dos quais praticava meditação e o outro não. Vinte e cinco deles fizeram o curso de MBSR de oito semanas, ao passo que 16 tiveram de esperar outra oportunidade para fazer o curso. Depois das oito semanas, todos tomaram uma vacina contra a gripe a fim de testar a reatividade de seu sistema imunológico. A quantidade de anticorpos antivirais em seu sangue foi medida em duas ocasiões, por volta de cinco e nove semanas depois. Em três ocasiões, no decurso do estudo, a atividade elétrica do cérebro dos voluntários foi registrada por meio de eletrodos colados em seu couro cabeludo (uma técnica chamada de eletroencefalograma ou EEG).[35] Descobriu-se que as pessoas que haviam feito o curso de *mindfulness* apresentaram uma atividade elétrica significativamente maior no córtex pré-frontal esquerdo que os membros do grupo de controle tanto ao final do período de treinamento quanto quatro meses depois, ao passo que não havia diferença entre os dois grupos no início do estudo. Pesquisas anteriores já indicavam que as pessoas que apresentam maior atividade do lado esquerdo do cérebro são mais bem-dispostas e alegres e se recuperam mais rapidamente após um acontecimento estressante.[36] Em outras palavras, têm mais resiliência emocional. Ao final do treinamento, os membros do grupo do MBSR também relataram que sentiam menos ansiedade que os do grupo de controle. Seu estado de espírito geral parecia ter melhorado, e esse efeito se manteve até quatro meses depois. O mais surpreendente talvez seja que as pessoas que aprenderam a meditar reagiram com mais vigor à vacina antigripal: a quantidade de anticorpos antivirais em seu sangue era significativamente maior que nos membros do grupo de controle quatro e oito semanas depois da vacinação. Mais ainda: os praticantes de meditação que apresentaram a resposta mais forte à vacina também apresentaram o maior aumento de atividade elétrica do córtex pré-frontal esquerdo.

Será necessário fazer mais pesquisas para confirmar esses resultados, mas, a se crer neles, a meditação *mindfulness* não somente aumenta a resiliência emocional e o bem-estar mental como também fortalece o sistema imunológico. Melhorando a resiliência diante de desafios emocionais, a meditação *mindfulness* pode proteger o sistema imunológico contra os efeitos do estresse crônico, o qual, como se sabe, deprime a resposta imunológica a determinados patógenos, como os vírus.[37] Um dos mal-entendidos mais comuns a respeito da meditação é a ideia de que ela entorpece a mente e a torna impermeável a todas as emoções, tanto positivas quanto negativas, como se fosse um poderoso tranquilizante. Na realidade, seu objetivo não é, de maneira alguma, abafar as emoções, mas, ao contrário, tornar as pessoas mais cientes delas num nível mais visceral. Esse é, como vimos, um pré-requisito para que sejam reguladas e controladas, quer essa regulação e esse controle sejam feitos de maneira deliberada ou automática. Seria um erro imaginar que Siddhārtha não sentiu medo diante do elefante enfurecido. Uma pessoa que realmente não sentisse medo não sobreviveria por muito tempo, nem na época de Siddhārtha nem na nossa. Mesmo que conseguisse não ser pisoteada ou comida por uma fera, mais cedo ou mais tarde seria atropelada por um caminhão.

* * *

Molly abre a pesada porta com os ombros, introduz suas muletas pela abertura e, desajeitada, consegue penetrar na sala de espera, tentando ao mesmo tempo manter o equilíbrio e não encostar no chão o pé machucado com a canhestra bota cirúrgica. Estremece e encaminha-se para os assentos num dos cantos da sala, embora estejam todos tomados. Para abruptamente a menos de dois metros de distância de onde três homens estão sentados, encosta-se na parede e solta um suspiro, evidentemente sentindo dor. Os homens têm cerca de 20 anos de idade. Um deles continua lendo sua revista, como se não a tivesse visto. Outro mexe no celular. O terceiro, no entanto, embora ocupe o assento mais afastado dela, fica imediatamente em pé. "Você não quer se sentar?"

Sabe-se que fatores como a satisfação com a vida, o otimismo, a frequência das emoções positivas e a raridade das negativas promovem a saúde e a longevidade.[38] Dado menos conhecido é que o comportamento altruísta — apresentar-se, por exemplo, como voluntário para trabalhar numa instituição de caridade ou ceder o assento a uma pessoa que precisa se sentar — também promove não só o bem-estar psicológico como também a saúde e a longevidade.[39] Por outro lado, certas pesquisas indicam que as pessoas que apresentam alto índice de hostilidade apresentam também sinais de envelhecimento celular mais rápido[40] e enfrentam maior risco de desenvolver doenças coronarianas e morrer pelas mais diversas causas.[41] É claro que a relação inversa também vale: a felicidade e a saúde tornam as pessoas mais predispostas a ajudar os outros. Mas este é um exemplo daquela ave rara chamada círculo virtuoso, pois parece que o sentimento de felicidade faz com que nos sintamos mais altruístas e o comportamento altruísta faz com que nos sintamos mais felizes. Assim, em igualdade de condições, é mais provável que nós, como o rapaz que cedeu lugar a Molly na sala de espera, tenhamos uma vida mais longa, mais saudável e mais feliz que aqueles cuja atitude é semelhante à dos que a ignoraram. Parece que essa recompensa não será recebida somente no céu, se é que existe esse lugar maravilhoso, mas desde logo aqui na Terra. Um budista diria que se trata somente do karma em ação.

A cena comovente que se desenrolou na sala de espera realmente aconteceu, mas, como você talvez tenha desconfiado, nem tudo era o que parecia. Para começar, o ambiente não era o consultório de um dentista ou de um médico, mas a sala de espera de vários laboratórios no departamento de psicologia da Universidade do Nordeste, em Boston, Massachusetts. Além disso, a mulher de muleta fez sua dramática entrada em cena nada menos que 56 vezes. Às vezes dava sorte e ganhava um lugar, às vezes, não. Felizmente, estava apenas representando um papel, como estava também o homem mexendo no celular, que não estava publicando um *status* no Facebook nem enviando uma mensagem de texto, mas disparando um cronômetro. Na verdade, a única pessoa que não estava representando um papel era o homem ou a mulher sentados à maior distância de Molly. Essa pessoa não fazia a menor ideia de que estava fazendo parte de um experimento criado para investigar se um curso rápido de meditação *mindfulness* é capaz de tornar as pessoas mais compassivas.[42] Os participantes haviam sido incluídos aleatoriamente quer num curso de *mindfulness* de três semanas, quer num programa de três semanas de treinamento mental, envolvendo jogos projetados para melhorar a memória, a atenção e a capacidade de resolver problemas. Ambos os cursos foram administrados por meio de um aplicativo de *smartphone* e exigiam mais ou menos a mesma dedicação em termos de tempo. Os resultados foram claros. Entre os que fizeram o curso de treinamento mental, 16% cederam o assento à mulher de muletas, ao passo que 37% dos que fizeram o curso de meditação *mindfulness* cederam-lhe o lugar. A probabilidade de levantar-se para ceder lugar era igual entre homens e mulheres. Pondo dois figurantes sentados entre o sujeito de pesquisa e Molly, os cientistas procuraram intensificar ao máximo o "efeito espectador" pelo qual as pessoas tendem a ignorar um desconhecido necessitado quando percebem que há outra pessoa que tem mais condições de ajudá-lo. Assim, aplicou-se um critério de altruísmo bastante rigoroso.

Algumas formas de meditação budista são especificamente direcionadas ao cultivo das qualidades mentais saudáveis chamadas de Quatro Qualidades Imensuráveis: o amor (desejar a felicidade para si e para os outros), a compaixão (o desejo de aliviar o próprio sofrimento e o dos outros), a alegria empática (alegrar-se com o sucesso e a felicidade dos outros) e a equanimidade (não ser nem apático nem eufórico e acolher o triunfo e a derrota com a mesma tranquilidade e espírito de aceitação). Os budistas creem que as Quatro Qualidades Imensuráveis são essenciais para a saúde psicológica — o que reflete sua convicção de que existe uma conexão intrínseca entre todos os seres vivos, que não seriam, assim, entidades isoladas e independentes. Por isso, passam bastante tempo procurando estimulá-los por meio da meditação. No budismo Mahayana, a compaixão é considerada a suprema fonte de felicidade. Nesse sentido, a característica mais surpreendente da pesquisa acima citada talvez seja que o altruísmo, a bondade e a compaixão não foram mencionados sequer uma única vez durante o curso de meditação de três semanas, voltado unicamente para o aperfeiçoamento da atenção plena. A explicação talvez seja a seguinte: é impossível manter o estado de atenção plena (consciência do momento presente sem a formação de juízos) na ausência da equanimidade, da bondade e da compaixão — tanto por si mesmo quanto pelos outros. Sem as Quatro Qualidades Imensuráveis, não seríamos capazes de praticar a aceitação, pois toda vez que nos confrontamos com um pensamento ou uma emoção difícil acabamos nos enredando nele e sendo arrastados pela ruminação e pelo espírito de julgamento, alimentado por nossos preconceitos e pré-concepções.[43]

"A meditação *mindfulness* (atenção plena) é centrada na compaixão, pois o que se pede que as pessoas façam é tomar consciência dos pensamentos negativos e encará-los com curiosidade e, essencialmente, com bondade", afirma Willem Kuyken, diretor do Centro de Mindfulness de Oxford. Disse isso quando lhe perguntei por que a compaixão não era um elemento explícito da terapia cognitiva baseada em *mindfulness* (MBCT) para as pessoas que corriam o risco de recair na depressão. Na opinião dele, ensinar a compaixão explicitamente pode ser contraproducente. "Se você pede que uma pessoa muito autocrítica e muito negativa tenha compaixão por si mesma, ela talvez reaja negativamente. O ensinamento implícito é um meio mais poderoso de obter exatamente o mesmo efeito." Quer seja ensinada, quer permaneça implícita, Kuyken e seus colegas entendem que o aumento da compaixão por si mesmo desempenha um papel essencial no sucesso da terapia antidepressiva baseada na atenção plena.[44] Ela também é indispensável para o sucesso da terapia de atenção plena voltada para impedir a retomada do uso de drogas. Sarah Bowen, da Universidade de Washington, que desenvolveu e administra o programa, explicou-me por que acredita que a compaixão e o perdão são tão necessários para que a pessoa se recupere do vício. "A questão é conseguir afirmar: 'Sou um ser humano, e ser humano é difícil. Mas estou fazendo tudo o que posso'. Encorajamos nossos clientes a se perdoar pelo mal que causaram a outras pessoas, a perdoar as outras pessoas pelo mal que lhes causaram e a perdoar-se pelo mal que fizeram a si mesmos. Muita gente tem problemas de autoestima no Ocidente, mas esse pessoal é quem mais sofre desse mal. Sentem muita vergonha e, na maioria das vezes, se veem como pessoas absolutamente fracassadas. Por isso, podem ter muita dificuldade para serem bons consigo mesmos. Devagar, de maneira bem suave, esse é um dos aspectos que nós trabalhamos."

Todos nós precisamos de um pouco mais de autocompaixão. Há práticas de meditação voltadas especialmente para esse fim — no final deste capítulo, você encontrará instruções para fazer você mesmo uma típica meditação de compaixão e amor. A ideia básica consiste em pensar primeiro nas pessoas que nos são mais queridas e mais próximas e então cultivar o desejo de que se livrem do sofrimento, deixando que esse sentimento de compaixão tome conta de toda a nossa mente; depois, a mesma compaixão deve ser oferecida às pessoas que não conhecemos tão bem e, por fim, a todos os seres vivos. As pesquisas sobre os efeitos desse tipo de meditação sobre o cérebro ainda estão engatinhando, mas estudos preliminares dão a entender que, em praticantes experientes, a prática ativa os circuitos cerebrais envolvidos na emoção e na empatia, entre os quais a ínsula e as amígdalas.[45] No entanto, alguns neurocientistas que estudam a meditação estão começando a concluir que, pelo menos no que se refere à compaixão, não é somente o cérebro que deve ser enfocado. Richard Davidson fala sobre sua primeira visita à residência do Dalai Lama em Dharamsala, na Índia, para onde foi em 1992 na companhia de alguns colegas da Universidade do Wisconsin. Os cientistas estavam ansiosos por mostrar seu trabalho. Assim, organizaram uma demonstração para algumas centenas de jovens monges, a fim de demonstrar-lhes como estudavam a compaixão no laboratório. O neurocientista Francisco Varela, que em 1987 fundara com o Dalai Lama o Instituto da Mente e da Vida, sentou-se à frente do auditório, enquanto Davidson e sua equipe, colocados entre ele e a plateia de tal modo que esta não podia vê-lo, o ligavam ao equipamento de monitoramento. Quando tudo ficou pronto, eles se afastaram e o cientista apareceu usando um chapéu de eletrodos. Os jovens monges imediatamente começaram a gargalhar. Os cientistas, com seu orgulho levemente ferido, descobriram depois que o que haviam achado tão engraçado não era o espetáculo da cabeça de Varela cheia de eletrodos, mas a ideia dos cientistas ocidentais de que seriam capazes de estudar a compaixão monitorando a atividade elétrica dentro da cabeça de uma pessoa, e não de seu coração.[46] Vinte anos ainda teriam de se passar até que a ciência começasse a levar em conta a convicção dos monges de que seu coração desempenhava um papel crucial na compaixão; alguns anos atrás, porém, Davidson e seus colegas descobriram que o ritmo dos batimentos cardíacos aumenta durante a meditação e acelera-se mais nos praticantes experientes que nos novatos. Descobriram que essa aceleração tem uma correlação estreita com o aumento da atividade na ínsula, que, como vimos, é uma parte do córtex cerebral intimamente ligada à percepção consciente dos estados corporais internos.[47]

O estudo mais abrangente já feito até hoje sobre o desenvolvimento da compaixão provavelmente evidenciará que ela pode aumentar o altruísmo e outros comportamentos pró-sociais. O estudo ainda não foi publicado, mas tive a sorte de estar presente quando uma animada cientista alemã chamada Tania Singer subiu ao palco no simpósio internacional do Instituto Mente e Vida em 2014, realizado em Boston, para revelar alguns resultados. Disse que sua equipe do Instituto Max Planck de Ciências da Cognição Humana e do Cérebro, em Leipzig, na Alemanha, havia comparado três tipos de treinamento de meditação — voltados respectivamente para o cultivo da atenção plena, da empatia e da compaixão — num estudo de grande porte que durara um ano. Todos os participantes fizeram os três módulos de treinamento, mas em sequências diferentes. Cada tipo de meditação produziu mudanças características no cérebro e no comportamento deles. O treinamento de empatia, por exemplo, melhorou o desempenho dos participantes em tarefas que mediam a teoria da mente (a capacidade de intuir os estados mentais de outras pessoas), ao passo que o treinamento de compaixão não teve efeito algum sobre essa medida, mas foi o mais eficaz em aumentar a generosidade dos participantes e outros comportamentos altruístas. Também reduziu o tempo que o corpo dos participantes demorava para se recuperar após uma situação de estresse agudo, tal como uma entrevista difícil ou um encontro assustador com uma aranha em realidade virtual.

Caso resultados como esses venham a se confirmar, terão consequências profundas. Na pesquisa descrita no começo desta seção, meros 12 minutos de treinamento em *mindfulness* por dia conduzido por meio de um aplicativo de *smartphone* aumentaram significativamente a probabilidade de as pessoas cederem seu lugar a uma desconhecida que sentia dor. Relatando seus resultados na linguagem seca e cautelosa da ciência, os pesquisadores arremataram o artigo com uma visão surpreendentemente utópica.[48] Escreveram que suas descobertas "indicam que a meditação tem o potencial de ser aproveitada como uma técnica que auxilie na construção de uma sociedade mais compassiva. [...] Como demonstram nossos trabalhos anteriores, as pessoas que sentem gratidão por terem sido ajudadas apresentam depois uma probabilidade muito maior de ajudar outras pessoas, mesmo que lhes sejam completamente desconhecidas. Assim, parece valer a pena investigar mais a fundo o potencial de um aproveitamento razoavelmente rápido e eficiente dos benefícios induzidos pela meditação *mindfulness* em matéria de respostas compassivas."

No decorrer dos últimos cem anos, a medicina progrediu imensamente no tratamento das doenças mentais, mas não se fizeram muitas pesquisas sobre os potenciais benefícios do cultivo de qualidades humanas positivas, como a equanimidade, a compaixão e o altruísmo — um fato surpreendente, dado o papel essencial dessas qualidades na criação de uma sociedade harmoniosa. É certo que o Buda atribuiu à compaixão um valor altíssimo. Conta-se que ele estava inspecionando os edifícios de um mosteiro na companhia de seu criado Ananda quando encontrou um monge tão fraco em razão da disenteria que havia sujado as próprias calças e jazia no chão, incapaz de se levantar.[49] O Buda perguntou ao doente por que ninguém estava cuidando dele. Ele respondeu: "Não faço nada pelos monges, meu senhor, e é por isso que eles não cuidam de mim". Em vez de mandar que outra pessoa o fizesse, o próprio Buda, com a ajuda de Ananda, lavou o monge e carregou-o para a cama. Depois, reuniu os monges e lhes disse: "Monges, não tendes mãe, não tendes pai que possam cuidar de vós. Se não cuidardes uns dos outros, quem cuidará de vós? Quem quer que estivesse disposto a cuidar de mim, que cuide dos doentes".

Meditação guiada: cálida incandescência

Há muitos anos, quando eu frequentava regularmente a igreja, às vezes me pediam que comandasse a congregação nas orações de intercessão. Quando preparava o que ia dizer no dia do rito, sempre achava dificílimo evitar que os pedidos de intervenção divina soassem como uma lista de compras. No fim, eu acabava sempre pedindo a Deus que zelasse pela rainha, pelo governo, pelos doentes, pelos necessitados e pelos oprimidos, que facilitasse a paz no Oriente Médio e se fizesse presente nos lares da rua local que, por rodízio, merecia naquela semana uma atenção especial. No fim, o que acabou impossibilitando para mim essa prática foi que eu comecei a duvidar do poder da oração de operar mudanças no mundo. Meus dias de cristão estavam contados.

Mas, no que se refere ao poder da oração, eu estava errado. As orações de intercessão e a meditação de compaixão têm muito em comum, como você logo verá, e pesquisas científicas sérias constataram que a segunda é capaz de melhorar o estado de espírito do praticante de meditação, reduzir-lhe o estresse e torná-lo menos raivoso e mais bondoso, generoso e altruísta.[50, 51] Ao contrário dos cristãos, os budistas não têm a expectativa de mudar a vida de *outras* pessoas como resultado direto de sua meditação; mas parece que a simples reafirmação interna do desejo intenso de que nossos semelhantes sejam felizes e livres do sofrimento tem um efeito poderoso sobre a pessoa que expressa tais desejos.

Vale a pena lembrar que o cultivo da atenção plena sem julgamento é impossível caso o praticante não esteja disposto a ter compaixão por si e por todas as outras pessoas. Para os budistas, os sentimentos de compaixão e bondade também expressam a convicção de que todos os seres vivos estão interligados. Isso contrasta com a crença intuitiva de que cada um de nós é um Eu distinto, uma ilha separada de todas as outras ilhas por um mar infinitamente profundo.

O exercício a seguir combina as meditações tradicionais de bondade e compaixão e, como todos os outros neste livro, deve ser entendido como uma estrutura básica para a prática, não como um conjunto rígido de instruções. Nesta meditação, começamos por alimentar um sentimento de compaixão e bondade em relação a um ente querido; depois, vamos expandindo esse sentimento de modo a abarcar a nós mesmos, uma pessoa apenas conhecida, uma pessoa com quem temos um relacionamento difícil e, por fim, toda a raça humana.

Primeiro, concentre-se na sua respiração durante alguns minutos para acalmar a mente (ver "Meditação guiada: somente a respiração", na p. 53). Quando estiver pronto para começar, deseje o bem para uma pessoa que lhe seja particularmente próxima, recitando estas palavras:

Todos os seres desejam a saúde e a felicidade.
Que você seja livre de todo sofrimento mental;
Que você seja livre de todo sofrimento físico;
Que você goze de alegria e tranquilidade.

O sentimento de desejar o bem a seu ente querido deve ser acalentado como se fosse o amor incondicional de uma mãe que conforta o filho. Alimente essa sensação como se fosse uma brasa incandescente no centro do seu peito. Ao inspirar, direcione o ar para essa parte do corpo e retire-o de lá ao expirar, sustentando e alimentando essa brasa, essa generosa fonte interna de calor e compaixão.

Lembre-se de uma situação em que essa pessoa sofreu e, ao repetir silenciosamente as palavras, imagine a brasa tornando-se cada vez mais brilhante à medida que você envolve e suaviza o sofrimento dela com sua compaixão.

Dirija agora os mesmos sentimentos a si mesmo, usando a mesma fórmula de palavras mas substituindo *você* por *eu*. Depois de recitar cada frase, observe os pensamentos e sentimentos que surgem em você, mas sem desenvolvê-los ou estendê-los. Lembre-se de uma situação em que você sofreu e dirija para si mesmo a mesma cálida incandescência de compaixão, o mesmo desejo de aliviar esse sofrimento.

Faça exatamente a mesma coisa em relação a uma pessoa que você vê regularmente mas não conhece pessoalmente — um vizinho, alguém que pega o mesmo ônibus que você ou que trabalha no mesmo edifício. Imagine uma situação em que *essa pessoa* tenha sofrido.

Agora dirija os sentimentos a alguém com quem você tem uma relação difícil, usando a mesma fórmula de palavras e alimentando o mesmo desejo de aliviar o sofrimento dessa pessoa.

Por fim, dirija seus desejos de bem a todas as pessoas, toda a família humana:

> *Todos os seres desejam a saúde e a felicidade.*
> *Que todas as pessoas em toda parte sejam livres de todo sofrimento mental;*
> *Que todas as pessoas em toda parte sejam livres de todo sofrimento físico;*
> *Que todas as pessoas em toda parte gozem de alegria e tranquilidade.*

CAPÍTULO 9

A queda

Disse o Senhor Deus à mulher: "Que é isto que fizeste?" Respondeu a mulher: "A serpente me enganou, e eu comi."

— Gênesis 3.13

Estamos sentados num ponto elevado do terreno, contemplando os Montes Tugen da África Oriental. Depois de uma noite fria e sem nuvens, o sol começa a esquentar o ar gelado. No vale a nossos pés há um lago cintilante e, acima dele, a borda de uma antiga floresta, viva com o canto dos pássaros e a algazarra dos macacos. Se olharmos com atenção para as árvores, veremos a silhueta escura de um animal semelhante a um chimpanzé adulto, em pé e imóvel num galho horizontal a cerca de 6 metros do chão, agarrando com a mão esquerda um ramo acima de sua cabeça. O macaco contempla o vale, pontilhado de elefantes e impalas, e depois examina o perigoso trecho intermediário entre as árvores e a savana em busca de predadores. Satisfeito, põe a palma e os dedos da mão direita sobre a cabeça, de orelha a orelha, como se fossem um chapéu. Seis parentes seus saem imediatamente da sombra protetora da floresta, mostrando-se em campo aberto. O vigia corre pelo galho horizontal e usa seus braços longos e fortes para descer rapidamente até o chão. Caminhando sobre as quatro patas, os macacos abrem caminho em meio ao mato alto, avançando na direção do lago. Daí a pouco, tudo o que se pode ver é uma leve perturbação no alto das folhas de relva, mas de vez em quando um deles se levanta sobre as patas traseiras para examinar o terreno circundante, dá alguns passos nessa posição e torna a desaparecer de vista.

A cena que acabamos de imaginar poderia ter acontecido há seis milhões de anos nos Montes Tugen, que hoje ficam na região central do Quênia. Essas criaturas semelhantes a chimpanzés poderiam ser nossos ancestrais, membros de uma espécie chamada *Orrorin tugenensis*, que havia pouco tempo se diferenciara do último ancestral comum dos chimpanzés e dos seres humanos, cujas linhagens se separaram entre seis e sete milhões de anos atrás, na África. Os ancestrais dos chimpanzés ficaram para trás na relativa segurança das florestas, ao passo que os hominídeos, mais corajosos, desceram das árvores e se aventuraram em campo aberto, durante o dia, para caçar e coletar alimento.

O que esses macacos têm a ver com a atenção plena? Apresento-os para aventar possíveis soluções para um antigo mistério relacionado às doenças mentais, mistério esse que talvez tenha alguma relação com os efeitos protetores da meditação: por que doenças mentais como a esquizofrenia, o transtorno bipolar, a depressão e a ansiedade são tão comuns no mundo inteiro? Todas essas doenças têm um componente genético importante e seus sintomas se manifestam desde muito cedo. Sabemos que elas não somente elevam as taxas de mortalidade e reduzem a probabilidade de os doentes terem filhos, mas também reduzem a expectativa de vida e a fertilidade da prole. Em geral, a seleção natural atua com uma eficiência impiedosa para separar e descartar os genes que comprometem as chances de sobrevivência e reprodução de um organismo, e nós não somos exceção a essa regra. A teoria da evolução, portanto, prevê que genes como aqueles que predispõem as pessoas a desenvolver doenças mentais têm menos chance de ser transmitidos às gerações subsequentes e desaparecem rapidamente. Por que, então, as doenças mentais ainda existem?

É relativamente fácil explicar a persistência de genes raros como os que provocam transtornos debilitantes do tipo do mal de Huntington, o qual se manifesta quando as pessoas se aproximam da meia-idade — muito tempo depois de terem filhos e transmitirem tais genes à geração seguinte. As doenças mentais, no entanto, costumam ser diagnosticadas entre a adolescência e o início da quarta década de vida, ou seja, no pico da atividade reprodutiva do ser humano. Não resta dúvida de que essas doenças diminuem a aptidão reprodutiva dos pacientes. As pesquisas já feitas sobre o assunto indicam que as doenças psiquiátricas mais comuns têm um efeito moderado mas significativo sobre a fertilidade, ao passo que os transtornos mais raros têm um efeito muito intenso. Trinta por cento das pessoas, por exemplo, têm a possibilidade de sofrer um transtorno de ansiedade pelo menos uma vez na vida; tais transtornos se manifestam em média aos 11 anos, e a fertilidade das pessoas que os apresentam é 10% menor que a média da população total. No outro extremo da escala, a esquizofrenia é diagnosticada em menos de uma pessoa em cada cem; seus sinais chamam a atenção dos médicos quando os pacientes têm vinte e poucos anos e a fertilidade destes se reduz, em média, em 60%. As estimativas da incidência de pelo menos um episódio de depressão maior ao longo da vida variam muito: estima-se que tal transtorno afeta de 20% a 50% da população total. A idade média de manifestação da depressão situa-se entre os vinte e poucos e trinta e poucos anos e ela reduz a fertilidade, no conjunto, em cerca de 10%.[1-4]

A persistência das doenças mentais nas populações humanas poderia ser facilmente explicada se elas fossem causadas por algum fator ambiental, tal como uma dieta pobre, a superpopulação ou a poluição, mas o fato é que elas têm um componente genético substancial. Em estudos de comparação entre gêmeos idênticos e não idênticos, estima-se que, no que se refere ao transtorno bipolar e à esquizofrenia, cerca de 80% da variação no risco de desenvolvimento dessas doenças pode ser explicada pelos genes, e somente 20% pelo ambiente. No que se refere à depressão e aos transtornos de ansiedade, cerca de 40% e 30% da variação no risco, respectivamente, são devidos a fatores genéticos.[5] Até agora, no entanto, apesar de os genomas de dezenas de milhares de pessoas terem sido completamente examinados, os cientistas identificaram somente um pequeno número de genes que aumentam a probabilidade de ocorrência de qualquer doença mental, e cada um deles é responsável apenas por uma fração do risco total.[6, 7] Isso indica que doenças mentais comuns, como a depressão e a ansiedade, são causadas por uma complexa interação entre conjuntos de genes muito comuns (cada qual com um efeito individual minúsculo) e as influências ambientais.

Como você bem pode imaginar, a persistência de doenças mentais hereditárias que se manifestam no início da idade adulta e reduzem a fertilidade não somente dos pacientes, mas também de sua prole, é um enigma para os psiquiatras. Uma explicação possível é que, ao passo que as variações genéticas responsáveis prejudiquem a capacidade reprodutiva dos *próprios* pacientes, sua presença em doses menores entre os irmãos destes possam elevar a fertilidade. Na genética, isso se chama "seleção de equilíbrio". O exemplo clássico na medicina é o gene da anemia falciforme: quem herda esse gene de apenas um dos genitores está protegido contra a malária, mas quem herda um de cada genitor tem as hemácias distorcidas e enrijecidas em forma de foice, o que causa dores severas e aumenta o risco de derrame. Isso explica por que o gene da anemia falciforme e a doença por ele causada persistem na África subsaariana, onde a malária é endêmica.

Uma variante da seleção de equilíbrio, conhecida como hipótese da "beira do precipício", propõe que uma determinada característica genética pode ser benéfica em termos reprodutivos, mas somente até certo ponto; além desse ponto, torna-se prejudicial. Um dos traços benéficos que há muito se considera ser associado às doenças mentais é a criatividade. Segundo a hipótese da beira do precipício, uma dose extra de criatividade decorrente de uma determinada configuração genética aumenta o sucesso reprodutivo da pessoa, ao passo que a mesma característica se mostra prejudicial quando é excessiva. A lista de escritores, atores e artistas plásticos famosos afligidos por doenças mentais é extensa. Aristóteles afirmava que "nenhum grande gênio jamais existiu sem uma veia de loucura",[8] e hoje temos indícios de que esse antigo filósofo grego — a quem a criatividade não era estranha de modo algum — talvez tenha percebido uma verdade. Num estudo feito com 300 mil pessoas que sofriam de doenças mentais severas na Suécia, constatou-se que os portadores de transtorno bipolar e os irmãos saudáveis de pacientes bipolares ou esquizofrênicos tinham maior probabilidade de estar envolvidos em profissões criativas (definidas neste estudo como atividades artísticas ou científicas).[9] Será que um dos benefícios da criatividade na "beira do precipício" seria um maior sucesso reprodutivo? Se assim for, os irmãos saudáveis compensariam a infertilidade dos próprios pacientes e ajudariam a explicar por que os genes responsáveis pelas doenças mentais são tão persistentes. Há sinais de que isso talvez seja verdade. Um questionário respondido por 425 adultos no Reino Unido trazia perguntas sobre sua produção criativa e o número de relacionamentos estáveis e de parceiros sexuais que tiveram depois dos 18 anos. Também media a "esquizotipia" — quatro dimensões da personalidade que, embora sejam características de pessoas com doença mental diagnosticada, também se encontram em vários graus em toda a população: experiências cognitivas e perceptivas incomuns, como alucinações e pensamento mágico; dificuldade de atenção e concentração; falta de apreciação da vida e repulsa ao contato social; e o inconformismo, incluindo-se aí a instabilidade do humor e do comportamento, o desrespeito às regras, a violência e a temerariedade. As pessoas com alta pontuação em experiências incomuns tinham maior probabilidade de serem poetas ou artistas, e esse fato, por sua vez, parecia aumentar seu sucesso sexual. O inconformismo também foi associado ao sucesso sexual. A falta de apreciação da vida e a repulsa ao contato social, por sua vez, tendiam a diminuir tanto a atividade criativa quanto o sucesso sexual.[10]

Assim, as experiências incomuns mais associadas às doenças mentais podem tornar as pessoas mais criativas, e isso, por sua vez, atua como uma força especificamente humana de "dança do acasalamento" para aumentar o sucesso reprodutivo. Mas esses benefícios talvez tenham um limite. Quando este é ultrapassado, as experiências têm um efeito profundamente negativo — dá-se um passo além da beirada do precipício. Num estudo onde se avaliaram os prontuários médicos de 2,3 milhões de pessoas que moravam na Suécia, acumulados no decorrer de um período de vinte anos, constatou-se que os pacientes em que se diagnosticara uma grande variedade de doenças mentais tinham um número bem menor de filhos do que a média. Via-se também em ação, no entanto, uma espécie de seleção de equilíbrio, pois os irmãos de pacientes deprimidos e drogados tinham *mais* filhos que a média. No caso específico da depressão, essa diferença era mais que suficiente para compensar a fertilidade reduzida de seus irmãos e irmãs menos afortunados.[11] Não obstante, as interações entre "os genes e o ambiente" também podem desempenhar um papel importante. A alta criatividade talvez beneficie quem nasce numa família rica, por exemplo, mas pode ter consequências negativas para quem nasce em circunstâncias menos favoráveis.

Ainda estamos longe de encontrar uma solução definitiva para o enigma de por que as doenças mentais ainda são tão disseminadas. A criatividade é, com quase toda certeza, um elemento bem pequeno do problema: os números dão a entender que outros fatores do tipo "beira do precipício" também estejam dando sua contribuição. Como explicarei daqui a pouco, a capacidade linguística talvez seja um fator importante. Porém, parece provável que o grande número de genes comuns que tornam as pessoas vulneráveis à ansiedade e à depressão — sobretudo quando essas pessoas sofrem algum tipo de trauma, maus-tratos ou privações na infância ou enfrentam situações adversas na vida adulta — sejam preservados porque, em pequenas doses e sob circunstâncias mais favoráveis, conferem vantagens evolutivas. O quadro é um pouco mais complicado no caso das doenças mentais que mais efeito têm sobre a fertilidade, como o transtorno bipolar e a esquizofrenia. Os pesquisadores suecos constataram que as irmãs de pacientes com esses diagnósticos tinham mais filhos que a média, mas essa vantagem não era suficiente para compensar a redução do sucesso reprodutivo de seus irmãos. Ao contrário da depressão e da ansiedade, essas doenças mais raras talvez persistam não apenas em razão de uma seleção de equilíbrio, mas também porque sejam parcialmente causadas por mutações aleatórias no DNA dos pais ou avós — sobretudo no esperma de pais mais velhos. Temos bons indícios de que os filhos de homens mais velhos correm maior risco de desenvolver esquizofrenia e transtorno bipolar. Vale lembrar, no entanto, que mesmo no caso dessas doenças existe ampla possibilidade de que interações entre os genes e o ambiente facilitem ou dificultem o seu desenvolvimento.[12]

Na primeiríssima frase deste livro, citei o monge budista Ajahn Amaro, abade do Mosteiro Amaravati, no Reino Unido. Durante minha breve estadia no mosteiro em 2014, no meio de uma conversa, ele lançou a ideia de que *todos nós* temos uma doença mental. Não estava falando sobre os diagnósticos oficiais que se encontram no *Manual Diagnóstico e Estatístico de Transtornos Mentais (DSM)*, a bíblia dos psiquiatras, mas da vulnerabilidade que todos os seres humanos têm aos três "venenos" psicológicos que, do ponto de vista dos budistas, são a causa e a raiz de todo sofrimento humano: o desejo, a aversão e a ilusão. Não pretendo negar o fato evidente de que certas pessoas são mais vulneráveis ao sofrimento mental em razão de seus genes e circunstâncias do que outras. Antes, estou falando da herança comum da nossa espécie: os fatores de nossa constituição psicológica comum que predispõem todos nós à dependência, à ansiedade, à depressão e até à psicose, caso tenhamos a infelicidade de viver em situações difíceis durante a fase de crescimento ou enfrentar na idade adulta circunstâncias como uma doença física, o rompimento de um relacionamento, o desemprego ou a perda de um ente querido.

Em sintonia com essa perspectiva budista, muitos psiquiatras vêm chegando à conclusão de que os diagnósticos padronizados, como os de transtorno de ansiedade generalizada, depressão, transtorno bipolar e esquizofrenia, são apenas ficções convenientes.[13, 14] Na realidade, as linhas divisórias entre essas doenças não são tão definidas e os sintomas que as constituem são altamente disseminados na população em geral. As pessoas que sofrem de depressão grave, por exemplo, muitas vezes têm delírios e alucinações, ao passo que as que sofrem de transtornos de ansiedade tendem a apresentar sintomas de paranoia e a ser mais vulneráveis à depressão. As pessoas com diagnóstico de transtorno bipolar ou esquizofrenia também têm sintomas em comum. Em razão dessa indefinição, às vezes acontece de um único paciente ser rotulado de diferentes formas por diferentes psiquiatras. Ao mesmo tempo, os geneticistas e os neurocientistas não descobriram nada que justifique a classificação desses pacientes em categorias distintas, pois eles têm muitíssimas coisas em comum em matéria de genética, estrutura cerebral e funcionamento do cérebro. Faz mais sentido entender as doenças mentais como um conjunto de sintomas comuns cuja severidade varia num contínuo em cuja extremidade benigna estão as experiências cotidianas da população em geral. Num estudo publicado em 2013 e baseado em entrevistas conduzidas pela Agência Nacional de Estatística do Reino Unido e questionários psiquiátricos padronizados, constatou-se que de 20% a 30% dos adultos preocupam-se continuamente com a possibilidade de que certas pessoas estejam contra eles e possam explorá-los ou feri-los. Uma em cada seis pessoas passa bastante tempo se perguntando se pode mesmo confiar em seus amigos e colegas. Cerca de 10% às vezes sente que os outros os estão observando, olhando para eles, agindo deliberadamente para fazer-lhes mal ou tentando controlar seus pensamentos. No extremo do espectro, 1,8% teme que as outras pessoas tenham tramado para causar-lhe um mal grave ou uma lesão séria.[15] Os pesquisadores concluem: "Se encararmos acriticamente os índices de traços paranoides em nosso estudo, eles nos indicarão que a paranoia é tão comum que chega a ser quase normal".

É claro que é bom ser um pouquinho paranoico, pois é prudente analisar cuidadosamente as intenções das pessoas, sobretudo das que não conhecemos. Se um desconhecido lhe telefona, diz que trabalha para seu banco e lhe solicita seus dados de segurança, a prudência manda que você não diga nada. A paranoia só se torna um problema quando não tem relação com a realidade, causa sofrimento e prejudica as funções normais e cotidianas da vida. Para não sair da hipótese da beira do precipício, tomar um certo cuidado com as pessoas é um traço adaptativo, ao passo que as ilusões paranoicas podem levar ao isolamento social e mergulhar os mais vulneráveis na doença mental. O mesmo vale para o desejo e a aversão, os outros dois venenos da mente que o budismo identifica. Os apetites são uma necessidade biológica, mas quando excessivos produzem entupimento das artérias e dependência. A raiva e a hostilidade talvez tenham feito a diferença num mundo primitivo onde era preciso lutar pela sobrevivência, mas são contraproducentes no mundo moderno, onde a compaixão e a cooperação são mais benéficas para todos.

Pensando nas palavras de Ajahn Amaro, me lembrei de uma conversa entre Alice e o Gato de Cheshire em *Alice no país das maravilhas*:[16]

> *"Que tipo de gente mora aqui?"*
>
> *"Naquela direção", disse o Gato, descrevendo um círculo com a pata direita, "vive um Chapeleiro; e naquela direção", abanando a outra pata, "vive uma Lebre. Visite qual dos dois você quiser; ambos são malucos."*
>
> *"Mas não quero ir para perto de gente maluca", comentou Alice.*
>
> *"Ah, você vai ter de fazer isso", disse o Gato; "somos todos malucos aqui. Eu sou maluco, você é maluca".*
>
> *"Como você sabe que sou maluca?", disse Alice.*
>
> *"É certo que é", disse o Gato, "ou não teria vindo para cá."*

Você talvez se lembre da cena seguinte. Alice encontra por acaso o Chapeleiro Maluco, a Lebre e o Camundongo tomando chá. Quando conversa com eles, o Chapeleiro e a Lebre fazem questão de demonstrar, às gargalhadas, as incoerências lógicas de tudo o que ela diz. O matemático vitoriano Lewis Carroll, criador desses personagens, tinha uma mentalidade analítica e científica e gostava desse tipo de exercício. Como o Chapeleiro e a Lebre, nós também temos uma capacidade lógica impecável, mas também, como eles, corremos o risco de sofrer "momentos de loucura" em que cometemos atos agressivos, irracionais e talvez até um pouco tolos — como tentar enfiar um camundongo sonolento dentro de uma chaleira.

Parece que as doenças mentais não são desencadeadas por um conjunto de genes raros de que apenas uns poucos infelizes são portadores. Se assim fosse, elas seriam menos disseminadas e a esta altura já teríamos desenvolvido um conjunto de testes genéticos diagnósticos. Antes, elas surgem quando uma multidão de genes comuns interagem de maneira complexa uns com os outros e com o ambiente. Esses genes resultam de mutações recentes ou são mantidos por uma seleção de equilíbrio. Nenhuma outra espécie animal, nem mesmo as mais inteligentes, sofre de doenças mentais debilitantes. É certo que nenhum animal se suicida (não se inclui aí o ato de se sacrificar pela colônia ou pela prole). Em que ponto da nossa evolução as coisas começaram a dar errado? Pense num caçador-coletor na savana africana. Segundo Herbert Benson, o cardiologista de Boston que conhecemos no Capítulo 2 e que descobriu a reação de relaxamento (em termos psicológicos, o oposto da reação de luta ou fuga), nossa vulnerabilidade ao estresse nasce do modo pelo qual a mente humana cria pensamentos sobre ameaças passadas ou futuras. Ele me disse: "Não é só estar diante de um tigre-dente-de-sabre. É o *pensamento* sobre o tigre-dente-de-sabre". Há outros animais que temem predadores tanto quanto nossos ancestrais caçadores-coletores temiam e que fogem quando ameaçados, mas eles não vivem obcecados com a ideia dos predadores quando estes não estão presentes ou já mataram uma presa. Os impalas não passam noites sem dormir nem roem os cascos como os seres humanos roem as unhas. Passado o perigo, rapidamente voltam a comer grama. É difícil afirmar com certeza, mas parecem até mais felizes do que antes.

Por isso, é difícil saber como e por que os membros de nossa espécie desenvolveram a tendência a se preocupar e a ruminar pensamentos ruins, sem mencionar a tendência ao delírio paranoide. Para explicar esses comportamentos, talvez tenhamos de voltar no tempo uns seis milhões de anos, até aqueles seres semelhantes a chimpanzés que apresentei no início do capítulo. Restos fossilizados do *Orrorin tugenensis* foram descobertos nos Montes Tugen no ano 2000 e talvez representem o mais antigo indício de bipedalidade num ancestral do ser humano (outro concorrente a esse título, com menos chances de ganhar o prêmio, é o *Sahelantropus tchadensis*, cujo crânio foi encontrado em Toros-Menalla, no Chade). Esses restos incluem pedaços de um fêmur que dá a entender que o *Orrorin* era capaz de andar ereto sobre duas pernas, ao passo que outras características do fóssil indicam que ele passava boa parte do tempo trepado em árvores. Provavelmente nunca saberemos ao certo se o *Orrorin* é um ancestral dos australopitecos, os hominídeos que há 1,8 milhão de anos precederam o surgimento do gênero *Homo*, que é o nosso; alguns pesquisadores afirmam que os ossos encontrados apontam nessa direção.[17, 18] Independentemente de qualquer dificuldade que se tenha para reconstruir o caminho evolutivo exato que nossos ancestrais tomaram quando se levantaram e caminharam sobre as patas traseiras, o fato é que essa mudança teve repercussões profundas.

As vantagens imediatas que os macacos obtiveram em suas expedições para encontrar alimento em campo aberto talvez tenham sido a capacidade de enxergar a distância em meio à relva comprida para identificar predadores e ver para onde iam. Nas raras ocasiões em que chimpanzés modernos se aventuram pela savana afora, eles às vezes ficam de pé sobre as patas traseiras para enxergar melhor. Já se propuseram várias vantagens evolutivas decorrentes da bipedalidade permanente: a capacidade de viajar a longas distâncias com eficiência; a prevenção do aquecimento excessivo do corpo, na medida em que uma área menor deste fica exposta ao sol do meio-dia; e ter as mãos livres para carregar alimentos, ferramentas e armas rudimentares, como pedras e lanças — bem como para lançar esses projéteis com mortífera precisão.[19] Porém, talvez a vantagem cujas consequências foram mais significativas — e que acabaria conduzindo às capacidades extraordinárias que definem a nossa espécie — tenha sido deixar as mãos livres para a comunicação. Por outro lado, como vou explicar daqui a pouco, é possível que tenhamos tido de pagar um alto preço por essa novidade evolutiva.

Segundo o psicólogo Michael Corballis, que estuda a evolução da linguagem na Universidade de Auckland, na Nova Zelândia, gestos rudimentares feitos com a mão, como o que supus ter sido usado pelo sentinela na historinha contada no início do capítulo, evoluíram no decorrer de milhões de anos e se tornaram uma sofisticada língua de sinais que um dia possibilitou o surgimento da linguagem vocal. Corballis e outros pesquisadores apresentam fortes argumentos contra a ideia de que a linguagem falada surgiu como que do nada num momento qualquer dos últimos cem mil anos em decorrência de uma mutação genética aleatória ocorrida num único indivíduo.[20] A evolução tende a avançar em pequenas etapas, e não aos saltos. As mudanças se acumulam no decorrer das eras como uma estalagmite que cresce no chão de uma caverna banhada por inúmeras gotas-d'água. Corballis acredita que as redes neurais necessárias para a linguagem gramatical evoluíram no decorrer de milhões de anos a serviço de um sistema de comunicação cada vez mais sofisticado e composto por gestos das mãos e expressões faciais, suplementado talvez por estalos orais semelhantes aos que ainda são usados pelas etnias hadza e san, na África. Ele cita vários dados para corroborar essa hipótese, entre eles o fato de nossos primos, os chimpanzés e os bonobos, poderem ser treinados para se comunicar usando símbolos abstratos. A primatologista Sue Savage-Rumbaugh conseguiu ensinar uma bonobo chamada Kanzi a usar num teclado 256 símbolos que denotam objetos e ações, e a própria macaca inventou vários gestos de mão para suplementá-los.[21] Mesmo em estado selvagem, os chimpanzés têm um repertório de gestos de mão e usam-no de modo flexível para se comunicar de acordo com o contexto.[22] Não há indício algum de que primatas não humanos sejam capazes de aprender regras gramaticais a fim de encadear palavras e formar frases complexas, mas a capacidade de nossos parentes mais próximos de reconhecer e usar símbolos dá a entender que nosso ancestral comum dispunha de recursos neurais suficientes para desenvolver uma linguagem simbólica que foi se tornando cada vez mais complexa com o tempo. Corballis assinala que hoje se reconhece que as modernas línguas de sinais têm toda a complexidade e a abrangência da fala.

Nosso cérebro também dá pistas de que a linguagem falada evoluiu com base na linguagem de sinais. Na década de 1990, neurocientistas da Universidade de Parma, na Itália, descobriram um tipo de neurônio no cérebro de macacos do gênero *Macaca* e deram-lhe o nome de neurônio-espelho, pois ativava-se não somente quando o macaco fazia um movimento intencional da mão, mas também quando via um de seus semelhantes ou mesmo um ser humano fazer o mesmo movimento.[23] Esses neurônios-espelho situam-se no lobo frontal do macaco, num local que corresponde exatamente a uma região do hemisfério esquerdo do cérebro humano chamada área de Broca, envolvida não somente na fala como também no controle de movimentos complexos da mão. Esse fato levou Corballis a propor a hipótese de que, a certa altura de nossa evolução, a linguagem vocal foi incorporada num sistema que já havia evoluído para possibilitar a comunicação por gestos de mão. É nesse ponto que as histórias evolutivas da doença mental e da linguagem se unem, pois hoje se considera que os neurônios-espelho fazem parte de um sistema-espelho muito mais amplo, que se sobrepõe a boa parte da rede-padrão do cérebro humano — a constelação de regiões que se ativam sempre que não estamos dedicados a uma atividade externa.[24] Como vimos nos capítulos anteriores, a rede está sempre intimamente envolvida em nossas reflexões sobre o lugar que ocupamos no mundo social, nossas experiências passadas e planos para o futuro, mas também está implicada em várias doenças mentais. A rede-padrão é o simulador do cérebro: não somente cria o nosso sentido de eu como também constrói uma representação da mente das outras pessoas — um "espelho" do mundo delas — que nos permite ver as coisas do ponto de vista delas e intuir suas crenças, seus pensamentos e suas intenções (a chamada "teoria da mente"). E é claro que a rede-padrão também é a máquina do tempo que usamos para voltar ao passado e nos projetar para o futuro.

As viagens mentais no tempo e a teoria da mente são indispensáveis para a linguagem complexa. Quer por meio da fala, quer de sinais, a linguagem nos permite transmitir informações sobre coisas que já aconteceram ou podem acontecer. O entendimento das perspectivas um do outro — o que o outro indivíduo sabe e o que não sabe, bem como das crenças em comum — aumenta ainda mais a eficácia da comunicação. As sutilezas da metáfora, da ironia e do sarcasmo, que só funcionam se a pessoa com quem você está se comunicando sabe que não deve entender suas palavras ao pé da letra, seriam impossíveis sem a teoria da mente. Por isso, faz sentido postular que a linguagem e o modo-padrão se desenvolveram conjuntamente no decurso da evolução humana à medida que nossas simulações mentais foram se tornando mais poderosas e nos permitiram refletir sobre o passado, especular sobre o futuro e inferir os estados mentais de outras pessoas. Assim, a linguagem se tornou a própria substância do pensamento. Agora mesmo cada um de nós está falando consigo mesmo e fazendo um comentário interno contínuo sobre tudo o que aconteceu e pode acontecer. Talvez não surpreenda saber que dispomos de muitos indícios de que o modo-padrão, que facilita a linguagem, também tem participação nas doenças mentais. As pessoas com depressão parecem ter dificuldade para suprimir a atividade do modo-padrão a fim de se dedicar à tarefa que têm diante de si.[25] Isso se manifesta na tendência de recair na ruminação — ou, em outras palavras, num "pensamento autorreferencial" excessivo e negativo, que pode atrapalhar as atividades cotidianas.[26] As pesquisas dão a entender que até pacientes que estão se curando da depressão ainda têm dificuldade para controlar o modo-padrão, o que talvez explique sua maior reatividade cognitiva — o modo pelo qual pequenos episódios de tristeza, que outras pessoas tiram de letra, acabam por desencadear neles a corrente de pensamentos negativos que pode levar à recaída.[27] Outros estudos estabeleceram uma correlação entre a incapacidade de regular o modo-padrão e certos transtornos de ansiedade, bem como o transtorno de déficit de atenção/hiperatividade.[28, 29] Temos, por fim, indícios sólidos de que o controle da rede é deficiente em portadores de esquizofrenia e transtorno bipolar.[30-32] Em razão do papel crucial que a rede-padrão desempenha no pensamento autorreferencial e nas conclusões que chegamos acerca dos estados mentais das outras pessoas, quando sua atividade se descontrola pode acontecer de borrar-se a distinção entre os pensamentos internos e os estímulos externos, desencadeando alucinações e promovendo a paranoia em relação às intenções dos outros.

O vínculo entre o modo-padrão, a linguagem e as doenças mentais é perigosamente íntimo. No estudo sobre a criatividade descrito antes, realizado na Suécia, os contadores não tinham mais probabilidade que os membros do grupo de controle — e em alguns casos tinham menos probabilidade — de sofrer das doenças mentais investigadas, ao passo que os escritores tinham duas vezes mais probabilidade que os membros do grupo de controle de sofrer de esquizofrenia ou transtorno bipolar. Também tinham mais probabilidade de sofrer de depressão, transtornos de ansiedade e abuso de álcool ou drogas, bem como de cometer suicídio.[33] Uma atualização do estudo, em que se analisaram os prontuários de mais de 1 milhão de suecos, confirmou as descobertas.[34] Parece, portanto, que a linguagem é uma amante perigosa. O amor pelos números talvez possa garantir uma vida mais feliz.

Esse caso de amor talvez tenha começado de modo bastante inocente: algumas dezenas de gestos das mãos que nossos antepassados macacos empregavam para trocar informações entre si há seis milhões de anos. As coisas só começaram a sair do controle em época relativamente recente, mas, ao longo de todo o processo, o que deu ímpeto evolutivo a essas melhorias na comunicação foi a coesão social. Robin Dunbar, psicólogo evolucionista, descobriu que o número de indivíduos nos grupos de primatas sociais cresce na proporção direta do tamanho do córtex orbitofrontal (assim chamado porque situa-se diretamente acima das órbitas oculares — ver Figura 6, p. 190).[35] Essa região do cérebro se estende até o córtex pré-frontal ventromedial, a área que passamos a conhecer no Capítulo 5, "O homem que desapareceu", como parte integral do "aplicativo do Eu" dentro do cérebro, o qual não somente simula nossa sensação de termos um eu sólido e imutável como também simula os pontos de vista das outras pessoas. Dunbar descobriu que o tamanho relativo do córtex orbitofrontal dos primatas está diretamente relacionado à sofisticação de sua teoria da mente ou de suas capacidades de "mentalização" — em outras palavras, a sua capacidade de inferir os pontos de vista dos outros. Para sobreviver num grupo social complexo, o indivíduo precisa não somente acompanhar os relacionamentos sociais entre ele e os outros membros, relacionamentos esses que estão sempre mudando, mas também acompanhar os relacionamentos dos outros membros entre si. Dunbar acabou descobrindo que a capacidade dos primatas de fazer essas simulações é um fator que permite prever o tamanho máximo de seus grupos sociais, pois, se o número de indivíduos a serem simulados pela mente for grande demais, o grupo social perderá sua coesão.

Essa hipótese foi chamada de "hipótese do cérebro social".[36] Dunbar usou-a para estimar os tamanhos dos grupos sociais dos hominídeos com base nas dimensões de seus cérebros fossilizados. Sabemos que fazer parte de um grupo seria essencial para a sobrevivência na savana, pois os membros se ajudariam uns aos outros a se proteger contra predadores e ataques de grupos rivais. Seria também indispensável para o sucesso nas caçadas. As pesquisas de Dunbar dão a entender que, em razão dessas pressões de seleção, no decorrer de milhões de anos os hominídeos foram se organizando em grupos sociais cada vez maiores. Os crânios das muitas espécies de australopitecos que viveram na África a partir de quatro milhões de anos atrás indicam que o tamanho do cérebro desses hominídeos — e o dos grupos sociais junto com ele — tendia a aumentar de modo lento e constante. O ritmo se acelerou há cerca de 1,8 milhão de anos, com o surgimento do primeiro representante do nosso gênero, *Homo ergaster*, no início do período Pleistoceno; e se acelerou ainda mais por volta de quinhentos mil anos atrás, com o surgimento de seres humanos arcaicos como o *H. heielbergensis*. O *H. sapiens*, ou seja, o ser humano anatomicamente moderno, entrou em cena cerca de duzentos mil anos atrás. Pelo volume do nosso córtex orbitofrontal (e, portanto, das capacidades de mentalização que ele facilita), Dunbar prevê que o tamanho máximo para um grupo social da nossa espécie é de cerca de 150 pessoas.

Para psicólogos evolucionistas como Dunbar, o desafio é explicar como os hominídeos tinham tempo e energia para manter coesos seus grupos sociais cada vez maiores. A maioria dos primatas garantem a paz e a coesão social tirando piolhos uns dos outros, mas isso consome tempo, de modo que há um limite para o número de indivíduos que cada membro pode ajudar e ainda ter tempo durante o dia para viajar e encontrar alimento. Dunbar propõe a hipótese de que nossos ancestrais hominídeos conseguiam manter a coesão em seus grupos porque economizavam tempo em outras tarefas, mediante, por exemplo, adaptações anatômicas que possibilitaram caminhadas mais eficientes a longa distância e mudanças na dieta de forma a incorporar alimentos mais ricos em energia, como tubérculos. Segundo ele, muito tempo depois surgiram os cantos, as danças e o riso; ferramentas e armas melhores; mais carne, o fogo e o alimento cozido. A linguagem vocal, no entanto, acabaria por se tornar o fator de união mais eficiente. As estimativas acerca de quando surgiu a fala variam enormemente, de cerca de quinhentos mil anos atrás a cerca

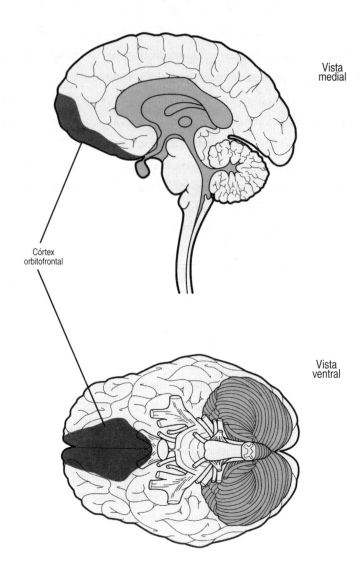

Figura 6: Evolução humana. O córtex orbitofrontal (que penetra no córtex pré-frontal ventromedial na superfície interior de cada um dos hemisférios) é essencial para a mentalização, ou seja, a teoria da mente, a capacidade de inferir as motivações e os estados mentais dos outros. Entre os primatas, a mentalização ajuda a manter a coesão social, o que talvez explique por que o tamanho máximo dos grupos sociais das espécies de macacos com córtex orbitofrontal de maior tamanho também seja maior. Essa parte do cérebro se expandiu muito no decurso da evolução dos hominídeos, à medida que nossos antepassados foram se juntando em grupos cada vez maiores.

de cinquenta mil anos atrás. O fato é que por fim passamos a contar histórias e fofocar e surgiram a retórica e a religião — a mistura de bênçãos e maldições que caracteriza a linguagem falada e que ainda mantém a coesão de boa parte do mundo social moderno.

Como vimos, a linguagem, as viagens mentais no tempo, uma capacidade sofisticada de mentalização e o pensamento autorreferencial constituem um pacto de habilidades fornecido pela rede de modo-padrão do cérebro. A organização dessa rede nos seres humanos nos distingue dos demais primatas e possibilita uma criatividade impressionante, o planejamento do futuro e a solução de problemas. Dá coesão a nossos imensos grupos sociais, permitindo que nos comuniquemos e cheguemos a conclusões sobre os estados mentais dos demais indivíduos num grau que jamais se vira entre os primatas. O fato de termos acesso a uma sofisticada teoria da mente, no entanto, tem certos efeitos colaterais estranhos — alguns são divertidos e outros, nem tanto. Nossa mente é condicionada a ver semelhanças com o rosto humano em tudo, mesmo em sinais de pontuação como ;), pedaços de torrada e formações de nuvens. Numa das casas em que morei quando criança, toda noite eu via o diabo olhando para mim das cortinas do meu quarto, embora de manhã tudo o que havia ali fossem flores e folhas. Temos a tendência de postular uma ação consciente em situações em que tal ação não existe. Um marionetista cujas apresentações às vezes assisto em Leicester Square, no centro de Londres, faz com que o fantoche de um esqueleto sorridente dance ao som de gravações de músicas populares. Uma das mais apreciadas (e mais irônicas) é "Don't Worry, Be Happy", de Bob McFerrin. O marionetista puxa as cordinhas do fantoche bem à frente dos espectadores, mas é dono de tal habilidade que somos levados a acreditar naquela ilusão divertida e levemente tétrica. Por que outro motivo paracíamos para assistir, encantados? É isso que o excesso de atividade da teoria da mente faz com os macacos. Não admira que nossos ancestrais vissem espíritos e deuses onde quer que olhassem. Gostamos de pensar que estamos acima desse tipo de fantasia, mas, se você já trabalhou num escritório, é certo que já ouviu um colega amaldiçoar o computador como se dentro da máquina houvesse um espírito que fizesse questão de lhes aborrecer. Você mesmo já deve ter lançados algumas maldições desse tipo. Esse comportamento não é considerado anormal; porém, quando submetidas ao estresse extremo de situações como a privação de sono ou o confinamento solitário, em geral as pessoas começam a ter ilusões e alucinações que popularmente se supõem ser exclusivas dos doentes mentais.[37, 38]

Como vimos no Capítulo 5, "O homem que desapareceu", o mesmo equipamento neural que usamos para simular os estados mentais das *outras pessoas* é usado para simular o nosso sentido de *eu*. Foi essa, portanto, a desvantagem evolutiva que nossa espécie adquiriu em troca dos benefícios da linguagem, da viagem mental no tempo e da teoria da mente. O Eu nasceu nas savanas africanas. Parece que há muito tempo os seres humanos perceberam que algo havia dado errado em seu passado distante e que esse algo tinha a ver com as origens da autoconsciência. Procuraram explicar o que havia acontecido por meio das lendas e histórias religiosas que contavam uns para os outros. As religiões abraâmicas, que são mais conhecidas, situaram a origem de nossa situação no Jardim do Éden, onde se dizia que Adão e Eva haviam comido o fruto proibido da Árvore do Conhecimento — "e seus olhos se abriram, e viram que estavam nus".[39] Concluiu-se que a humanidade havia sido muito mais feliz antes dessa abrupta queda e a perda da graça. Com grande perspicácia, o contemplativo cristão que escreveu *A nuvem do não-saber* no século XIV pôs a culpa nas simulações mentais desordenadas que agora assediam a mente humana destreinada:[40]

A imaginação é a faculdade pela qual formamos imagens de todas as coisas presentes e ausentes; e tanto ela quanto a matéria sobre a qual trabalha estão contidas na consciência. Antes de a humanidade pecar, a imaginação era a tal ponto obediente à razão (da qual era, por assim dizer, uma serva) que nunca lhe fornecia a imagem desordenada de nenhum objeto material, tampouco a ilusão de nenhum objeto espiritual; mas agora as coisas não são assim. A menos que seja controlada pela luz da graça na razão, ela jamais cessará, no sono ou na vigília, de formar imagens estranhas e desordenadas de objetos corpóreos ou algum tipo de ilusão, que nada é senão uma concepção corpórea de algo espiritual ou uma concepção espiritual de algo corpóreo. Essas coisas são sempre enganadoras, falsas e associadas ao erro.

Naqueles que se retiraram do mundo há pouco tempo e se voltaram para a devoção, essa desobediência da imaginação pode ser claramente reconhecida quando estão rezando. Enquanto a imaginação não chega a ser controlada em grande medida pela luz da graça na razão — como ocorre em decorrência da contínua meditação em assuntos espirituais, como nossos próprios pecados, a Paixão, a bondade do Senhor nosso Deus e muitos outros tópicos semelhantes —, eles são praticamente incapazes de pôr de lado os pensamentos, ilusões e imagens estranhos e descabidos que são fornecidos e impressos em sua mente pela luz e pelo engenho da imaginação. Essa desobediência é o castigo do pecado original.

Uma explicação alternativa pode ser encontrada no distante passado evolutivo da linhagem humana. Os Montes Tugen, no Quênia, onde foram descobertos os restos do *Orrorin*, bem como o Lago Trukana, na Tanzânia, onde se encontraram várias espécies de hominídeos, entre as quais o *Homo ergaster*, não atraem tantos turistas quanto as Grandes Pirâmides do Egito ou Stonehenge — ou, por que não acrescentar, Bodh Gaya e Belém. Mas os locais onde os ossos petrificados de nossos ancestrais foram desenterrados são como marcos que assinalam capítulos fascinantes da história da nossa espécie. Acredito que têm tanto a dizer sobre quem nós somos quanto os grandes monumentos antigos que dão testemunho do engenho e da criatividade do ser humano.

Foi o fato de termos evoluído e nos tornado criaturas sociáveis e falantes que nos separou dos demais primatas superiores e de nossos distantes ancestrais hominídeos, permitindo-nos viver em harmonia em grupos sociais grandes e complexos; mas também nos deixa vulneráveis ao perigo de perdermos o contato com a realidade do momento presente e sucumbirmos aos pensamentos autorreferenciais, à ruminação, à preocupação e à paranoia. É difícil fugir à conclusão de que a evolução apenas nos transformou em macacos que levam tudo para o lado pessoal. Se nosso cérebro fosse um computador, exigiríamos uma atualização do sistema operacional. Como veremos no próximo capítulo, parece que a meditação — embora não seja uma solução fácil e rápida — pode ajudar a "limpar os vírus" da mente humana, corrigindo as falhas que se acumularam no decurso de sua evolução.

CAPÍTULO 10

Estranho e maravilhoso

Ocupa-te de conheceres a ti mesmo, que é a lição mais difícil do mundo.

— Miguel de Cervantes, *Dom Quixote de la Mancha*,
traduzido para o inglês por Peter Motteux

Houve um tempo em que o Buda residia num mosteiro no Bosque de Jeta, perto da cidade de Sāvatthī, na planície do Ganges. Depois de pedirem esmolas e fazerem sua refeição, alguns monges estavam conversando no salão de reuniões quando, a certa altura, sua conversa se voltou para as coisas milagrosas que haviam ouvido falar sobre o Buda: como ele sabia tudo sobre os Budas de antigamente, seus nomes, seus clãs, a profundidade de sua concentração durante a meditação, quais atingiram o estado de imortalidade do *nibbāna*/ nirvana. Ananda, fiel criado pessoal do Buda, estava a ponto de começar a relatar o que ele próprio ouvira: "Amigos, os Tathāgatas [seres perfeitamente iluminados, que superaram por completo o egoísmo] têm qualidades estranhas e maravilhosas..." — quando o próprio Buda entrou na sala e sentou-se. Ananda calou-se.

"Sobre o que estavam falando?", perguntou o Buda.

"Estávamos discutindo suas qualidades estranhas e maravilhosas, senhor", responderam eles, envergonhados.

"Continue, Ananda", disse o Buda. "Conte-lhes sobre as qualidades estranhas e maravilhosas do Tathāgata."

Ananda pigarreou. "Ora, ouvi dizer que, quando o Bem-Aventurado desceu do céu para o útero de sua mãe, uma luz imensurável, superior ao esplendor dos deuses, fulgurou de tal modo que mesmo os abismos de treva absoluta, onde jamais chegou a luz do sol ou da lua, tornaram-se feericamente iluminados, e os 10 mil mundos abalaram-se e estremeceram. Ouvi dizer que essa é uma das qualidades estranhas e maravilhosas do Bem-Aventurado..."

"Continue."

"Sim. E a mãe do Bem-Aventurado se tornou perfeita em todas as virtudes, não foi afligida por nenhuma doença durante sua gravidez, sentia-se feliz e livre de toda fadiga corporal. Levou-o em seu ventre por dez meses em vez dos nove usuais. Deu à luz em pé. O Bem-Aventurado saiu imaculadamente limpo do útero de sua mãe e foi recebido por quatro devas. Mesmo assim, dois jatos de água desceram do céu, um frio e um quente, para lavar o Bem-Aventurado e sua mãe. Flores de lótus abriram-se ao redor quando o Bem-Aventurado pôs os pés no chão pela primeira vez — e andou!"

"Será que vocês gostariam de conhecer outra qualidade estranha e maravilhosa do Tathāgata?", perguntou o Buda.

Todos acolheram a sugestão com entusiasmo. "Sim, queremos!"

Seguiu-se então uma longa pausa, e, quando o Buda enfim falou, entrevia-se em seus lábios a sombra de um sorriso. "Quando uma sensação surge na mente do Tathāgata, ele sabe que se trata de uma sensação. Quando uma sensação permanece em sua mente e quando uma sensação se esvai, ele sabe que se trata de uma sensação permanecendo e uma sensação esvaindo-se. Quando uma percepção surge na mente do Tathāgata, ele sabe que se trata de uma percepção. Quando uma percepção permanece em sua mente e quando uma percepção se esvai, ele sabe que se trata de uma percepção permanecendo e esvaindo-se. Quando um pensamento surge na mente do Tathāgata, ele sabe que se trata de um pensamento. Quando um pensamento permanece em sua mente e se esvai, ele sabe que se trata de um pensamento permanecendo e esvaindo-se. Também essa é uma qualidade estranha e maravilhosa do Tathāgata."[1]

Embora os textos sagrados do budismo estejam repletos de eufóricas descrições de ocorrências sobrenaturais, o Buda chamava continuamente a atenção de seus discípulos para as percepções que tinha tido acerca de como cultivar uma mente saudável, a qual ele considerava infinitamente mais importante que qualquer acontecimento mágico. Durante minha estadia no mosteiro, o abade Ajahn Amaro contou-me a história esboçada acima. "O que ele insinua aí é que toda essa história de flores de lótus e devas não nos ajudam muito", disse o monge. "O mais impressionante, o verdadeiro milagre, é o de sermos capazes de observar nossa própria mente."

Os psicólogos dão a essa capacidade o nome de "metacognição" — a capacidade de *pensar sobre os pensamentos*, avaliando objetivamente as sensações, percepções, ideias e crenças que surgem na mente. É quase certo que somente os seres humanos são a única espécie capaz de tal proeza. Um dos principais objetivos da meditação é romper o hábito de nos identificarmos com os conteúdos da corrente da nossa consciência e nos aferrarmos a eles como se eles nos definissem, e vê-los, em vez disso, como eventos mentais isolados que podemos observar à medida que surgem, permanecem e somem. É a metacognição que nos permite fazer observações silenciosas durante a meditação — e, mais importante ainda, na vida em geral — sem julgar o que é observado. Em vez de dizermos "estou terrivelmente frustrado", apenas observamos: "sensação de frustração", ou "sensação de calma". Isso nos conduz a um entendimento de como os conteúdos da mente vêm e vão. Quando os budistas falam das intuições que a meditação *mindfulness* proporciona, essa é uma delas.

Esse antigo conceito encontra paralelos na psiquiatria, pois um dos fatores conhecidos (além das experiências adversas na infância e a baixa autoestima, por exemplo) que predispõem as pessoas a diversas doenças mentais é a incapacidade de parar e avaliar objetivamente os pensamentos e sentimentos. Essa incapacidade de "autorregulação" é responsável por uma ampla gama de problemas comportamentais e psicológicos, entre os quais problemas de desempenho escolar, TDAH, ansiedade, depressão e narcodependência.[2] A metacognição, por sua vez, nos permite pesar nossas opções e tomar uma decisão consciente sobre nosso comportamento, em vez de agir "por impulso". Psicoterapias como a terapia cognitivo-comportamental (TCC) e os programas de treinamento baseados em *mindfulness* foram criados expressamente para alimentar a capacidade autocognitiva. O Projeto Mindfulness nas Escolas, por exemplo, que é uma iniciativa pioneira do Centro de Mindfulness de Oxford, no Reino Unido, inclui um exercício em que os adolescentes são encorajados a visualizar cada pensamento ou sentimento que lhes ocorre como um ônibus que chega à parada onde estão. Eles têm então a opção de embarcar ou não; e, mesmo que embarquem, caso descubram que o ônibus não está indo pelo caminho que imaginavam, podem descer no próximo ponto.

A metacognição não tem nada de mágico, embora certamente seja uma capacidade estranha e maravilhosa. No capítulo anterior, sugeri a ideia de que nossos ancestrais tenham se juntado em grupos sociais cada vez maiores para se proteger dos predadores e dos grupos rivais na savana africana e caçar com mais eficiência. Se não fizessem isso, morreriam mais cedo e seus genes se extinguiriam. No decorrer de milhões de anos, essas pressões que se exerceram sobre a seleção natural parecem ter modificado nosso cérebro e nos transformado nos animais sociais que somos hoje, aperfeiçoando de modo lento e constante nossa capacidade de mentalização e facilitando o surgimento da linguagem complexa e das viagens mentais no tempo. Nos especializamos em firmar alianças estratégias e montar os esquemas de engano e autopromoção necessários para conseguir o que queremos dentro de grandes grupos de indivíduos cujas necessidades concorrem entre si. Mas a seleção natural também foi moldada por outra fonte de pressão: para nos darmos bem com nossos semelhantes e impedir que esses grupos maiores se fragmentassem, também era essencial que desenvolvêssemos certo autocontrole: a prudência de saber quando recuar num conflito ou sacrificar as necessidades egoístas em nome das do grupo. Aprendemos a ser pacientes e a adiar para amanhã nossa satisfação. Esse autocontrole consciente seria impossível sem a metacognição.

A introspecção é uma tremenda proeza, e os cientistas ainda estão tentando descobrir de que modo o cérebro humano a executa. O mais provável é que a metacognição, por ser um acréscimo relativamente recente ao nosso cabedal de recursos mentais, seja facilitada pelas partes do córtex pré-frontal que surgiram em época mais recente na nossa evolução. O cérebro de praticantes de meditação muito experientes talvez nos ofereça algumas pistas sobre esse assunto, pois a observação dos conteúdos da mente é fundamental para a prática da meditação. Sabemos que o cérebro é moldável — as regiões envolvidas na aquisição de uma nova habilidade mudam no decorrer do tempo, mais ou menos como um músculo que cresce com o uso reiterado. Por isso, é de se esperar que as áreas essenciais para as operações metacognitivas sejam diferentes nas pessoas que meditam e nas que não meditam. Em 2005, a neurocientista Sara Lazar e seus colegas do Hospital Geral de Massachusetts, em Boston, fizeram imagens do cérebro de pessoas que haviam passado cerca de seis horas por semana praticando meditação de discernimento nos dez anos anteriores, mais ou menos. Suas descobertas foram notáveis. Sabe-se que o córtex torna-se cada vez menos espesso com a idade, sobretudo no lobo frontal, mas uma parte específica do córtex orbitofrontal desses praticantes de meditação estava contrariando essa tendência. Essa região do cérebro era tão espessa em praticantes de 40 a 50 anos quanto nos de 20 e poucos e nos membros do grupo de controle, que nunca haviam meditado. Pesquisas subsequentes feitas por outros neurocientistas confirmaram essa descoberta.[3-5]

A região em questão é chama de área 10 de Brodmann e talvez seja um nodo importante numa rede metacognitiva que nos permite observar as correntes emocionais da nossa mente e decidir se queremos nadar contra as mesmas ou nos deixar arrastar por elas.[6] A área 10 de Brodmann é o posto mais avançado do córtex orbitofrontal (ver Figura 7, p. 190), o qual, como vimos no capítulo anterior, desempenha um papel crucial na capacidade de mentalização, também chamada de teoria da mente (a capacidade de nos colocarmos no lugar dos outros e ver o mundo com base no ponto de vista deles, habilidade essa que é essencial para a cognição social e a linguagem). Lembre-se que há uma correlação muito estreita entre o volume total do córtex orbitofrontal e o tamanho máximo do grupo social em que um primata pode se integrar. Lembre-se também que esse córtex aumentou imensamente de tamanho no decurso da evolução humana.

Assim, é curioso saber que a Área 10 tem, nos últimos anos, se revelado como um dos elementos fundamentais na neurociência da meditação. Em 2014, uma equipe de psicólogos comandados por Kieran Fox, na Universidade da Colúmbia Britânica, Canadá, publicaram um estudo de revisão de 21 outros estudos feitos com imagens do cérebro, envolvendo quase 300 praticantes de meditação. Quando saíram em busca de áreas que apresentassem uma correlação constante com a experiência da meditação, descobriram que a Área 10 havia sido especialmente assinalada em várias pesquisas envolvendo diferentes

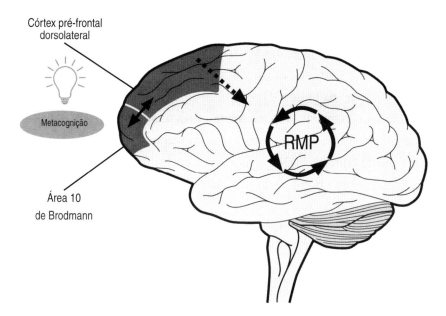

Figura 7: Metacognição. Nas pessoas que praticam meditação, identificam-se mudanças características numa região do córtex orbitofrontal chamada Área 10 de Brodmann, que tem o tamanho de uma caixa de fósforos e talvez tenha a ver com a metacognição, nossa capacidade observar nossos próprios pensamentos e emoções com desapego. Uma área vizinha com função de controle executivo, o córtex pré-frontal dorsolateral, talvez trabalhe com a Área 10 para tornar mais eficiente a metacognição, suprimindo o pensamento autorreferencial que é a especialidade da rede de modo-padrão (RMP).

tradições de meditação; com isso, Fox e seus colegas concluíram que ela deve ter função fundamental nessa prática.[7] Entre as pessoas que meditam, segundo os estudos, não só a espessura do córtex é maior como também a massa cinzenta (com os corpos dos neurônios) é mais densa e a massa branca (feixes de fibras conectivas ou "axônios") tem uma integridade estrutural maior.

Segundo as especulações de Fox e seus colegas, essas mudanças aumentam a capacidade da pessoa de observar seus pensamentos e emoções com desapego e frieza, mas a função exata que a Área 10 desempenha continua sendo um mistério. Ela tem o tamanho de uma caixa de fósforos (por volta de 14 cm^3) e ocupa meros 1,2% do volume total do cérebro, mas em termos relativos é duas vezes maior nos seres humanos que em qualquer outro primata superior, o que dá a entender que desempenhou papel crucial em nossa evolução recente.[8] Essa parte do cérebro se ativa quando nos dedicamos a vários tipos de tarefas e parece ser essencial para fazermos coisas cuja execução ainda não se automatizou e que, portanto, exigem de nós uma atenção consciente para que o melhor resultado seja obtido.[9]

Ao contrário do que diz a sabedoria popular, o *multitasking*, ou seja, a capacidade de se dedicar a várias coisas ao mesmo tempo, não existe de maneira alguma; a mente humana dispõe de um único canal de atenção e, portanto, só é capaz de se concentrar em uma coisa de cada vez. Se você tem a impressão de que a sua secretária, sua esposa ou o presidente da república conseguem fazer várias coisas ao mesmo tempo, é porque o cérebro dessas pessoas simplesmente passa de tarefa em tarefa rapidamente sem perder o fio da meada de cada uma delas.

E como isso funciona? Por enquanto nada se sabe ao certo, mas, segundo a "hipótese do portal" proposta pelo neurologista Paul Burgess e seus colegas do University College de Londres, a Área 10 facilita a execução mais ou menos simultânea de várias tarefas atuando como os desvios num trilho de trem, ou seja, fazendo com que nossa consciência alterne entre dois tipos de cognição: uma, os pensamentos baseados na memória e na imaginação, como os que ocorrem durante a cognição social, os devaneios, a ruminação e o pensamento criativo; outra, os pensamentos focados nos estímulos sensoriais que vêm quer do ambiente externo, quer de dentro do nosso corpo.[10] Essas rotas cognitivas alternativas podem ser concebidas respectivamente como um modo "narrativo" autorreferencial e um modo de "ser". Como vimos, este último também envolve o córtex cingulado anterior, a ínsula e o córtex somatossensorial, ao passo que a primeira envolve a rede-padrão. Quando funciona bem, o processo de transição entre os dois modos ocorre de modo rápido e eficiente, permitindo-nos, por exemplo, nos lembrar de outras coisas durante uma conversa sem deixar de ouvir o que a outra pessoa está nos dizendo.

À luz dessa hipótese, faz sentido que todos os tipos de meditação baseados na concentração da atenção — num mantra, num movimento, num objeto, na respiração ou numa sensação corpórea — e em suavemente reconduzi-la a seu objeto quando a mente divaga tenham efeitos mensuráveis sobre a Área

10. Talvez esse tipo de atividade mental aumente a eficiência do mecanismo de troca. Imagine-o como um antigo pátio de manobras de estrada de ferro, com grandes alavancas que controlam um conjunto de desvios pelos quais o trem pode enveredar por este ou aquele trilho. Se os trens representarem pacotes de informação e os trilhos forem caminhos alternativos que eles podem percorrer dentro do cérebro, a meditação é algo que permite que o ferroviário que controla as alavancas vá ficando cada vez mais forte e musculoso no decorrer do tempo, o que lhe permite controlar os desvios com cada vez mais facilidade. Em decorrência disso, as transferências da corrente de pensamento entre o modo narrativo e o modo de ser se tornam cada vez mais flexíveis, rápidas e eficientes.

De acordo com as especulações de Burgess e seus colegas, caso o "desvio" da Área 10 esteja defeituoso, a pessoa tem dificuldade para diferenciar entre os pensamentos e as experiências sensoriais — e é isso que acontece nas alucinações auditivas e visuais. Para ampliar um pouco a metáfora da estrada de ferro, os desvios podem se fechar e abrir na hora errada ou ficar fixos numa mesma posição, enviando o trem para o trilho errado. Encontraram-se, aliás, indícios de atrofia da Área 10 e a redução da conectividade funcional entre essa área e a rede-padrão no cérebro de pessoas esquizofrênicas.[11]

Os pesquisadores estão apenas começando a explorar os potenciais vínculos entre a Área 10 e os problemas mentais, mas podemos ter certeza de que esse pequeno posto avançado do córtex pré-frontal não atua sozinho. O cérebro funciona como um sistema de redes que se interligam e sobrepõem, cada uma das quais compreende diversas regiões. Como vimos nos Capítulos 6 e 9, por exemplo, o excesso de atividade na rede-padrão, cujos componentes espalhados por todo o cérebro entram em ação sempre que não estamos concentrados na execução de uma tarefa específica, foi implicado numa série de doenças mentais.

Outro elemento importante da metacognição é o córtex pré-frontal dorsolateral, uma região de controle executivo que desempenha um papel crucial no funcionamento da memória, do planejamento e da tomada de decisões. O interessante é que ela tem fortes vínculos funcionais e anatômicos com a Área 10.[12] As duas áreas são, na verdade, vizinhas: o córtex pré-frontal dorsolateral ocupa uma região um pouco superior da superfície exterior de cada hemisfério (ver Figura 7, p. 199). Como a área 10, o córtex pré-frontal dorsolateral se expandiu imensamente no decurso da evolução dos hominídeos; e, como talvez seja de se esperar, está implicado também nas doenças mentais. As pesquisas feitas com imagens do cérebro dão a entender que nas pessoas deprimidas — ou mesmo nas já em processo de remissão, mas que ainda correm risco de recaída — a atividade no córtex pré-frontal dorsolateral é lenta em comparação com a dos membros do grupo de controle, ao passo que o córtex pré-frontal ventromedial — parte da rede-padrão — é superativo.[13-15] É como se o cérebro tivesse ficado "encalhado" no modo de pensamento narrativo e autorreferencial. A metacognição hábil, por outro lado — que envolve um trânsito eficiente e apropriado entre o modo narrativo e o modo de ser — parece proteger contra a recaída as pessoas que já sofreram de depressão.[16] Demonstrou-se que o treinamento em *mindfulness*, além de tornar mais densa e espessa a Área 10, também aumenta a atividade no córtex pré-frontal dorsolateral, o que pode ajudar a conter as narrativas criadas pela rede padrão.[17] Talvez sejam essas mudanças no cérebro que estejam por trás do sucesso da terapia cognitiva baseada em *mindfulness* (MBCT), que foi explicitamente criada para prevenir a recaída mediante a redução da "reatividade cognitiva", a tendência de deixar que pequenas perturbações de humor sejam prolongadas pela ruminação em pessoas vulneráveis à depressão.

Mais uma vez, vale a pena lembrar que os sintomas de doença mental são mais disseminados do que comumente se supõe e se manifestam na população em diversos graus de um espectro de severidade.[18, 19] Por isso, talvez seja simplismo classificar as pessoas em "mentalmente sãs" e "mentalmente doentes", como se fosse possível inseri-las definitivamente num ou em outro grupo. Assim, quando os neurocientistas descobrem que o cérebro de pessoas em quem se diagnosticou essas doenças têm determinadas características estruturais e funcionais, talvez seja melhor conceber essas características como extremos de um espectro de variação que se estende por toda a população. Do mesmo modo, quando os pesquisadores encontram indícios de que a meditação afeta as regiões do cérebro associadas às doenças mentais, os potenciais benefícios da prática por certo não ficarão restritos aos "pacientes", mas se aplicarão a qualquer pessoa que se veja assediada pelas fraquezas cotidianas da mente humana: sua tendência a divagar e a perder-se nas emoções, seus impulsos egoístas e sua infinita capacidade de levar tudo o que lhe acontece para o lado pessoal.

Para ter uma noção fascinante das mudanças que se operaram no cérebro de Siddhãrtha mediante a dedicação à prática da meditação depois de ele encetar sua busca espiritual — e sobre os efeitos "estranhos e maravilhosos" que essas mudanças tiveram em sua mente —, podemos estudar o cérebro de praticantes experientes de meditação, como os descritos no início deste capítulo. A Área 10 e o córtex pré-frontal dorsolateral estão nas regiões que vêm se mostrando mais importantes tanto na meditação *mindfulness* quanto na saúde mental, mas há também uma outra área que, segundo se demonstrou, é transformada pela meditação praticada durante anos. O notável é que essa parte do cérebro, que tantas vezes passa despercebida, pode estar envolvida na criação da própria consciência humana.

Já se sabia que a ínsula, enfiada dentro de uma fissura que separa os lobos frontal e parietal do lobo temporal (ver Figura 2, p. 80), está envolvida no monitoramento dos estados internos do corpo, processo também chamado de "interocepção". Mas, segundo Bud Craig, neuroanatomista do Instituto Neurológico Barrow, em Phoenix, Arizona, ela também é a sede da percepção consciente, daquilo que ele chama de "a sensação de estarmos vivos". Sua teoria é que a ínsula cria uma série de "fotografias" do nosso ambiente interno e externo e as integra progressivamente com dados provenientes de outras partes do cérebro responsáveis pela emoção, pela motivação, pela tomada de decisões, pela cognição social e pela regulação do estado fisiológico do corpo.[20] Esse processo de mapeamento se completa na parte "anterior" da ínsula, a sua parte da frente, que incorpora informações do córtex cingulado anterior (CCA), que detecta erros quando estamos executando uma tarefa, monitora os conflitos entre tarefas concorrentes e controla a volição, ou seja, o "esforço dirigido". Em essência, o que Craig diz é que, integrando essas diferentes fontes de informação, a ínsula cria a sensação de estarmos vivos. Craig cita uma ampla gama de indícios em favor dessa teoria radical: a conectividade entre a ínsula e outras partes relevantes do cérebro e a observação de que o CCA e a ínsula anterior se ativam conjuntamente quando sentimos todos os tipos concebíveis de emoção: desde o amor materno, o amor romântico, a empatia, a felicidade e a excitação sexual até a raiva, o medo, a tristeza, a repulsa e a aversão. Chegou-se a afirmar que a ínsula participa da nossa apreciação da música, da experiência religiosa de "união com Deus" e do estado alucinógeno induzido pela ingestão de *ayahuasca*.*

Técnicas de meditação como a fixação da atenção na respiração e o *"body scan"* (escaneamento do corpo) têm por objetivo aguçar a percepção das sensações corporais. Por isso, é natural que elas provoquem mudanças estruturais na ínsula. Como vimos no Capítulo 4, "A segunda flecha", a ínsula se ativa quando praticantes experientes de meditação reduzem o grau de desagrado da dor, prestando atenção à sensação com uma atitude de aceitação e curiosidade. Os estudos revistos por Fox e seus colegas dão a entender que mesmo um curso rápido de meditação pode aumentar a espessura do córtex e a densidade de massa cinzenta nessa região. Essas mudanças são acompanhadas pelo aumento da espessura cortical e da integridade da massa branca no CCA, parceiro da ínsula na criação da consciência.[21] Estudos de imagem por ressonância magnética funcional (fMRI) fornecem ainda mais indícios, demonstrando que a ínsula e o CCA são mais ativos em pessoas que praticam meditação que nos membros do grupo de controle, não somente durante a prática do *mindfulness*, mas também em estado de repouso.[22] Assim, parece que o treinamento desses circuitos cerebrais é fundamental para os benefícios que a meditação produz. Durante a meditação de concentração na respiração, por exemplo, a ínsula anterior se ativa quando as sensações de inspirar e expirar se tornam objetos da atenção consciente, ao passo que o CCA percebe quando a atenção se desvia e a sujeita novamente às ordens do centro de controle executivo, que é o córtex pré-frontal dorsolateral.[23] Na verdade, os neurocientistas consideram que o CCA e a ínsula são os principais nodos da "rede de saliência" do cérebro, responsável por dirigir nossa atenção para estímulos importantes. A

---

* Bebida alucinógena preparada com o caule do caapi (*Banisteriopsis caapi*) e folhas de chacrona (*Psychotria viridis*), usada ritualmente por populações amazônicas e milhares de adeptos de diversas seitas em todo o Brasil e no exterior. (N. do E.)

prática reiterada pode fortalecer a rede, de tal modo que a consciência do momento presente possa ser alcançada com uma facilidade cada vez maior até se tornar praticamente espontânea.

A capacidade de concentrar a atenção nos sinais sensoriais e fisiológicos que nos chegam vindos do corpo — a interocepção ou "consciência corporal" — pode ser um elemento fundamental da nossa sensação de bem-estar. Atua como um chamado à realidade, e quem realiza esse chamado é a ínsula. Por outro lado, estabeleceu-se um vínculo entre a dissociação em relação às sensações corporais e as mais diversas doenças mentais, entre as quais a ansiedade, a depressão, a dependência, transtornos alimentares, dores crônicas e o transtorno de estresse pós-traumático (TEPT). Uma das descobertas mais surpreendentes da neurociência contemporânea é que, em vez de responder em tempo real à imensa quantidade de dados sensoriais que lhe chegam a cada momento, o cérebro procura sempre ficar um passo à frente dos estímulos, prevendo constantemente o que vai acontecer em seguida: simula um modelo do futuro imediato com base no que acabou de acontecer. Quando suas previsões não se confirmam — quando estamos nos sentindo ótimos e de repente sentimos ansiedade por causa do encontro romântico que teremos à noite, por exemplo — esse descompasso cria uma sensação desagradável de insatisfação, que podemos tentar resolver quer ruminando sobre ela e depois fazendo algo para aliviar a ansiedade (cancelando o encontro, talvez), quer atualizando os modelos de realidade com que o cérebro trabalha (investigando e aceitando a nova sensação). Essas estratégias alternativas empregam respectivamente o "modo narrativo" e o "modo de ser" do pensamento, de que falei há pouco neste capítulo. É claro que ambas as estratégias podem ter seu uso de acordo com as situações, mas o uso excessivo da evitação em lugar da aceitação pode acabar criando problemas futuros, pois há muitas coisas na vida que não podem ser mudadas e têm de ser simplesmente encaradas. A meditação *mindfulness* ligada à interocepção tem por objetivo a aceitação das coisas como são. Quando prestamos atenção como se deve, a ínsula atualiza continuamente sua representação do nosso mundo interno para aperfeiçoar sua própria precisão, reduzindo as discrepâncias entre expectativa e realidade. Como vimos nos capítulos anteriores, essa preservação do sentido de realidade — o direcionamento de uma atenção desapaixonada para sensações desagradáveis, como a dor ou a ansiedade — afrouxa o domínio que essas sensações têm sobre nós. Assim, as mudanças estruturais operadas no cérebro (sobretudo na ínsula e no córtex cingulado anterior) de praticantes experientes de meditação, do calibre de Siddhãrtha, podem ser responsáveis pela calma imperturbável e pela aceitação da realidade que são os objetivos derradeiros da prática contemplativa. A esses objetivos se dão, às vezes, o nome de "iluminação" ou "nirvana".

Durante anos, talvez por estar oculta no meio de profundas dobras dentro dos hemisférios cerebrais, a ínsula era considerada apenas um componente arcaico do sistema nervoso autônomo, que outra coisa não fazia exceto processar dados acerca do estado das vísceras. A hipótese de Craig, segundo a qual ela detém as chaves da percepção consciente, a trouxe para o centro do palco e, quanto mais aprendemos sobre ela, mais notável ela nos parece. Vão se acumulando indícios de que ela talvez seja responsável por experiências profundamente espirituais ou religiosas. Há pouco tempo, foi implicada nos sentimentos de felicidade e intensificação da consciência sensorial que precedem as convulsões em certas pessoas que sofrem de epilepsia focal, por exemplo. Essas "auras" de êxtase são incrivelmente semelhantes às experiências de êxtase religioso descritas por contemplativos de todas as religiões no decorrer das eras. Num artigo publicado na revista *Epilepsy & Behavior*, em 2009, Craig e Fabienne Picard, uma neurologista do Hospital Universitário de Genebra, na Suíça, relataram os casos de cinco pacientes, entre eles um homem de 37 anos que trabalhava numa fábrica de produtos eletrônicos e vinha sofrendo convulsões havia dezessete anos.[24] Descrevendo as auras que precedem as convulsões, ele afirmou: "É um bem-estar por dentro, uma sensação de veludo, como se eu estivesse protegido de tudo o que é negativo. Sinto-me leve por dentro, mas não vazio. Sinto-me realmente presente". Ele retinha ao longo de todo o processo o controle de seus pensamentos e a consciência de onde estava. "Sinto uma consciência mais forte do corpo e da mente, mas não me esqueço do que está a meu redor", disse. Nas anotações que o paciente fez para os médicos acerca das auras, escreveu de maneira mais poética sobre suas experiências, as quais, sem dúvida, o afetavam profundamente: "Meu corpo interior se ergue de uma bem-aventurança inalterável. Fujo para o espaço temporal do meu corpo. É um momento de plenitude na brecha do tempo, uma volta a mim mesmo. É um momento incondicional e privilegiado, de sensações inaladas. Meu corpo e minha cabeça talvez interajam de modo diferente do que todo ser humano conhece".

Do mesmo modo, uma mulher de 64 anos descreveu a aura extática que precedia suas convulsões como "uma imensa alegria que me preenche [...] um sentimento de presença total, uma integração absoluta de mim mesma, uma sensação de incrível harmonia do meu corpo inteiro e de mim mesma com a vida, o mundo, o 'Tudo'. Nesse momento me sinto muito, muito, muito presente. [...] Completamente envolta nessa bem-aventurança, sinto-me dentro de uma esfera radiante, sem nenhuma noção de tempo e espaço. Meus parentes me dizem que isso dura de 2 a 3 minutos, mas, para mim, esses momentos não têm começo nem fim".

Picard e Craig suspeitavam de que essas experiências de êxtase fossem provocadas por uma superatividade da ínsula anterior, pois imagens feitas com contrastes radioativos durante as convulsões indicavam uma atividade anormalmente alta nessa região. Mas não era fácil obter indícios concretos desse vínculo. Isso mudou em 2013, quando uma mulher de 23 anos que sofria de epilepsia focal e cujas convulsões sempre eram precedidas por uma aura de êxtase fez uma cirurgia exploratória. Sua doença, que lhe prejudicava gravemente a vida desde os 15 anos de idade, não reagia a medicamentos; o plano consistia em localizar o foco de suas convulsões por meio de eletrodos colocados em vários pontos de seu cérebro e perguntar como ela se sentia quando a corrente elétrica era ativada. Depois, com todo o cuidado, os cirurgiões fariam a remoção do tecido nervoso e, se tudo desse certo, as convulsões cessariam. Craig e Picard relatavam que a paciente estava de mau humor durante o procedimento — o que, aliás, não surpreende — mas que, no momento em que foi ativado um eletrodo em sua ínsula anterior, ela se animou e disse, contente: "Me sinto muito bem, com uma sensação engraçada e muito agradável de estar flutuando e um formigamento gostoso nos braços". Segundo ela, era exatamente assim que se sentia antes das convulsões.[25]

As sensações que os pacientes têm durante o êxtase da convulsão têm muito em comum com os lampejos de entendimento e de felicidade relatados por certas pessoas que meditam regularmente — tanto crentes quanto descrentes. O autor anônimo de *A nuvem do não saber* as descreveu como "sensações maravilhosas de doçura e prazer" — mas alertou de que não se podia nem devia contar com a manifestação dessas sensações: "Se elas vierem, acolha-as; mas não se apoie demais nelas por medo da fraqueza, pois você terá de ter muita força para sustentar esses sentimentos e essas lágrimas por um tempo bem longo. Talvez também se sinta inclinado a amar a Deus por causa delas, inclinação que reconhecerá pelo fato de ficar excessivamente descontente quando elas não estiverem presentes. Nesse caso, seu amor não é, ainda, nem puro nem perfeito [...]."[26] Em outras palavras, a experiência era mero efeito colateral agradável de uma atividade mais séria: se aproximar de Deus. Siddhãrtha, lembrando-se do que havia acontecido na noite de sua iluminação, descreveu os dois primeiros de quatro estágios de meditação progressivamente mais profundos (*jhanas*) como "arrebatamento e prazer [...] mas o sentimento agradável que assim se produziu não invadiu minha mente nem nela permaneceu". No terceiro *jhana*, ele disse que sentiu "uma permanência agradável", mas no quarto *jhana*, além do prazer e da dor, ele mergulhou apenas na "pureza da equanimidade e da atenção plena".[27]

A euforia não é um dos objetivos do Nobre Caminho Óctuplo, embora possa se manifestar espontaneamente ao longo do caminho. Consumidas num ambiente adequado, drogas como a maconha e o *ecstasy* podem induzir sensações semelhantes. Estudos feitos com base em imagens do cérebro indicam que a ínsula anterior também está envolvida nessas experiências.[28] O que o êxtase das convulsões e a euforia da meditação e do consumo de drogas recreativas parecem ter em comum é um sentimento intenso de bem-estar e de ligação com tudo e todos, sentimento esse que decorre da imersão no momento presente e da dissolução da sensação de ser um "eu" isolado. Mesmo para os que não professam crença religiosa alguma, as sensações podem ser tão inesperadas e poderosas que criam a impressão de que, pela primeira vez, a vida tem um sentido perfeito. No livro *Waking Up* (*Despertar*), o escritor ateu Sam Harris descreve a experiência que teve quando consumiu *ecstasy* aos 20 anos de idade — não numa *rave*, mas enquanto conversava calmamente com um amigo sentado ao seu lado num sofá.[29] Harris diz que experimentou "uma clareza moral e emocional diferente de tudo o que eu já houvesse conhecido" e se sentiu são pela primeira vez na vida. Ao que parecia, essa maravilhosa sensação de bem-estar decorria da perda total da noção de eu. Ele já não se via ansioso, autocrítico, competindo com o amigo, preocupado com a possibilidade de fazer papel de bobo. Perdera a noção de que ele era uma pessoa e o amigo, outra; e, com ela, perdera todo medo de ser julgado: "Já não via a mim mesmo pelos olhos de outra pessoa". A experiência foi tão profunda que depois, refletindo sobre ela, Harris percebeu que errara ao declarar que personagens da história das religiões, como Jesus, Lao-Tsé e Buda, eram meros "epilépticos, esquizofrênicos ou charlatães". Suas opiniões acerca das religiões organizadas continuaram ácidas como sempre, mas ele pôde provar por si mesmo algo da percepção psicológica que esses visionários haviam experimentado.

E tudo isso porque consumiu uma substância química que excita uma estrutura no fundo do cérebro. O que essas experiências, bem como as dos epilépticos e dos contemplativos, nos dizem sobre a mente? Não conhecemos todos os detalhes, mas a ínsula, o córtex cingulado anterior (CCA), a Área 10 de Brodmann e o córtex pré-frontal dorsolateral parecem fazer com que a mente transite de maneira flexível entre o modo de "ser" e o modo "narrativo". Voltando à analogia da estrada de ferro, a certa altura os trilhos se separam: um deles toma a rota panorâmica e passa pelas belíssimas paisagens da sensação pura e consciente: as formas, as cores, os sons e os sentimentos — até sentimentos de pura felicidade — criados pela ínsula anterior. O outro nos brinda com histórias em que nós mesmos somos o personagem principal — as narrativas das viagens mentais no tempo, da intuição social e da imaginação criadas pela rede de modo-padrão. O maravilhoso é que podemos aprender a controlar à vontade e a qualquer momento os sinais que determinam por qual dos dois trilhos viajaremos. Refinando nossas faculdades de atenção e regulação emocional por meio da meditação *mindfulness*, podemos, se quisermos, restringir o tempo que passamos no modo narrativo egocêntrico, que pode levar à ansiedade e à depressão. Podemos escolher a rota panorâmica, favorecendo um modo de ser mais ligado às experiências imediatas, no qual não permanecemos prisioneiros dos nossos pensamentos, mas, antes, os encaramos como eventos mentais transitórios. Independentemente de como ou onde nossa mente faça esse tipo de transição, temos à nossa disposição um espaço aberto de consciência onde a clareza da metacognição se tona possível.

Como vimos no capítulo anterior, quando nosso cérebro adquiriu os meios físicos necessários para lidar com a vida dentro de grupos sociais grandes, os graves efeitos colaterais negativos desse desenvolvimento também se manifestaram. A prática do *mindfulness* nos ajuda a sair do modo narrativo e autorreferencial de pensamento e entrar na consciência pura. Descrevendo suas próprias experiências com a atenção plena, Jon Kabat-Zinn descreveu-a como um alegre retorno a um modo de ser mais inocente: "Quando descobrimos a meditação, temos a seguinte sensação: 'Me lembro disto! Era assim que me sentia quando era criança! Sentia-me inteiro e completamente integrado'. Descobrimos então que podemos viver da mesma maneira depois de adultos. Trata-se de uma atividade que nos liberta e ilumina. Todas as coisas podem ser objetos desse tipo de consciência. Ou seja, não estamos falando de um estado especial e mágico, mas da consciência, da consciência pura... é isso que cultivamos com a atenção plena".

Descobriu-se há pouco que o outro modo de pensamento, o modo narrativo, tem muito em comum com os sonhos. Uma metanálise de pesquisas anteriores feitas com imagens do cérebro revelou que uma boa porção da rede-padrão se ativa durante os sonhos, ao passo que a área de controle executivo, como o córtex pré-frontal dorsolateral e o córtex cingulado anterior, têm atividade relativamente baixa.[30] Nos sonhos, nos afastamos da realidade e penetramos em domínios estranhos nos quais podemos nos encontrar com parentes mortos e conversar com eles, descer escadarias infinitas e voar, mas não questionamos a experiência nem tomamos consciência de que estamos sonhando. A consciência metacognitiva está absolutamente ausente. Não somos tão ingênuos quando devaneamos em estado de vigília, mas muitas vezes não percebemos que deixamos de lado a tarefa a que nos dedicávamos e que nossas simulações mentais nem sempre estão de acordo com a realidade. Sonhamos de olhos abertos.

É claro que as fontes podem representar uma rica fonte de ideias e soluções, planos grandiosos e fabulosas fantasias. É conhecido o fato de que Dmitri Mendeleev sonhou com a tabela periódica dos elementos químicos durante o sono.[31] O biólogo Otto Loewi estava sonhando quando teve a ideia de um experimento pioneiro que acabaria por revelar os fundamentos químicos da neurotransmissão (e valer-lhe um Prêmio Nobel).[32] Porém, como num sonho, quando nossa mente divaga nós nem sempre lembramos de confrontar nossos pensamentos, sentimentos e emoções com a realidade. Ruminamos e nos preocupamos com coisas que não podemos mudar. Nos esquecemos de viver no presente. Como escreve o monge vietnamita Thich Nhat Hanh, em *The Heart of the Buddha's Teachings* (A Essência dos Ensinamentoss de Buda),[33] "Se você não tiver atenção plena, toda a sua vida será como um sonho".

Meditação guiada: *"body scan"* (escaneamento do corpo)

Muitas pessoas têm a forte tendência de viver presas em seus pensamentos, perdendo o contato com o corpo e seus caminhos e tratando-o quase como se fosse um país estrangeiro. O corpo nos parece pouco mais que um apêndice problemático da mente, quando na verdade o que existe entre o corpo e a mente é uma via de mão dupla pela qual trafegam informações regulatórias. Esse intercâmbio só funciona bem quando a mente recebe do corpo informações atualizadas e imparciais. Uma consciência corporal centrada no presente e despida de todo julgamento promove uma regulação saudável das emoções e da fisiologia, na medida em que fornece ao cérebro informações oportunas e objetivas. Se, porém, a mente tentar fazer tudo sozinha, pode ser que se crie um ciclo de retroalimentação entre as emoções e nossas reações mentais às mesmas, o que só faz crescer a ansiedade, o sofrimento, os desejos desmedidos e a raiva. Precisamos aprender a nos desapegar, a deixar que as coisas sejam como são.

O escaneamento corporal é a coisa mais simples do mundo. Tire os sapatos e deite-se de costas no chão. Se for preciso, deite-se sobre um tapete, para ficar mais confortável. Estenda as pernas, descruze os tornozelos e deixe os braços estendidos e relaxados ao lado do corpo, com as palmas das mãos para cima. Feche os olhos ou, caso tenha medo de cair no sono, deixe-os abertos. Permita que a respiração se torne mais tranquila e mais lenta. Quando seu abdome se elevar a cada inspiração, repare nos pontos de contato entre seu corpo e o chão; e, quando expirar, sinta o corpo cada vez mais pesado contra o tapete, bem apoiado e em perfeito repouso. Imagine o ar entrando e saindo do seu corpo a cada respiração, como se fosse as ondas do mar numa praia. Não procure mudar a respiração de maneira alguma; deixe-a natural.

A certa altura, ao expirar, direcione a atenção para os dedos dos pés, a parte mais baixa do corpo, e deixe-a repousar ali por algum tempo. Investigue todas as sensações que emanam daquele ponto e continue inspirando e expirando: sensações de calor, formigamento, pulsação, talvez a textura das meias sobre a pele. Procure concentrar-se nos dedões dos pés, nas unhas, na pele, e em seguida veja se consegue se concentrar em cada um dos outros dedos e nos espaços entre eles. Se não descobrir nenhuma sensação particular, não há problema algum. Você está simplesmente reparando no que descobre e aceitando suas descobertas, sem tentar mudar nada. Repita o procedimento, deslocando a atenção para os diferentes pontos das solas dos pés: as bolas dos pés, a parte média da sola, os pontos do calcanhar que estão em contato com o chão, o peito do pé, os tornozelos. Fique atento a cada um pelo tempo que quiser.

Agora, vá subindo pelo corpo, seguindo exatamente o mesmo procedimento de investigar as sensações presentes, sejam elas quais forem. Passe de um local a outro, permanecendo em cada um o tempo que quiser: as batatas das pernas, os joelhos, a barriga das pernas, as cochas, a pelve, o abdome. Não é preciso elaborar, explicar ou tentar controlar mentalmente qualquer sensação de desconforto ou tensão. Explore a sensação, aceite-a e esqueça-a. Suba até o peito e os ombros e depois desça para as mãos, tomando consciência de um dedo de cada vez. Em etapas, vá chegando à cabeça: a boca, a língua, o nariz, a mandíbula, as orelhas e o couro cabeludo. Por fim, preste atenção ao corpo como um todo e a seus pontos de contato com o chão, sua localização dentro do ambiente. Pare um pouco e aproveite essa sensação de calma e de interligação com todas as coisas.

A *body scan* (escaneamento corporal) é uma meditação muito relaxante. Assim, se você cair no sono, não se sinta culpado. Talvez na próxima vez possa fazê-la com os olhos abertos ou sentado ereto numa poltrona ou no chão, sobre uma almofada ou tapete.

Como em todas as demais meditações, a *body scan* deve ser posta em prática durante o dia. Em momentos de estresse ou ansiedade — ou caso você não tenha outro objeto em que fixar sua atenção — você poderá relaxar direcionando a atenção para o corpo, sobretudo as mãos e os pés, e permitindo que ela repouse ali durante certo tempo.

CAPÍTULO 11

Espelhos da mente

Torna a tua mente uma fortaleza e vence Mara com a arma da sabedoria. Guarda sempre o que conquistaste.

— *The Dhammapada* (traduzido para o inglês por Eknath Easwaran), versículo 40

"Eu estava passando o tempo com uma turma de drogados na praia", diz ao público o homem de meia-idade. Depois de se formar na faculdade aos 21 anos, ele poderia ter entrado diretamente num emprego extraordinário que o sustentaria pela vida inteira: seu padrinho era sócio na joalheria De Beers. Mas Jeremy não era muito ligado em diamantes, muito pelo contrário. Ele estava então a mais de 10 mil quilômetros de distância de sua casa: estava na praia de Parangtritis, em Java, com um grupo de outros ocidentais brancos de classe média que tinham abandonado tudo. "Eu havia deixado a Inglaterra com uma passagem só de ida para o Oriente a fim de tentar descobrir algum tipo de direção espiritual", diz ele. Mas as coisas não saíram do jeito que ele tinha imaginado. "Minha cabeça girava com aquela confusão química e a ideia de que eu estava numa busca espiritual, levando um estilo de vida místico; mas ao mesmo tempo havia aqueles pensamentos desordenados e uma espécie de ansiedade renitente, áspera."

O dia já se aproximava do fim quando ele saiu caminhando sozinho pela areia para visitar um xamã chamado Dalang, que havia ficado amigo de Jeremy e dos outros ocidentais desocupados que ficavam na praia. O xamã morava numa caverna, a uma altura de cerca de 5 metros, que o mar escavara numa saliência rochosa havia milhares de anos. Talvez Dalang lhe dissesse algumas palavras de sabedoria para acalmar sua mente cansada. Quando chegou perto da caverna, viu um homem sentado perto da entrada na posição do lótus. Mas não era Dalang. "O sol estava se pondo e banhava tudo com uma luz dourada. O homem parecia um surfista — cabelos loiros, barba, torso nu, de *shorts*, sentado perfeitamente ereto — mas, à medida que eu me aproximava, o contraste entre aquela figura totalmente imóvel e serena e a bagunça que fazia barulho na minha cabeça foi se tornando cada vez mais forte." Jeremy diz que, quando subiu até a caverna, teve "o sentimento extraordinário de que era aquilo que eu precisava fazer, era ali que eu precisava estar".

Até então ele jamais vira uma imagem de Buda, jamais tivera qualquer tipo de vínculo com o budismo e jamais conhecera alguém que praticasse meditação. "Eu não queria perturbar aquele ser sereno, santo. Então, simplesmente me sentei, apoiando as costas de encontro à rocha. Depois de um tempo, ele abriu os olhos que tinham exatamente a cor dos *shorts* — um azul turquesa vivo —, olhou para mim e sorriu sem dizer nada, ao que fiquei... cheio de milhares de coisas que queria dizer, queria perguntar, tão pequeno, miserável e cansado que não conseguia dizer nada. Assim, simplesmente olhei para ele e olhei para o pôr do sol. Daí a pouco — não sei se foi ele quem se levantou e foi embora ou se fui eu — o momento passou. Nunca descobri quem ele era ou de onde vinha. Talvez fosse um deva! Não me arrogo nenhuma excelência, mas, naquele dia, aquela presença despertou algo em mim que disse: 'Sim! É aí que você deve estar. Não precisa permanecer nessa teia confusa de sentimentos.'"

"Não cheguei ao ponto de pensar que se eu parasse de consumir minhas..." — ele se esforça para encontrar um eufemismo adequado — "... *ervas modificadoras do humor* isso pudesse ter um efeito. Ainda estava convencido de que, quanto mais chapado estava, mais próximo me encontrava da realidade. Ainda não havia deixado essa ideia para trás, mas depois acabei deixando." A imagem poderosa da figura em serena meditação permaneceu com ele e, alguns meses depois, o conduziu a Wat Pah Nanachat, o Mosteiro Internacional da Floresta, no nordeste da Tailândia, onde dois anos depois, em 1979, o mestre de meditação Ajahn Chah ordenou-o monge. Foi assim que o vagabundo Jeremy Horner se tornou o Bhikkhu Amaro.[1]

Os cientistas desvendaram o mecanismo de disparo das células nervosas isoladas, decifraram seu código de sinalização e usam uma tecnologia cada vez mais sofisticada para investigar as operações do cérebro. No entanto, o funcionamento desse órgão de um quilo e meio que todos nós carregamos dentro da cabeça permanece, em sua maior parte, um mistério. Se não conhecêssemos suas qualidades estranhas e maravilhosas, como a consciência, a metacognição, a linguagem, o amor e a criatividade, jamais seríamos capazes de prevê-las com base em uma observação de seus componentes individuais. O cérebro é muito mais que a soma de suas partes, e um dos motivos é que cada uma de suas 100 bilhões de células nervosas é uma unidade de processamento de informações interligada com milhares de outras; e cada região do cérebro, densamente povoada, é apenas um único nodo em muitas redes interconectadas. Não admira que os neurocientistas ainda se perguntem sobre o real significado de suas imagens de ressonância magnéticas e traços de eletroencefalograma. A escala do desafio que eles têm diante de si é monumental. É como se, ao ouvir uma orquestra executar um concerto para violino, tentássemos "explicar" a música desmontando cada um dos instrumentos isoladamente, um de cada vez. Tudo o que obteríamos seria um grande emaranhado de corda de tripa, lascas de madeira envernizada e tubos de metal, mas nosso conhecimento não aumentaria em nada ou quase nada.

Como Jerry Horner, Britta Hölzel teve a sorte de descobrir a meditação na juventude e começou a praticá-la num *ashram* de yoga durante um ano em que ficou sem estudar antes de entrar na universidade. Ao contrário de Horner, no entanto, não entrou para a vida monástica; passou os últimos dez anos usando a ciência para investigar os efeitos da meditação sobre o cérebro. Trabalha agora na Universidade Técnica de Munique, na Alemanha. "Na comunidade dos pesquisadores que estudam a meditação, entre os quais me incluo, realmente acreditamos que ela faz muito bem ao corpo, à saúde física, e acreditamos que além disso deve ter efeitos benéficos sobre o cérebro", diz ela. Mas também percebe que, como qualquer outro cientista, ela deixa que suas preconcepções afetem seu trabalho. Sabe muito bem que a evolução preparou seu cérebro para ver padrões coerentes onde não existe padrão nenhum, e isso é um problema quando se trata de interpretar os dados de imagens do cérebro.

"Estamos tentando encontrar algo ou tentando confirmar nossas ideias — e isso vale para todos os estudos de imagem do sistema nervoso —, mas nosso entendimento ainda está só no começo. Acho que daqui a vinte anos, quando olharmos para trás, vamos dar risada de algumas ideias que temos hoje."

Os budistas, que prestam mais atenção à música da mente que aos instrumentos que a tocam, têm alguns anos de vantagem sobre os neurocientistas modernos. Sua abordagem sempre foi analítica, quase científica — o que nos tranquiliza um bocado. Os monges e monjas são, mal comparando, como psicólogos da cognição que, sentados no isolamento de suas celas, sondam a relação entre seus pensamentos e sentimentos e seu bem-estar. "Não somos cientistas estatísticos", diz Ajahn Amaro, que, antes de embarcar em sua busca espiritual na Ásia, chegou a fazer uma pequena incursão pela ciência ocidental moderna, formando-se em psicologia e fisiologia pela Universidade de Londres na década de 1970. "Não temos laboratórios nem nada desse tipo, mas nosso modo de praticar e ensinar a meditação é muito baseado na experiência — se baseia naquilo que de fato é capaz de ajudar as pessoas. Trabalhamos com a mente para compreendê-la melhor e treiná-la para ser mais maleável e funcionar de modo mais equilibrado." Os monges noviços, como estudantes de ciências, são estimulados a encarar com ceticismo todos os conhecimentos que receberem e a pensar por si mesmos. "Trata-se de um princípio fundamental", diz Amaro. "No *Kalama Sutta*,[2] o Buda diz: 'Não acreditem no que digo, não acreditem no que parece lógico ou no que vocês receberam da tradição. O que quer que seja benéfico para vocês e para os outros, que seja louvado pelos sábios — apeguem-se a isso e o usem. E o que quer que seja nocivo para vocês, que crie dificuldades e obstáculos, deixem-no de lado. Vocês são os árbitros do que é bom e verdadeiro. Baseiem-se em suas experiências e aprendam suas próprias lições.'"

Amaro aprecia o que a psicologia e a neurociência modernas têm a dizer sobre a meditação, não necessariamente pelo conteúdo dessas observações, mas por uma razão muito mais pragmática: a maioria dos não budistas tende a acreditar mais na pesquisa objetiva dos cientistas que nos relatos subjetivos dos monges. No MIT, em 2003, por ocasião do primeiro diálogo público entre cientistas modernos e contemplativos budistas, entre os quais o Dalai Lama, este criou a expressão "Grande Deus dos Dados" para descrever a ascendência que a ciência hoje tem sobre grande parte da humanidade: a crença de que não vale a pena fazer nada que os sumos sacerdotes da ciência não tenham antes sacramentado num aparelho de ressonância magnética ou num estudo clínico randomizado.[3] Apesar de suas reservas, ele se dispõe a comparecer a conferências científicas e a contribuir para o diálogo, desde que essas atividades promovam a realização de pesquisas sobre a atenção plena, a compaixão e a bondade e uma disseminação mais universal do Dharma: as verdades universais sobre a existência que, em sua opinião, o Buda descobriu.

As conferências sobre pesquisas em atenção plena, sobretudo aquelas a que compareceram Jetsun Jamphel Ngawang Lobsang Yeshe Tenzin Gyatso, também conhecido como XIV Dalai Lama, chamam a atenção da imprensa no mundo inteiro e são acompanhadas por celebridades. Goldie Hawn e Richard Gere, estrelas de Hollywood, estavam presentes entre os 1.200 membros da plateia naquele primeiro encontro realizado em Cambridge, Massachusetts, há mais de dez anos. Mas não foi essa a primeira vez em que o líder espiritual tibetano uniu suas forças às de cientistas modernos: as conversas informais e particulares já existiam havia anos e culminaram na fundação do Mind and Life Institute [Instituto Mente e Vida], criado em Massachusetts, em 1987, pelo neurocientista Francisco Varela e o empreendedor social Adam Engle. O Instituto deu às conversas um tom mais formal e preparou o caminho para que diálogos públicos se realizassem no decorrer dos trinta anos seguintes. Ao lado de cerca de 1.700 cientistas, médicos e psicólogos de 134 países, compareci ao mais recente simpósio de estudos contemplativos realizado pelo Instituto em outubro de 2014, no Hotel Marriott, em Boston. No segundo dia dos quatro que durou a reunião, estava previsto que o Dalai Lama se sentasse à mesa com o neurocientista Richard Benson e a psicóloga Amishi Jha. Da noite para o dia, todo um andar do hotel foi isolado e uma barreira de segurança foi erguida de um lado a outro do amplo corredor que conduzia a um salão de festas do tamanho de um campo de futebol, onde, pela manhã, ocorreria o evento. Às sete horas, guardas carrancudos de terno escuro começaram a acompanhar a passagem dos delegados por detectores de metais semelhantes aos usados em aeroportos, aproximando-se para fazer uma varredura mais íntima e detalhada sempre que as chaves ou moedas de alguém disparavam o alarme. Um comunicado distribuído a todos os delegados hospedados no Marriott recomendava que chegássemos ao local pelo menos uma hora antes do horário marcado para o evento, levássemos um documento oficial de identidade e deixássemos para trás uma longa lista de itens, como sacos de dormir, guarda-chuvas, líquidos e "armas ou ferramentas de qualquer tipo". No fim da mesa-redonda ocorrida na noite anterior, o organizador do simpósio lembrou os cientistas, clínicos, monges e monjas presentes que teriam de deixar as armas de fogo no quarto para poder assistir ao diálogo. É claro que se tratava de uma piada, mas a ameaça de uma tentativa de assassinato era real.

Dentro do cordão de segurança, a atmosfera era uma estranha mistura de tranquilidade e expectativa. Os delegados se espalhavam pelas entradas do salão de festas, absortos em animadas conversas com colegas e novos amigos. Sabiam que ainda tinham muito o que esperar. Outros encontraram cantos silenciosos para praticar yoga ou sentar-se de pernas cruzadas, meditando no carpete do corredor. Desnecessário dizer que nenhum pensamento de violência passava pela cabeça de qualquer um dos presentes quando, pouco depois das nove da manhã, o Dalai Lama finalmente subiu ao palco e, sob uma chuva de aplausos, foi apresentado por Arthur Zajonc, presidente do Instituto Mente e Vida. Um dos objetivos declarados do diálogo era discutir quais princípios diretores deveriam governar a aplicação da meditação *mindfulness* em ambientes como o exército e empresas comerciais. Amishi Jha, psicóloga, membro do Instituto Mente e Vida e participante do diálogo com Davidson e o Dalai Lama, já vinha investigando a eficácia de um programa de treinamento em *mindfulness* criado para aumentar a resiliência dos fuzileiros navais norte-americanos, com verba do Ministério da Defesa. O tato e a diplomacia, porém, impediram que quaisquer opiniões fortes se manifestassem. O que se visava era a um diálogo, não a um debate. No entanto, quando lhe perguntaram como surgira seu interesse pela ciência, Gyatso disse que era fascinado pela tecnologia desde a infância, passada no Palácio de Potala, em Lhasa. A tecnologia moderna ainda não havia chegado ao Tibete em sua época, mas ele se lembrou que ganhara um brinquedo de corda, um boneco de soldado britânico com um fuzil, com o qual brincou feliz por alguns dias antes de desmontá-lo para ver como funcionava. Aos 19 anos, viajando pela China numa visita oficial (depois da anexação de seu país pela China, mas antes que as relações diplomáticas se rompessem completamente), foi cativado pelas gigantescas usinas hidrelétricas e fundições de aço que seus anfitriões lhe mostraram.

No decorrer dos últimos cinquenta anos, Gyatso se aproximou mais da ciência que qualquer outro líder religioso e buscou incorporar as descobertas dela à cosmovisão do budismo tibetano. Na tradição Gelug, que ele segue particularmente, determinou que ciências e matemática sejam matérias obrigatórias no ensino primário. A ciência também entrou para o currículo universitário dos mosteiros tibetanos. Sua Santidade disse publicamente que abandonaria qualquer princípio dos ensinamentos budistas caso se provasse que o mesmo é incompatível com os dados científicos. Em seu livro *The Universe in a Single Atom* [*O universo em um átomo*],[4] ele escreveu: "O budismo tem de aceitar os fatos descobertos quer pela ciência, quer pela experiência contemplativa. Quando investigamos algo e descobrimos razões e provas em seu favor, temos que reconhecer que isso é real — mesmo que contradiga uma interpretação literal dos textos sagrados que seja dominante há muitos séculos, ou uma opinião ou um ponto de vista profundamente entranhados". Para mim, o trecho do *Kalama Sutta* citado por Ajahn Amaro diz a mesma coisa. No simpósio de *mindfulness* de Boston, Gyatso revelou que há muito havia abandonado a cosmologia budista tradicional. Abandonara-a quando tomara contato com as descobertas extraordinárias da astronomia moderna. Deve-se assinalar, porém, que certos princípios do budismo, como a crença de que todos os seres vivos estão sujeitos a um ciclo de nascimento, morte e renascimento, não podem ser refutados pela ciência. Falarei mais sobre o renascimento no último capítulo deste livro, mas basta por ora dizer que esse é um dos pontos em que os cientistas e os crentes devem, com toda a educação do mundo, concordar em discordar. Assim como nenhum cientista chegará jamais a provar conclusivamente que o Monstro Voador de Espaguete não existe,[5] assim também ninguém pode provar que o paraíso, o inferno, os deuses, os anjos, as vidas passadas e as vidas futuras não existem. Tudo o que é possível é chegar à conclusão de que essas coisas não são muito prováveis.

Apesar dessas áreas em que a concordância é impossível, restam abertos vários caminhos para a colaboração entre cientistas e religiosos, muito embora às vezes tenhamos a impressão de que os monges que se apresentaram como voluntários para os projetos de pesquisa só deixam que seus cérebros sejam sondados num espírito de condescendente compaixão. Com sua gargalhada sonora e característica, o Dalai Lama provocou os cientistas reunidos no salão de festas do Marriott: "Sou um monge budista, não preciso da ciência!". Explicando por que estava tão contente pelo fato de os cientistas terem começado a estudar os benefícios da meditação, entretanto, ele admitiu: "Quando falo sobre a literatura budista, é possível que as pessoas não me ouçam". Ecoando os sentimentos de Amaro, declarou que o público tendia a prestar mais atenção aos cientistas, pois estes tinham dados concretos e fatos materiais para apresentar. Agradava-se ao ver que o trabalho científico começava a confirmar o que os budistas já sabiam — que uma mente bem treinada é essencial tanto para o bem-estar físico quanto para o emocional. "Aqui, não estamos falando sobre o paraíso, Deus ou o nirvana", afirmou, "mas sobre como construir uma sociedade mais feliz".

O que, então, já foi provado pelos cientistas? Ou será ainda muito cedo para se chegar a qualquer conclusão firme? Os melhores dados clínicos de que dispomos até agora, descritos no Capítulo 6, tendem a corroborar a eficácia de terapia cognitiva baseada em *mindfulness* (MBCT) para prevenir a recaída em pessoas que sofrem de depressão recorrente. Na época em que escrevo este texto, o estudo publicado em *The Lancet*, em 2015, é a investigação mais definitiva já realizada sobre a meditação *mindfulness*: um estudo clínico controlado randomizado envolvendo 424 pacientes. O estudo comparou a MBCT com os antidepressivos e concluiu que o programa era tão eficaz quanto os medicamentos para impedir a recaída num período de acompanhamento de dois anos — e era significativamente *melhor* entre aqueles que haviam sofrido mais adversidades na infância.[6] As investigações sobre outras potenciais aplicações clínicas ainda não estão tão avançadas. Até agora, experimentos feitos com portadores de insônia crônica produziram resultados inconclusivos, por exemplo, embora as pesquisas mais recentes sejam promissoras — dão a entender que, seis meses depois de fazer um curso de *mindfulness* (atenção plena) especialmente desenvolvido para esse fim, 80% dos pacientes estavam dormindo melhor em comparação com os 40% de um grupo de controle ativo.[7] Do mesmo modo, estudos sobre a eficácia de terapias baseadas na atenção plena em portadores de transtorno bipolar ou psicose ainda se encontram em estágio preliminar.[8, 9]

A neurocientista Britta Hölzel está intimamente envolvida no desenvolvimento de um programa de *mindfulness* para o transtorno bipolar, cuja administração deve ser feita por um instrutor.[10] Ainda não se conduziram estudos clínicos de grande porte, como os já feitos em relação à depressão. Os críticos se preocupam com a possibilidade de que, em condições como essa, a meditação possa desencadear surtos psicóticos e outras experiências desagradáveis. Perguntei a Hölzel se, na opinião dela, o medo se justificava. "Nunca vi problemas graves como esses em nossas aulas", disse. "A prática pode aumentar a ansiedade das pessoas, mas fazemos dessa ansiedade o objeto da nossa atenção e trabalhamos para superá-la. Sugerimos, por exemplo, que, em vez de concentrar a atenção na respiração, eles a concentrem no corpo, ou nas pernas e nos pés." Em certo sentido, aprender a lidar com emoções perturbadoras — como a ansiedade — no momento em que surgem é o próprio objetivo da prática; como acontece com outras técnicas de psicoterapia, a meditação *mindfulness* pode evidenciar os problemas que já existem. É mais ou menos como lavar um ferimento recém-infligido: dói, mas é essencial para prevenir infecções e promover a cura. Nas aulas de MBCT para depressão, instrutores treinados avaliam cada pessoa que entra no curso de oito semanas para determinar se ela já está pronta para fazer o programa. Excluem todas as que se encontram em situação de risco e, durante as aulas, ficam à espreita de possíveis problemas e adaptam suas instruções aos casos particulares, ou dão ajuda individual aos que encontram mais dificuldade. Centros de meditação que oferecem retiros intensivos talvez não estejam tão bem preparados para lidar com reações adversas. Muitos fazem questão de desencorajar a participação de pessoas que tenham doença psiquiátrica diagnosticada, pois a equipe de trabalho nem sempre está bem preparada para identificar problemas ou saber como responder aos mesmos. A ausência de interação social em retiros silenciosos, a fome causada pelo preceito monástico de não comer depois do meio-dia e as perturbações dos hábitos de sono que podem advir da meditação intensa — que promove a vigília — podem tornar mais prováveis as reações adversas. A privação de sono, em particular, é um fator de risco para o surto psicótico.[11]

As pessoas que fazem cursos de meditação *on-line* não têm apoio individualizado, mas esses cursos geralmente envolvem períodos de meditação muito curtos, de 5 a 15 minutos, que tendem a não causar problemas. No momento em que escrevo este texto, a psicóloga clínica Willoughby Britton, da Escola de Medicina Brown, em Providence, estado de Rhode Island, está coletando relatos de reações adversas junto às mais diversas fontes, mas ainda não publicou suas descobertas.[12] Enquanto isso, o melhor que se pode aconselhar é que a prática seja breve e frequente e que toda pessoa em quem tenha sido diagnosticada uma doença psiquiátrica peça a opinião de seu médico antes de ir a um retiro de meditação ou fazer um curso de *mindfulness*.

Apesar dessa preocupação recente com possíveis efeitos negativos, vem crescendo o número de indícios que confirmam os benefícios das intervenções de atenção plena. Em 2015, cientistas holandeses e norte-americanos publicaram uma revisão dos dados de 115 estudos clínicos randomizados e controlados envolvendo 8.683 pessoas portadoras de vários transtornos e doenças. Concluíram que o *mindfulness* pode ser usada como tratamento suplementar para aliviar os sintomas físicos e mentais associados ao câncer, às doenças cardiovasculares, à dor crônica, à depressão e aos transtornos de ansiedade.[13] Não se encontraram outros dados tão convincentes quanto os relatados acerca de depressão em *The Lancet*, pois nos estudos revistos os pacientes que fizeram cursos de *mindfulness* eram comparados com outros que ainda estavam na lista de espera para os programas e que continuavam recebendo somente o "tratamento usual" — o qual, em geral, envolve pouquíssima terapia. Os efeitos de todas as intervenções médicas são intensificados em maior ou menor medida pelo efeito placebo: o poder da crença e da expectativa, que produzem melhoras físicas e psicológicas reais e superiores aos benefícios diretos dos tratamentos considerados em si (trata-se da *cura pela fé* no sentido literal dessa expressão). Inversamente, as pessoas que entram na lista de espera ou continuam no tratamento usual podem se sentir frustradas por não estarem fazendo a terapia sob estudo, e essa frustração pode piorar sua condição.

O ideal é que, nos estudos clínicos, a terapia estudada seja comparada com um grupo de controle "ativo", no qual os pacientes recebam uma intervenção equivalente em matéria de empenho de tempo e expectativa de eficácia. Nos estudos mais novos, por exemplo, os cursos de *mindfulness* são às vezes contrapostos à terapia cognitivo-comportamental (TCC), a cursos de relaxamento, a um programa de educação intensiva de saúde ou a um programa de exercícios físicos. No passado, somente uma pequena minoria dos estudos sobre a atenção plena atendia a esses critérios; ultimamente, ele vem sendo cada vez mais utilizado. Em 2014, Madhav Goyal e seus colegas da Universidade Johns Hopkins, em Baltimore, Maryland, fizeram uma revisão de 47 estudos clínicos randomizados e controlados por meio de grupos de controle ativos. Encontraram indícios de que a meditação *mindfulness* pode, sim, aliviar os sintomas da ansiedade, da depressão e da dor.[14] Escreveram que os efeitos sobre a ansiedade e a depressão, conquanto modestos, eram "comparáveis com os que se poderiam esperar do uso de um antidepressivo numa população de cuidados primários, mas sem a toxicidade destes". Os indícios que corroboravam a redução do estresse e a melhora da qualidade de vida eram mais fracos: o número de estudos de alta qualidade com grupos de controle ativos eram simplesmente pequeno demais para que se pudesse chegar a quaisquer conclusões. Em razão do efeito placebo, os estudos clínicos que comparam o efeito de um tratamento com uma intervenção ativa de controle tendem a registrar melhoras menos expressivas do que aqueles que comparam o mesmo tratamento com pacientes numa lista de espera ou que recebem somente o tratamento usual.

Não é fácil criar uma situação de controle ativo que seja equivalente à meditação no que se refere à expectativa de eficácia por parte dos pacientes, sobretudo porque, nos últimos anos, o *mindfulness* tem sido muito exaltado aos olhos do público. Uma das possibilidades promissoras consiste em comparar a meditação verdadeira com uma "meditação de mentira" em que os pacientes sejam levados a crer que vão meditar, mas se lhes diga simplesmente que permaneçam sentados em silêncio, de olhos fechados. Em 2010 publicou-se um estudo que comparou os efeitos de bem-estar psicológico e saúde cardiovascular de uma hora de treinamento em *mindfulness* e uma hora de treinamento em meditação de mentira. A hora de treinamento foi dividida em três períodos de 20 minutos administrados em três dias consecutivos.[15] Nenhum dos 82 estudantes de graduação que participaram tinha experiência anterior de meditação. Constatou-se que a intervenção verdadeira foi mais eficaz que a de mentira para a redução dos estados negativos de humor, depressão, fadiga, confusão e batimento cardíaco. Não obstante, pode-se argumentar que ficar sentado por 20 minutos de olhos fechados sem ter a menor ideia de como fazer a mente parar de divagar é uma experiência monótona e desagradável, que dificilmente tenderá a inspirar qualquer tipo de confiança.[16]

Os "melhores controles" são os tratamentos tradicionais e preferenciais para cada doença. Por isso, são particularmente empolgantes os resultados de um estudo que investigou a eficácia da atenção plena no tratamento da narco-dependência. No Capítulo 7, "Adoradores do fogo", descrevi um estudo clínico randomizado e controlado que comparava a Prevenção da Recaída Baseada em Mindfulnes (MBRP) com a TCC e o tratamento preferencial para a recupe-ração de dependentes, o programa de 12 passos dos Alcoólicos e Narcóticos Anônimos. Um total de 286 pessoas foram aleatoriamente distribuídas pelas três intervenções. Tanto a TCC quanto a MBRP se saíram melhor que o pro-grama de 12 passos na tarefa de impedir que ex-usuários voltassem a con-sumir a droga; a TCC mostrou-se um pouco melhor que o *mindfulness* após seis meses. Depois de um ano, entretanto, as pessoas que fizeram o curso de *mindfulness* eram, dos três grupos, as que menos tinham probabilidade de re-cair. Relataram um número significativamente menor de episódios de uso de drogas e reduziram significativamente os episódios de bebedeira.[17]

Ótimas notícias, não? Mas você talvez esteja se perguntando quais são os benefícios da meditação para as pessoas que não tiveram diagnóstico de doença mental nem sofrem de dependência química. Acaso a prática da me-ditação vai melhorar seu bem-estar psicológico ou suas funções cognitivas? Neste livro, defendi a tese de que as doenças mentais são manifestações ex-tremas de certas características herdadas que definem coletivamente os seres humanos. Todos nós somos mais ou menos vulneráveis aos efeitos da hostili-dade, da ruminação, da ansiedade, da paranoia e dos desejos descontrolados. Os indícios cada vez mais sólidos no sentido de que a meditação *mindfulness é* capaz de reduzir a dor crônica e a ansiedade, prevenir a recaída na depressão e reduzir o desejo de drogas dão a entender que essa prática tem benefícios potenciais para todos — melhorando nossa estabilidade emocional, por exemplo, e nos ajudando a tomar decisões melhores em nossa vida cotidiana. Um estudo de revisão publicado em 2012 pelo psicólogo alemão Peter Sedlmeier e seus colegas, que analisou os dados de 163 estudos acerca dos efeitos da meditação sobre populações sem diagnóstico de doença, dá a entender que isso é verdade.[18] Concluiu-se que os benefícios mais fortes se manifestaram nos relacionamentos interpessoais, nos níveis de ansiedade, nas neuroses e na capacidade de atenção. Ganhos menores verificaram-se na inteligência, nas emoções positivas e no bem-estar geral. Mais uma vez, foi nos estudos mais exigentes, em que a meditação foi comparada com um grupo de controle ativo, que os efeitos constatados foram menores. Não obstante, os resultados parecem promissores e os benefícios parecem ir além da evocação reiterada da "reação de relaxamento" — o inverso da reação de luta ou fuga — porque, nos estudos revistos, o *mindfulness* produziu efeitos mais intensos que o treinamento costumeiro de relaxamento. Parece que ela envolve muito mais que o simples aprendizado de como se acalmar.

O *que* ela envolve, então? Além de induzir a calma, há outros quatro efeitos que se destacam como possibilidades. Já exploramos três deles: uma mudança no nosso modo de ver e sentir o "eu", a regulação emocional e a metacognição. O quarto é um aperfeiçoamento da nossa capacidade de concentrar a atenção e mantê-la concentrada. Trata-se de uma capacidade crucial para a compreensão da realidade e a nossa relação com ela, pois nos permite evitar sermos distraídos ou enganados pela aparência superficial das coisas. Os budistas identificam a "ilusão" como um dos três venenos psicológicos que causam o sofrimento humano; os outros dois são o desejo e a aversão. Todos hão de concordar que uma pessoa que se distrai facilmente também se ilude com facilidade. Na verdade, quando não queremos nos iludir, a capacidade de empregar a atenção de modo eficaz pode ser mais importante que a inteligência em si, como vou explicar daqui a pouco. Mas, antes, dê uma olhada neste problema:

Um bastão e uma bola custam $ 1,10.

O bastão custa um dólar a mais que a bola.

Quanto custa a bola?

Fácil, não? Talvez haja uma dúvida no fundo da sua mente. Por que me dei ao trabalho de propor um desafio tão simples? Espere um pouco. Muitos leitores já terão percebido que a resposta não é 10 centavos (e alguns terão até calculado a resposta correta, 5 centavos). Uns poucos segundos empenhados na verificação da resposta que imediatamente vem à mente revelarão que a mesma é falsa, pois, se a bola custa 10 centavos, o bastão tem de custar $ 1,10, perfazendo um total de $ 1,20. Não se preocupe se você foi enganado; pessoas de alto calibre cognitivo já o foram. Quando se pediu a estudantes das três melhores universidades dos Estados Unidos — Harvard, MIT e Princeton — que resolvessem esse problema, mais de 50% deram a resposta intuitiva sem pensar duas vezes.[19] O cálculo da resposta correta exige um conhecimento bem básico de álgebra, mas a questão aqui não é o conhecimento matemático em si, mas se a pessoa se dá ao trabalho de verificar a resposta que lhe vem instantaneamente à cabeça. No fim, os estudantes que se contentavam com a resposta intuitiva ao problema do bastão e da bola e outros semelhantes, sem fazer o esforço de verificação, mostraram-se também mais impulsivos, impacientes e tendentes a procurar satisfação instantânea. Comentando sobre essa descoberta, o psicólogo Daniel Kahneman, ganhador do Prêmio Nobel, escreve em seu livro *Thinking, Fast and Slow*:[20] "Muita gente é demasiado confiante e tende a depositar fé demais em suas intuições. O esforço cognitivo geralmente lhes parece levemente desagradável e essas pessoas o evitam o máximo possível". Para tomar decisões racionais, conclui, a pessoa deve encarar com ceticismo suas intuições — os atalhos enlameados de estrada de terra que às vezes nos ajudam, mas também podem nos fazer encalhar em ilusões de todo tipo. Kahneman afirma que a racionalidade, portanto, depende não somente da inteligência, mas também de nos darmos ao trabalho de prestar atenção.

Será que a meditação alimenta em nós a capacidade de resistir ao canto de sereia da intuição? Em tese, sim. A fase de "atenção concentrada" do *mindfulness* envolve a concentração num determinado estímulo, como um ponto fixo no ambiente ou a sensação da respiração, à exclusão de todos os demais objetos. Isso não somente evoca a reação de relaxamento como também, segundo uma teoria, melhora nossa capacidade de prestar atenção contínua a tarefas cotidianas de toda espécie. Na fase de "monitoramento aberto", os praticantes de meditação costumam ampliar o campo de sua atenção para incluir dentro dele quaisquer pensamentos e sentimentos que surjam na mente, sem, no entanto, elaborá-los ou procurar mudá-los. Com o tempo, isso pode aperfeiçoar sua capacidade de tomar decisões racionais, pois aguça o seu poder de metacognição. A ideia é que, como acontece no processo de aprendizado de uma habilidade física, esses exercícios mentais mudam o *hardware* do cérebro e estimulam o crescimento das conexões e dos neurônios necessários, de modo que a prática, com o tempo, vai se tornando cada vez mais automática e eficiente. É a neuroplasticidade em ação. Vimos que os neurocientistas já são capazes de detectar os efeitos dessa plasticidade no cérebro de pessoas que meditam há muitos anos.

Num estudo feito com praticantes que já tinham praticado cerca de 19 mil horas em média, constatou-se, em comparação com os novatos, um aumento da atividade numa rede de regiões do cérebro envolvidas na conservação da atenção. Porém, entre participantes que já haviam praticado em média 44 mil horas nas décadas anteriores, a atividade era *menor* que em novatos da mesma idade.[21] Trata-se do clássico U invertido que os neurocientistas constatam quando medem a atividade nas regiões cerebrais mais importantes quando as pessoas aprendem atividades novas: a atividade aumenta, chega a um ponto máximo e depois vai diminuindo à medida que o desempenho se torna natural e espontâneo. Vale observar, entretanto, que 44 mil horas de meditação equivale a seis horas de prática por dia durante vinte anos. Felizmente, uma melhora mais modesta mas mais fácil de atingir pode ser conquistada meros meses depois de o praticante tomar o longo caminho que leva ao *nibbāna*. Num estudo, constatou-se que três meses de treinamento intensivo em meditação foram capazes de aguçar significativamente a concentração da atenção, medida por um teste padronizado conhecido como "teste do piscar atencional".[22] Em outro, constataram-se indícios de melhora da atenção continuada (a capacidade de resistir a distrações internas e externas) depois de um retiro intensivo de três meses,[23] embora ainda seja impossível determinar se as costumeiras oito semanas de um curso de MBSR realmente sejam suficientes para criar uma diferença notável na capacidade de atenção. Um estudo publicado em 2014 não relatou indício algum de melhora depois de tempo tão curto.[24]

Uma revisão de todos os dados obtidos até agora, feita por Alberto Chiesa e seus colegas do Instituto de Psiquiatria de Bolonha, na Itália, levou-os a concluir que as primeiras fases do treinamento em *mindfulness*, que envolvem o direcionamento continuado da atenção para um estímulo em particular, fortalecem a "atenção executiva".[25] Trata-se da capacidade de administrar as exigências concorrentes que se impõem aos recursos limitados da nossa atenção. As fases posteriores do treinamento, num período que pode durar de alguns meses a vários anos, envolvem o monitoramento aberto das sensações, dos sentimentos e dos pensamentos à medida que surgem e desaparecem, sem porém que nos enredemos neles; essas fases aguçam um tipo de atenção chamado "alerta", no qual permanecemos vigilantes para sinais externos e internos inesperados mas não os elaboramos mentalmente. Chiesa e sua equipe também encontraram indícios de que a memória operacional melhorava depois de retiros curtos de meditação *mindfulness*. A memória operacional é uma espécie de *"buffer"* que nos permite lembrar durante alguns segundos de fragmentos de informação como uma série aleatória de números, por exemplo. Os psicólogos relatam que a magnitude da melhora aumentava de braços dados com o aumento da experiência em meditação.

Além de promover a atenção, a meditação tem outros efeitos comprovados que podem facilitar a tomada de boas decisões, entre os quais a melhora da regulação emocional (menos raiva ou agressividade, por exemplo), a diminuição do desejo por substâncias que provocam dependência e o aumento da empatia pelos sentimentos dos outros.[26] Trata-se de caminhos importantes para a pesquisa sobre atenção plena no futuro, cujas implicações vão muito além do bem-estar individual e alcançam os domínios sociais e econômico. Os psicólogos estão apenas começando a sondar os potenciais elos entre a meditação e a tomada de decisões racionais, mas, em princípio, na medida em que ajuda as pessoas a se tornar mais alertas e atentas em sua vida cotidiana, a meditação pode protegê-las contra a possibilidade de se enganarem ou iludirem.

Quando penso na capacidade que o ser humano tem de afastar de uma vez a ilusão, sempre me lembro do meu ex-chefe na revista *New Scientist*, o falecido John Liebmann. Na qualidade de subeditor-chefe da revista, John era especialista em identificar as ilusões. Era um algoz para escritores e editores que não partilhassem de sua atenção aos detalhes, alimentada pela curiosidade intelectual e litros de café preto e amargo. Sua conversa evidenciava essas características: ele demorava a responder ao que lhe era perguntado e pensava em tudo o que ia dizer, em vez de declarar a primeira ideia que lhe viesse à cabeça — coisa que muitos de nós fazemos durante a maior parte do tempo. Daniel Kahneman gostaria dele. As pessoas que não conheciam muito bem John completavam suas frases antes que ele as terminasse — chamando-lhe ao rosto uma expressão de dolorida resignação —, mas seus amigos e colegas esperavam pacientemente até que as palavras chegassem. Sabíamos que valia a pena esperar. Por pensar antes de falar, os pensamentos e palavras de John sempre estavam em concordância. Quando ele dizia algo, era aquilo mesmo que ele queria dizer. Enfurecia-nos o fato de que, nas discussões, ele geralmente tinha razão. John sabia que a marca característica do subeditor não é nem a inteligência nem o conhecimento, embora essas coisas possam ajudar, mas uma percepção quase instintiva de quando as coisas estavam fora de lugar e a disposição de fazer algo para recolocá-las no lugar devido. John, como Kahneman, sentia-se fascinado pelo modo como os erros eram capazes de passar despercebidos a todos, como um erro de ortografia numa manchete, que ninguém vê senão depois de impresso o exemplar. Intrigado, ele imprimia uma página que continha um erro desses e mostrava para cada um de nós separadamente para ver se éramos capazes de detectar o erro — não para nos recriminar, mas por curiosidade acerca dos pontos cegos da mente. Certa tarde, John passeava pelo escritório com uma página impressa — não da *New Scientist*, mas de uma ilusão mental que seria tema da edição da semana seguinte. Quando finalmente chegou em minha escrivaninha, ajoelhou-se (era muito alto) e colocou a página à minha frente. "Quantas letras 'F' há nesta frase?", indagou. Encarei-o com ceticismo. "Vamos, conte-as!"

*FINISHED FILES ARE THE
RESULT OF YEARS OF
SCIENTIFIC STUDY
COMBINED WITH THE
EXPERIENCE OF YEARS.*

Olhei para a frase e respondi com confiança: "Três." John sorriu, contente. "Tente de novo." Olhei com mais cuidado, mas, depois de alguns segundos, balancei a cabeça. "Três, ainda." John, deliciado, respondeu: "São seis!" Explicou que as pessoas cuja língua-mãe é o inglês tendem a pular, durante a leitura, palavras pequenas e comuns como *of* e mal registram conscientemente a sua existência. Apesar de ter me esforçado, deixei passar três letras "F" em branco — mesmo depois de ele ter dito que havia outras escondidas na frase.

Os nove anos que passei aprendendo a revisar textos e provas sob o olhar vigilante de John conduziram-me àquela que provavelmente será, para sempre, a contribuição mais significativa que dei ao jornalismo britânico. Isso aconteceu em junho de 2008, pouco depois de eu passar a integrar a equipe de ciência e tecnologia do jornal *The Guardian* em sua insípida sede, que ficava então na Farringdon Road, região leste de Londres. A equipe montara um suplemento sobre uma máquina imensa construída num túnel circular abaixo da fronteira entre a França e a Suíça. Chama-se Grande Colisor de Hádrons (LHC na sigla em inglês para *Large Hadron Collider*) e no prazo de alguns meses dispararia seu primeiro feixe de prótons.[27] O LHC era propagandeado como a maior e mais complexa de todas as máquinas já construídas e um dos projetos de pesquisa mais ambiciosos já postos em prática. Todos agora sabem que, depois de anos provocando colisões entre prótons, essa máquina acabou provando a existência do bóson de Higgs. Entre os nomes que contribuíram para o suplemento especial estavam alguns dos maiores vultos da física, entre eles Stephen Hawking e o próprio Peter Higgs. Depois de semanas de um meticuloso processo de edição e conferência, faltavam poucas horas para que o suplemento fosse impresso. Cerca de 350 mil exemplares seriam enfiados dentro do jornal, embarcados em trens e caminhões e distribuídos por todo o Reino Unido. Até então eu não havia me envolvido no projeto, mas, na qualidade de novo membro da equipe, fiquei orgulhoso quando me atribuíram a tarefa de ler a última prova. Lembro-me de que a página de introdução trazia a manchete "O *Guardian* mede forças com a máquina do *Big Bang*" e reparei que, no alto dessa página e de todas as outras do suplemento, vinham impressas em letras muito menores as palavras THE LARGE HARDON COLLIDER.

A maioria das pessoas lê rápido demais para perceber essas coisas — seus olhos passam voando pelo texto, permitindo-lhes consumir com grande velocidade as informações veiculadas em jornais, revistas e livros. Mas algumas leem devagar e conseguiram construir toda uma carreira em torno dessa aparente deficiência. Segundo Kahneman, a origem das ilusões mais comuns — matemáticas, textuais, sociais, econômicas ou políticas — é uma cognição rápida e intuitiva aliada à incapacidade de pôr em uso os sistemas cerebrais mais lentos e laboriosos que fazem o confronto entre as informações assimiladas e a realidade. Os erros de ortografia são um exemplo banal, mas as pesquisas de Kahneman revelaram problemas mais graves. Muitas das decisões mais importantes que tomamos para conseguir viver neste mundo complicado, por exemplo, são regidas por preconcepções parciais e inconscientes. Algumas dessas preconcepções são produzidas pelos "subsistemas zumbis" do cérebro, nas palavras do neurocientista David Eagleman: mecanismos inconscientes de sobrevivência que evoluíram para nos ajudar a reagir rapidamente a situações potencialmente vantajosas e perigosas.[28] Os subsistemas zumbis começam a funcionar quando você está dirigindo e outro motorista fecha sua passagem, por exemplo, ou quando você está numa festa e alguém, sem querer, lhe dá um encontrão e joga pelos ares o conteúdo do seu copo. Esses subsistemas são responsáveis por todos os medos, ansiedades e preconceitos, pela crença quase inata de que as pessoas mais bonitas são mais dignas de confiança e a convicção intuitiva de que a criança de óculos é mais inteligente que seus colegas de classe. A importância de aguçarmos nossa capacidade de atenção reside no fato de que ela pode contrapor-se a parte das informações falsas produzidas pelos nossos subsistemas zumbis, rejeitando sua lógica fácil e rápida.

Quando entrevistei Zindel Segal, um dos três profissionais que desenvolveram a terapia cognitiva baseada em *mindfulness*, ele me chamou a atenção para algo que eu, como muitos outros recém-convertidos à prática de *minful-*

ness, havia deixado passar em branco. "Hoje em dia, a meditação *mindfulness* é apresentada como uma espécie de estado mental", disse. "No fundo, porém, não se trata de entrarmos num estado, mas da capacidade de vermos tudo o que nos acontece com base em um ponto de vista que nos permite tomar decisões melhores. A atenção plena não é o destino. Porém, quando a exercemos, somos capazes de tomar decisões mais saudáveis, menos reativas, mais adaptativas, mais compassivas." Assim, o objetivo último de quem começa a praticar a atenção plena deve ser o de estar mais atento à realidade. Trata-se de uma atenção aberta, sem julgamento; mas a atenção em si pode ser cultivada de muitas maneiras diferentes. Pode ser refinada durante a infância, por exemplo, dando-se às crianças os jogos e brincadeiras corretos. Psicólogos da Universidade do Oregon encorajaram crianças de 4 e 6 anos a jogar *videogames* especialmente projetados em cinco sessões de 40 minutos cada, uma por dia durante cinco dias. Os jogos exigiam que as crianças exercessem atenção e controle. Num deles, era preciso usar o *joystick* para movimentar pela tela um gato de desenho animado, mantendo-o sempre dentro de um espaço gramado, que diminuía de tamanho constantemente, e evitando as áreas enlameadas. Foi notável constatar que esse treinamento simples não somente produziu uma melhora duradoura da atenção executiva das crianças, mas também fez com que elas obtivessem pontuação mais alta em testes de inteligência não verbal.[29] Há mais de cem anos, o grande psicólogo norte-americano William James escreveu: "A faculdade de redirecionar voluntária e reiteradamente uma atenção divagante é a raiz do discernimento, do caráter e da vontade. Ninguém será *compos sui* [senhor de si] se não a possuir. Uma educação que aperfeiçoasse essa faculdade seria *a* educação *por excelência.*"[30] Porém, prestar atenção a qualquer coisa que possa ser interpretada como "monótona" não é algo em que as crianças e os adolescentes se destacam; inclusive, em anos recentes, alguns dos menos atentos provavelmente receberam o diagnóstico de déficit de atenção/hiperatividade. Em razão disso, somente nos Estados Unidos, centenas de milhares de crianças e adolescentes hoje tomam remédios psiquiátricos.[31] Uma vez que o treinamento em *mindfulness* refina explicitamente a faculdade de atenção do cérebro, constitui uma alternativa em potencial; já dispomos de dados preliminares segundo os quais ela talvez funcione nesse sentido em adolescentes.[32] O problema talvez seja que as crianças de hoje crescem com a expectativa de que seus sentidos sejam continuamente estimulados por novidades, ao passo que, na meditação, precisamos aprender a nos satisfazer com um mínimo de estimulação.

Em razão da interação constante com dispositivos multimídia durante as horas de vigília, muitas pessoas sofrem daquilo que se chama, em tom de brincadeira, de "transtorno da dependência da multitarefa" (ou MAD na sigla em inglês *multitasking addiction disorder*). Nossa mente se condicionou a deparar-se com uma corrente de estímulos que mudam rapidamente; na ausência deles, sentimo-nos entediados e inquietos. "Um dos objetivos de se aprender a desenvolver a capacidade de prestar atenção a objetos pouco interessantes, como a respiração, é estabelecer a mesma qualidade de atenção e tranquilidade com o momento presente e com um mínimo absoluto de estímulos, para que você possa se sentir à vontade consigo mesmo até quando nada está acontecendo", disse Ajahn Amaro ao público daquele primeiro diálogo entre cientistas e contemplativos, promovido pelo Instituto Mente e Vida no MIT, em 2003. "Os adolescentes, para se sentir bem, precisam estar jogando um *videogame*, ouvindo música e verificando o *e-mail*, tudo ao mesmo tempo! Precisam de muito equipamento para se sentir à vontade na vida." Paradoxalmente, um regime de contenção sensorial atenta, na medida em que aguça e automatiza a atenção executiva, aperfeiçoa o estado de alerta e prolonga a memória operacional, pode melhorar também a nossa capacidade de transitar de modo eficiente entre diferentes tarefas.

O ponto comum entre todas as tarefas que exigem uma atenção continuada e concentrada é que elas intensificam nossa capacidade de silenciar a tagarelice da rede de modo-padrão do cérebro. Isso talvez tenha um efeito de longo prazo que, se for confirmado, seria um dos benefícios mais surpreendentes e bem-vindos da atenção plena: o de ajudar a retardar a decadência cognitiva provocada pela idade e, talvez, até proteger contra o mal de Alzheimer. Os primeiros indícios favoráveis a essa possibilidade extraordinária é que a atrofia cerebral e os depósitos de beta-amiloide — as placas proteicas que caracterizam a doença — se concentram na rede de modo-padrão, sobretudo em seu nodo principal, o córtex cingulado posterior, e no lobo temporal medial, onde estruturas como o hipocampo criam e armazenam memórias de longo prazo.[33] Em outras palavras, quando jovens saudáveis não se concentram na execução de uma tarefa externa, as partes de seu cérebro que se ativam correspondem muito de perto às áreas mais vulneráveis às lesões associadas ao mal de Alzheimer nos idosos. Como vimos, o modo-padrão de operações do cérebro, ou "modo de divagação mental", é aquele que se vale das memórias para simular o passado e o futuro. A segunda linha de indícios é que, em camundongos submetidos a operações de engenharia genética que os fazem desenvolver as placas amiloides, estas se acumulam exclusivamente em áreas de alta atividade nervosa.[34] Assim, em tese, qualquer passatempo que leva a mente a fixar seu olhar e impeça a atenção de divagar — quer se trate de um esporte, montar um quebra-cabeça, resolver problemas de matemática, ler, estudar ou dedicar-se atentamente às atividades cotidianas como ensina a meditação — diminui a atividade da rede-padrão do cérebro e torna menos provável o acúmulo de placas amiloides. Por fim, há indícios preliminares de que a meditação pode retardar ou até reverter a degeneração cerebral provocada pela idade, ajudando a manter a espessura do córtex e impedir a perda de massa cinzenta (corpos neuronais) e massa branca (fibras nervosas ou axônios).[35]

A ideia de que a meditação pode ajudar a prevenir o mal de Alzheimer é altamente especulativa, como seria de se esperar, e as dificuldades de se obter uma prova ou refutação dessa possibilidade constituem um bom exemplo dos desafios com que a medicina se depara. Já sabemos que as pessoas que passam muito tempo estudando na juventude têm menos probabilidade de sofrer de Alzheimer na velhice. Será que uma dedicação semelhante à atenção plena na juventude poderia ter o mesmo efeito protetor? O local mais óbvio para começar as pesquisas seria um mosteiro, onde alguns monges e monjas vêm meditando e praticando a atenção plena com dedicação desde que tinham vinte e poucos anos ou menos ainda. Eles podem ser comparados com pessoas de mesma idade, grau de instrução, saúde geral etc. que vivem fora do mosteiro. O objetivo seria esperar para ver quais delas desenvolvem demência senil nas décadas posteriores. O problema é que os monges não são diferentes somente porque praticam meditação; as diferenças entre sua vida e a vida fora do mosteiro são inúmeras. Os da tradição tailandesa da Floresta, por exemplo, são rigorosamente vegetarianos e nunca comem depois do meio-dia. É quase certo que suas vidas são menos estressantes que a nossa; eles passam menos tempo dormindo e não são alvos da mesma torrente de informação e entretenimento que para nós é absolutamente normal. Além disso, eles não bebem nem fumam e é possível que estejam menos expostos às toxinas ambientais que a média das pessoas. Para tornar ainda mais difícil a vida dos epidemiologistas, os monges e monjas provavelmente têm um perfil psicológico atípico desde antes de embarcarem na vida contemplativa, pois nem todo mundo é capaz de renunciar por livre e espontânea vontade a qualquer perspectiva de sexo, matrimônio, família e aquisição de todos os símbolos de *status* e outras parafernálias que nós, aqui fora, consideramos tão importantes. Todos esses fatores são possíveis "variáveis de confusão" que também podem afetar o risco de cada indivíduo de vir a sofrer de demência senil. Isso nos permite apreciar os desafios com que se deparam os cientistas que procuram saber se a meditação protege contra o mal de Alzheimer. Foram necessários quarenta anos de pesquisas intensas e caras para chegarmos à conclusão de que o acréscimo de açúcar aos alimentos e bebidas constituem um risco mais grave à saúde cardiovascular que a gordura na dieta.[36] Quão mais difícil não será provar que a meditação regular é capaz de nos proteger contra a demência?

Mesmo que um dia viesse a se provar que a meditação protege contra o declínio cognitivo provocado pela idade e contra o mal de Alzheimer, nem todos teriam disposição ou capacidade para reservar 20 minutos por dia a essa prática durante o resto da sua vida. Do mesmo modo, será que um curso de *mindfulness* de oito semanas é o bastante para proporcionar uma proteção duradoura contra a ansiedade e a depressão caso a prática não seja mantida pelos pacientes? Em comparação, tomar medicamentos — a base da medicina atual — parece muito fácil. E a meditação formal é apenas um elemento do programa. O objetivo da prática de *mindfulness* é transformar o modo pelo qual nos relacionamos com a realidade de momento a momento ao longo do dia. Não é nenhuma solução fácil. Será que a frequência a retiros de meditação como aqueles oferecidos pelos mosteiros ajudam as pessoas a manter a prática? Uma das pessoas que vem fazendo isso há anos é Judith Soulsby, instrutora de *mindfulness* na Universidade de Bangor, que estava envolvida nas primeiras pesquisas sobre a eficácia da MBCT. Por acaso, ela estava fazendo um retiro em Amaravati na época em que fiquei lá, e Ajahn Amaro recomendou que eu entrasse em contato com ela. Quando nos falamos por telefone, alguns meses depois, perguntei-lhe se ela acha que um curso de *mindfulness* de oito semanas é o bastante para fazer uma revolução na vida de uma pessoa e proporcionar--lhe proteção duradoura contra problemas de saúde mental. "Para mim, o curso de oito semanas é um instrumento para direcionar as pessoas para determinada trajetória", diz ela. "Oito semanas são o suficiente para que a pessoa saiba se quer continuar ou não e para dar-lhe as capacidades necessárias para fazê-lo, se quiser. A maioria tem muita dificuldade de continuar sem qualquer tipo de auxílio. Por isso, em Bangor temos um grupo de perseverança que se reúne uma vez por mês, e muitas pessoas que fizeram o curso o frequentam. Parece que o fato de voltarem ao grupo renova seu compromisso com a prática." Eu lhe disse que a maioria dos cursos de *mindfulness* são completamente carentes de conteúdo religioso. Será que os retiros budistas poderiam ajudar a prática a se sustentar em longo prazo? Judith disse que ela própria os considerava muito benéficos. "O fato de ir a um retiro uma vez por ano e trabalhar como instrutora me ajuda a permanecer em forte contato com a prática. A coisa mais importante parece ser continuar praticando, seja qual for o meio que as pessoas escolham para fazer isso."

Não obstante, é preciso uma vontade férrea para meditar regularmente em casa sem a ajuda de um instrutor ou de um grupo de pessoas com o mesmo objetivo. As gravações de áudio de meditações guiadas podem ajudar, mas muitos se detêm diante do obstáculo de ter de parar por 15 minutos a cada dia, que seja, para sentar-se "sem fazer nada", tendo por companhia apenas a mente divagante. A tecnologia, como de hábito, pode intervir para ajudar essas pessoas. O futuro da meditação talvez esteja nas "academias da mente", cujos sócios vão sentar-se diante de uma tela logo de manhã, vestir uma touca de eletrodos e fazer exercícios não físicos, mas mentais. Essa tecnologia já está sendo desenvolvida. O neurocientista Judson Brewer e sua equipe da Escola de Medicina da Universidade Yale já estão trabalhando num equipamento que pode ser usado em casa — ou mesmo na academia da mente mais próxima de sua casa — para monitorar a atividade elétrica dentro de uma área específica do cérebro, por meio de um eletroencefalograma (EEG). "Hoje em dia, é possível processar rapidamente a atividade cerebral das pessoas e fornecer-lhes um *feedback* sobre o que podem fazer para aumentar ou diminuir a atividade numa determinada região do cérebro", contou-me Brewer. "Concebemos o aparelho como um espelho da mente." Durante a meditação, a touca de eletrodos capta a assinatura característica das ondas cerebrais daquela região e a mostra numa tela. Vendo sua mente no espelho, você aprenderá a entrar num estado mental ideal e ali permanecer, a fim de obter os melhores efeitos possíveis e perceber imediatamente quando os pensamentos começam a divagar. Ao contrário do que se faz numa academia tradicional, os treinos pesados e forçados serão desestimulados. "O negócio é cair nesse estado no qual não fazemos esforço, no qual simplesmente repousamos na consciência e *não fazemos nada*", disse Brewer. "Não estamos presos. Estamos totalmente imersos no que está acontecendo e estamos aproveitando o passeio."

A meditação mudou muito pouco desde que suas técnicas foram desenvolvidas há milhares de anos na Índia antiga, mas tecnologias como a desenvolvida por Brewer e seus colegas têm o empolgante potencial de poder vir a tornar a prática mais fácil de aprender, mais eficaz e até mais divertida. Também constituem ferramentas poderosas para os pesquisadores que estudam a atenção plena. Brewer e seus colegas usaram o *feedback* instantâneo fornecido por imagem por ressonância magnética funcional (fMRI) para estudar os padrões de atividade cerebral que correspondem a determinadas experiências subjetivas durante a meditação.[37, 38] Em seus experimentos, cristãos e budistas contemplativos deitaram-se na máquina e olharam para uma tela que mostrava as mudanças na atividade de seu córtex cingulado posterior (CCP) de momento a momento, enquanto meditavam. Depois, foram capazes de dizer aos pesquisadores de que modo os diferentes estados mentais afetavam o gráfico em determinados momentos. Quando sentiam "contentamento", "consciência sem distração" ou "atividade sem esforço", por exemplo, o gráfico mostrava uma queda na atividade do CCP, ao passo que sentimentos de "descontentamento", "distração" ou "ação com esforço" correspondiam a um aumento de atividade. Os praticantes de meditação mais experientes rapidamente aprenderam a controlar o gráfico à vontade, usando apenas a própria mente.

Essa nova abordagem, que vincula a experiência subjetiva com a atividade cerebral em tempo real, se tornou possível nos últimos anos com o aperfeiçoamento da tecnologia da ressonância magnética. Estudos futuros talvez sejam capazes de identificar a assinatura neural de estilos de pensamento associados a determinados problemas, como a ruminação na depressão maior ou os desejos descontrolados em pessoas viciadas em nicotina e outras drogas. A partir daí, os clínicos poderão desenvolver jogos ou exercícios que as ensinem a reconhecer e alterar esses estados mentais insalubres. Um dia, tecnologias desse tipo poderão ser usadas rotineiramente para otimizar a prática de meditação e nos ajudar a refinar a mente. O que o sábio Siddhārtha Gautama, da Idade do Ferro, teria dito a respeito disso? O que pensaria acerca dessa explosão de atenção plena "secular", ou seja, não religiosa? Depois de entrevistar o monge budista Ajahn Amaro, comecei a pensar que ficaria um pouco decepcionado. Amaro gostou de ver a técnica de *mindfulness* lançar raízes na medicina e na cultura ocidentais nos últimos dez anos, mas acredita que a meditação *mindfulness* secular deixa muito a desejar em comparação com a visão que o Buda tinha da transformação dos seres humanos, pois a ela faltam elementos importantíssimos da sua fórmula para a eliminação do sofrimento. Somente três passos do Nobre Caminho Óctuplo — o esforço correto, a atenção plena e a concentração — têm relação com a meditação, mas os professores de atenção plena secular não mencionam em absoluto os outros cinco passos, que dizem respeito à sabedoria e à ética. É como se um médico prescrevesse somente um medicamento do coquetel de antibióticos necessários para curar a tuberculose. Amaro admite que a decisão de Jon Kabat-Zinn — praticante experiente do zen-budismo — de secularizar a meditação ao desenvolver a MBCR na década de 1980 foi "hábil", pois permitiu que a prática ganhasse a aceitação mais ampla possível entre os médicos e o público naquela época. Mas ele crê que essas intervenções fazem um desserviço aos pacientes, pois não incorporam nenhum conselho no sentido de que o comportamento antiético — a mentira ou o mau uso do sexo, por exemplo — pode impactar seu bem-estar psicológico. "Sinto que algo foi perdido", diz ele. "Na terapia, é proibido dirigir qualquer tipo de crítica à conduta das pessoas."

Os cinco passos do Nobre Caminho Óctuplo que faltam à atenção plena secular são a visão correta e a intenção correta (sabedoria) e mais a fala correta, a ação correta e o meio de vida correto (conduta ética). Amaro não propõe que os instrutores de meditação não religiosa ensinem "o caminho", muito menos que julguem seus pacientes. Antes, acredita que devem avisá-los, a título de conselho, que certos tipos de comportamento são nocivos para o bem-estar psicológico, ao passo que outros são benéficos. O budismo, ao contrário de outras crenças, não classifica os comportamentos em "pecados" e "virtudes", mas em atos e atitudes "hábeis" e "inábeis", julgando-os unicamente por seus efeitos psicológicos. Não há pecado no budismo. Escrevendo para a revista *Mindfulness* em 2015,[39] ele defendeu a ideia de que os padrões éticos recomendados fossem formulados mais ou menos da seguinte maneira: "Temos aqui algumas diretrizes de fala e comportamento que poderão ajudar você a reduzir o estresse e viver com mais conforto; se estiver interessado, experimente aplicá-las e veja quais são seus efeitos". Ele chama sua proposta de "atenção plena holística". Ela permaneceria desvinculada de todo conteúdo religioso, mas isso não impediu que Amaro sugerisse, como estrutura básica das diretrizes, os "cinco preceitos" que os seguidores leigos do budismo têm como objetivos de conduta: abster-se de fazer mal a qualquer ser vivo, de roubar, de mentir, de fazer mau uso do sexo e de consumir substâncias que alterem a mente.

Pedi que Amaro esclarecesse esse vínculo entre o comportamento contrário à ética e o dano psicológico. Ele tomou como exemplo a mentira. "Quando mentimos, temos de lembrar que contamos uma mentira, temos de sustentar essa mentira, temos de lidar com a negatividade que nos atinge quando se descobre que mentimos. Temos de lidar com o desrespeito que os outros nos dirigem quando sabem que mentimos. É uma tensão na nossa mente, um estresse. Nos sentimos estressados, distantes e agitados, e tudo isso é um efeito do curso da ação que tomamos. Para parar de sentir esse tipo específico de estresse, podemos parar de contar mentiras. Aí, no futuro, não criaremos mais esse estresse para nós mesmos. Isso é muito diferente de dizer que, se você conta uma mentira, é uma pessoa má e deve ser castigada." Na qualidade de monge budista, ele não sente necessidade alguma de consultar o "Grande Deus dos Dados" para ter a convicção de que existem esses vínculos entre o comportamento ético e o bem-estar, mas crê que a ciência, mais cedo ou mais tarde, vai acabar descobrindo o que a religião já sabe. "Minha previsão é que em poucos anos a ética será a mais nova descoberta da psiquiatria, e as pessoas dirão: 'Que incrível! Nossos atos têm efeito sobre o nosso bem-estar mental! Uau! Que revelação!'" Mas ele também prevê que a ética continuará sendo um "território delicado" para muita gente.

Se alguém aceitar a proposta de Amaro e levá-la adiante, a atenção plena holística será difícil de ser posta à prova cientificamente. A incorporação de diretrizes éticas às intervenções de atenção plena talvez introduza um número demasiado de variáveis, praticamente impossibilitando o isolamento de seus respectivos efeitos sobre o sintoma em questão, seja ele a ansiedade, o estresse ou a reatividade cognitiva. E alguns preceitos, como a veracidade nas palavras e o não fazer mal a nenhum ser vivo, podem ser de difícil mensuração empírica. O paciente teria de verificar por experiência própria quanto essas coisas o ajudam. Essa é a essência do ensinamento do Buda no *Kalama Sutta*, mas não basta para aplacar o Deus dos Dados.

Quando entrevistei Kabat-Zinn, alguns meses depois de minha estadia em Amaravati, perguntei-lhe o que pensava da ideia do abade de incorporar um elemento ético à MBSR. Ele assinalou que, embora os instrutores de MBSR não falem de ética da mesma maneira que um monge falaria num retiro budista, eles trabalham dentro do quadro ético proporcionado pelo Juramento de Hipócrates — cuja síntese é "primeiro, não prejudicar". Trata-se de um princípio sagrado que rege a relação entre o professor e o aluno na atenção plena comum (Kabat-Zinn evita o termo "secular" por razões que explicarei daqui a pouco). "Preferimos praticar nossa ética a falar dela", diz. "Quando só temos oito semanas para atender às pessoas em hospital, clínica, escola ou seja o que for, a presunção de ação correta ou conduta ética é, a meu ver, um excelente ponto de partida. Quando nos deparamos com ações ou condutas erradas, prestamos atenção a isso e o discutimos de maneira adequada. Porém, fazer sermões sobre a ética e colocá-la como condição para a prática é algo que pode mais afastar do que esclarecer as pessoas." Kabat-Zinn prefere que a ética permaneça implícita.

Sua objeção a que intervenções como a MBSR e a MBCT sejam chamadas "seculares" ou "não religiosas" é que essas expressões dão a ideia de que as intuições proporcionadas pela meditação num contexto clínico são qualitativamente diferentes e, de algum modo, menos "sagradas" que as adquiridas num mosteiro ou centro de retiros budista. Ele não admite essa distinção. "Estamos usando algo que saiu da tradição budista, mas o próprio Buda não era budista. A meditação nunca fez parte de um 'ismo' qualquer, como o budismo ou seja o que for. Seu objetivo é uma compreensão mais profunda de o que significa sermos humanos. O Buda descobriu algo acerca do estado de alerta, a natureza do sofrimento e a natureza da realidade quando começamos a cultivar a mente de uma determinada maneira. Isso é universal."

Meditação guiada: uma torrada com atenção

Este exercício faz uso de um pão torrado e se baseia na meditação da uva-passa que Jon Kabat-Zinn criou para seu curso de redução do estresse baseada em *mindfulness* (MBSR). Antes de começarmos, contudo, vale a pena lembrar que para comer com atenção não é preciso comer torrada ou uvas-passas — os mesmos princípios se aplicam igualmente à maçã, à banana, a todos os tipos de torta, às massas... O objetivo supremo de toda meditação *mindfulness* é aprender a habilidade de prestarmos atenção ao que está acontecendo aqui e agora, estarmos plenamente presentes durante as vivências cotidianas e sairmos da corrente quase onírica da cogitação.

Torre uma fatia de pão. Enquanto estiver no forno, sinta o aroma característico do pão — branco ou integral, já fatiado ou recém-fatiado, com ou sem gergelim e outras sementes oleaginosas. Repare nas associações mentais felizes que surgem. Na torrada, passe manteiga, geleia ou o que mais você quiser, ouvindo o ruído da faca raspando no pão e apreciando, enquanto isso, a textura do pão torrado. Repare em qualquer frustração que surja em sua mente e aceite-a. Talvez a manteiga esteja gelada e, por isso, difícil de espalhar. Talvez você tenha lambuzado os dedos de geleia.

Quando a torrada estiver pronta para ser ingerida, olhe-a como se nunca tivesse visto uma torrada antes. Repare na microestrutura do pão, ainda visível nas bordas onde a manteiga ou a geleia não chegou; repare na diferença de coloração e textura entre a casca e o miolo, na suavidade da manteiga, no brilho da geleia, seus contornos sobre o pão, sua coloração e os elementos que a constituem. Talvez ela contenha tiras ou pedaços de casca de laranja, minúsculas bolhas de ar, regiões mais escuras. Nada disso é indigno da sua atenção.

Cheire a torrada e o que você passou sobre ela. Dê uma mordida. Repare em como as mandíbulas, a língua e as glândulas salivares imediatamente começam a funcionar sozinhas. Não procure detê-las nem segurá-las; apenas repare na crocância de cada bocado e os sons que a mastigação cria dentro da sua cabeça. Agora que você está prestando atenção, talvez se surpreenda com o alto volume desses ruídos. Note a mudança de textura do alimento em sua boca à medida que os dentes o moem e a saliva o dissolve. Direcione toda a sua atenção para a acidez e a doçura da laranja, a maciez gordurosa da manteiga, a crocância da torrada e seu sabor tostado.

Procure acompanhar os movimentos da língua, das mandíbulas e dos lábios à medida que mastiga e, por fim, engole o alimento. Todos esses movimentos são automáticos. Repare no desenrolar desses gestos na hora mesma em que acontecem — na motivação quase irrefreável de dar outra mordida e depois mais uma. Todas as suas impressões são válidas, as positivas e as negativas. Talvez você perceba que está apreciando muito mais a torrada do que apreciaria caso a engolisse irrefletidamente. Ou talvez se decepcione um pouco com a experiência como um todo. Talvez a torrada esteja fria e tenha perdido a crocância; talvez a geleia seja muito doce. Talvez partes da casca da torrada estejam queimadas e sejam, portanto, amargas.

Aceite tudo com equanimidade. A torrada é assim, e isso basta.

CAPÍTULO 12

O reino da imortalidade

Passei por muitos ciclos de nascimento e morte, procurando em vão o construtor deste corpo. Pesados são, com efeito, o nascimento e a morte reiterados! Mas agora vi a ti, ó construtor da casa; não a construirás de novo. Suas vigas estão quebradas; sua cúpula, despedaçada; a vontade própria extinguiu-se; foi alcançado o nirvana.

— *The Dhammapada* (traduzido para o inglês por Eknath Easwaran), versículos 153-54

Na noite em que alcançou a iluminação, Siddhãrtha sentou-se resoluto e imóvel debaixo da Árvore Bodhi "como um metal forjado por mil raios".[1] Vendo-o ali, Mara, o Anjo da Morte, pensou: "O príncipe Siddhãrtha quer se livrar do meu domínio!". Batendo seus tambores de guerra, convocou um poderoso exército para desestabilizar seu oponente. Os deuses e os anjos fugiram quando o exército se aproximou, deixando Siddhãrtha sozinho para encará-lo. Tudo o que aquele homem sem lar tinha para se proteger eram as Dez Perfeições: generosidade, virtude, renúncia, discernimento, persistência, resistência, veracidade, determinação, boa vontade e equanimidade.

Quando a Morte reuniu suas hostes ao redor da árvore, elas se estendiam por 12 léguas em cada direção; seus gritos de guerra assemelhavam-se ao ruído de um terremoto. O Maligno montou então seu elefante de batalha, por nome "Circundado de Montanhas", e fez surgir um rodamoinho capaz de desarraigar árvores e derrubar os picos das montanhas. Quando viu que Siddhãrtha permanecia imperturbável, enviou contra ele uma grande enchente e, por fim, uma avalanche de rochas, que nenhuma impressão causaram no homem vestido de farrapos e sentado de pernas cruzadas sob a árvore. Mara fez cair então uma tempestade de armas mortíferas — espadas, lanças e flechas —, que caíram do céu sobre ele. Siddhārtha ainda não se movia. Com um gesto de mão, o Anjo da Morte despachou uma chuva de cinzas... uma tempestade de areia... uma avalanche de lama... uma cortina da mais densa escuridão... porém, enquanto Siddhārtha meditava sentado sobre as Dez Perfeições, era como se essas calamidades da natureza se transformassem num orvalho de flores celestiais ao seu redor, que nenhum mal lhe faziam.

Foi então que Mara, montado em seu gigantesco elefante de combate, aproximou-se da Árvore Bodhi. Muito mais alto que o homenzinho franzino sentado naquele trono de relva, ordenou-lhe: "Levante-se desse assento, pois ele não lhe pertence! Foi feito para mim!". Abrindo os olhos, Siddhārtha encarou o Anjo da Morte e falou pela primeira vez: "Não foi você quem aperfeiçoou as dez virtudes. Não foi você quem renunciou a si mesmo e buscou com diligência o conhecimento, a sabedoria e a salvação do mundo. Este assento não lhe pertence, Mara, mas pertence a mim. Quem é testemunha da sua caridade?". Mara abriu um sorriso irônico e apontou com a mão as fileiras infinitas do seu exército: "Há tantas!". Então, as hostes do Maligno gritaram a uma só voz: "Somos suas testemunhas! Somo suas testemunhas!". Farejando a vitória, Mara olhou para baixo e gargalhou: "E você? Quem é a sua testemunha?".

"Você tem estas testemunhas falantes", respondeu Siddhārtha. "Não tenho nenhuma. Mas que a Terra grande e sólida, conquanto muda, seja minha testemunha." Tirou então a mão direita do local onde ela repousava, em seu colo, e tocou o chão: "Você é ou não é minha testemunha?". E a grande Terra respondeu com a voz de milhares de milhões: "Sou sua testemunha!". Ouvindo essa palavra estrondosa, o elefante de guerra caiu de joelhos perante o Iluminado, derrubando Mara no chão. Ao ver seu general derrotado, o grande exército debandou.

Metade de um Cherry Plum (mirobálano) — isso era tudo o que Ashoka, o Grande, que já fora imperador de toda a Índia, tinha sob seu poder nos últimos dias que passou sobre a Terra, no século III a.C. Segundo a lenda, ele deu esse resto de fruta aos monges de um mosteiro local, que a amassaram e puseram na sopa.[2, 3] Ciente de que a morte se aproximava, Ashoka já doara milhões de moedas de ouro aos muitos mosteiros que fundara em todo o império durante seu reinado de quarenta anos, bem como aos locais de peregrinação, como a árvore de Bodh Gaya. Depois, seus ministros e seu herdeiro confiscaram-lhe o selo imperial para impedi-lo de esvaziar os cofres do Estado. O imperador, no entanto, não se deixou deter e, em suas últimas horas de vida, mandou que se redigisse um documento no qual doava a Terra inteira ao Sangha (a comunidade monástica); depois, selou-o com seus dentes e soltou seu último suspiro.

No livro *Ashoka*, o historiador Charles Allen descreve a "narrativa patética" do mirobálano, mas muitos budistas que leem sobre os últimos dias do imperador interpretariam sua tentativa de se desfazer de todos os seus bens como atos de generosidade heroica que certamente lhe valeriam um "mérito" considerável, que o beneficiaria em sua próxima existência. Tradicionalmente, os budistas creem que todas as intenções, as palavras e os atos de volição — os generosos, os maliciosos e os neutros — acumulam *kamma*, o qual determinará qual a esfera de existência em que a pessoa vai renascer. O acúmulo de bom karma (literalmente, "ação") durante esta vida no Mundo dos Cinco Sentidos ajuda a garantir nosso renascimento quer como seres humanos, quer num dos mundos mais elevados. Como consequência direta desse sistema de coisas, nossas riquezas, condição social e estado geral de saúde são, em parte, resultados do karma acumulado nas vidas anteriores. Mas a vontade livre ainda tem muita margem de operação nesta vida. Diz-se que as doações feitas ao Sangha têm um efeito particularmente potente sobre nosso destino, assim como nosso estado mental nos últimos momentos da vida. A morte, como um movimentado aeroporto internacional, é um local de onde podemos voar para muitos destinos diferentes: os budistas contam não menos de 31 no total. Os mundos felizes, superiores ao Mundo dos Cinco Sentidos, são ocupados por deuses, devas e seres sem forma, ao passo que os infelizes, inferiores, são povoados por demônios em permanente conflito uns com os outros, pelos animais e pelos espíritos famintos. Ao falar sobre a dependência, já travamos contato com essa última categoria de seres desafortunados, condenados a vagar pela Terra e a serem devorados vivos por desejos que jamais conseguirão satisfazer.

Me pergunto: em qual plano de existência reside agora o ser que um dia foi o imperador Ashoka? Será que acumulou mérito suficiente no século III a.C. para garantir um renascimento favorável? Sua ascensão ao poder e as subsequentes conquistas militares foram sangrentas e impiedosas, mas por volta de 265 a.C. sua visão de mundo mudou drasticamente. Tornou-se um budista devoto e um governante-modelo, promovendo a não violência, a tolerância religiosa e o tratamento justo dos prisioneiros em todo o seu vasto império. Mandou que se perfurassem poços e plantassem árvores que fizessem sombra nas estradas longas. Por ordem sua, jardins botânicos e hospitais foram fundados para o bem-estar de todo o povo. Além disso, ele construiu mosteiros e *stupas* em todo o subcontinente, incluindo os atuais Afeganistão, Paquistão, Nepal e Bangladesh; e despachou missionários budistas para divulgar o Dharma em reinos distantes, chegando até o Mediterrâneo. Entre esses missionários estavam seu filho e sua filha, a quem se atribui terem levado tanto o Dharma quanto uma muda da sagrada Árvore Bodhi para o Sri Lanka, onde ambos lançaram raízes. O budismo e os descendentes da árvore florescem lá até hoje. Não há dúvida de que a devoção de Ashoka ao Dharma resgatou da obscuridade a religião que Siddhãrtha havia fundado fazia mais de um século. A narrativa, no entanto, termina com uma irônica nota de rodapé: depois da morte de Ashoka, dizem que seus ministros "tornaram a comprar" do Sangha a Terra que lhe fora doada, e o fizeram por míseras quatro moedas de ouro. Desde então ela permanece sob controle estatal.

No saṃsāra, palavra que designa o ciclo da existência para os budistas, os seres nascem, sofrem, morrem e renascem vez após outra. Dependendo do saldo de suas ações deliberadas, as boas e as más, podem ascender às alturas de um mundo de bem-aventurança ou descambar para as profundezas do inferno. O único meio pelo qual é possível escapar desse jogo interminável é a iluminação perfeita — o *nibbāna*, a libertação. Ashoka deve ter acumulado uma grande quantidade de mau karma nos sangrentos anos iniciais de seu reinado, que aumentaram suas chances de renascer num dos temíveis mundos inferiores, embora ele já tenha tido, de lá para cá, pelo menos uns dois milênios para esgotar os efeitos desse karma. Ao contrário do que ocorreria nos paraísos e infernos de outras religiões, sua estadia em qualquer esfera da existência postulada pela cosmologia budista seria temporária. Quem sabe? No final de sua vida, as muitas boas obras e os atos meritórios que ele empreendeu durante a maior parte de seu reinado de trinta anos podem ter feito pender em seu favor a balança do karma. Se a operação do karma é de fato equitativa como se diz, a esta altura ele talvez já esteja estabelecido num dos felizes mundos espirituais. Ou, melhor ainda, talvez tenha escapado por completo ao campo gravitacional do saṃsāra e tenha alcançado o estado do *nirbbāna*, no qual já não há morte.

Certos fatores culturais dos países budistas, como a Birmânia, o Camboja, o Vietnã e a Tailândia, também desempenham papel de destaque no modo como é encarado o conceito de renascimento. Monges e monjas venerados alegam lembrar-se de suas vidas passadas, fato que, para eles, valida sua crença no renascimento; mas há outros personagens igualmente respeitados que não têm lembranças desse tipo. A dúvida sobre a existência dos renascimentos não é considerada uma heresia. Em 1993, numa conferência de mestres budistas ocidentais realizada em Dharamsala, na Índia, perguntaram ao Dalai Lama se é necessário acreditar no renascimento para ser budista. "Isso não importa!", exclamou ele. A plateia foi pega de surpresa. Afinal de contas, ele próprio é geralmente apresentado como a décima quarta reencarnação na linhagem dos Dalai Lamas, que começou no século XV. Para não deixar a menor dúvida sobre sua opinião, ele repetiu: "Isso não importa!". A coisa mais importante era praticar a essência do ensinamento do Buda: a impermanência, o altruísmo e a compaixão. No entanto, ele acrescentou que, ao entrar em estados cada vez mais sutis de meditação, a pessoa sempre acaba por perceber diretamente que o renascimento é real e que, para escapar do ciclo do sofrimento, é preciso alcançar o *nibbāna*.[4] Eu, que sou materialista, fico aqui a especular sobre como as informações kármicas poderiam se transferir de uma geração para a outra. Segundo a concepção tradicional, no momento da morte, algo parecido com um sinal de rádio que codifica essas informações é transmitido do ser que morre para um embrião ou uma criança, que faz o *download* das informações e as armazena mais ou menos como se fossem dados num disco rígido. Quando a criança já tem idade suficiente para obedecer à própria vontade, e depois ao longo de toda a sua vida adulta, os dados kármicos são atualizados e, quando sobrevém a morte, o ciclo se repete. Afora as lembranças subjetivas de vidas passadas, não existe por ora nenhuma prova da existência de um tal mecanismo; temos de nos perguntar de que maneira ele poderia ter evoluído pela seleção natural, como todas as outras coisas que sabemos sobre os seres vivos. Porém, como ninguém pode provar que o renascimento *não* acontece, essa é mais uma bifurcação da estrada em que cientistas e crentes têm de seguir cada qual o seu caminho, ainda que continuem amigos.

A crença num sistema ordenado de renascimento ou reencarnação, no budismo ou em qualquer outra religião, parece provir da necessidade natural, que todo ser humano tem, de ver que a justiça existe, bem como da recusa de admitir que a sorte e o azar possam ser simples produtos de acontecimentos aleatórios e circunstâncias que fogem ao nosso controle. Quando atos de generosidade não são recompensados e atos de maldade não são punidos, a justiça exige que o balancete kármico seja transferido para a próxima vida. A consequência lógica desse sistema judicial transmigratório é que as doenças e as calamidades naturais não são puros resultados do azar, mas também são castigos por transgressões cometidas em existências anteriores. Embora seja consoladora e atraente a ideia de que os tiranos, os terroristas e outros como eles sofrerão nas vidas futuras pelos crimes que cometem hoje, renascendo como lesmas ou espíritos famintos, não é difícil entender por que muitos budistas atuais rejeitam a ideia de que fenômenos naturais como a leucemia e os terremotos sejam resultados do mau karma acumulado em existências anteriores. Até budistas de escolas tradicionais, como os influentes monges Ajahn Sumedho e Ajahn Amaro, do Budismo da Floresta tailandês, descartam toda especulação sobre o renascimento, considerando-a mera perda de tempo.[5] Creem que devemos, diferentemente disso, prestar atenção ao karma que determina nosso bem-estar psicológico *nesta* vida. "É importante lembrar que o budismo é uma abordagem religiosa baseada na experiência. Não é um sistema de crenças", lembrou-me Amaro, com toda a paciência, quando levantei com ele a questão. "Meus mestres, Ajahn Chah e Ajahn Sumedho, enfatizavam o fato de que o renascimento na transição de uma vida a outra é apenas uma imagem macrocósmica dos renascimentos que ocorrem a cada dia e a cada momento. Não há nada de muito misterioso em ver as relações de causa e efeito entre nossos atos e suas consequências. A crença nas vidas passadas e futuras não nos ajuda muito."

O Buda ensinou que, cultivando o discernimento por meio da meditação e da atenção plena, podemos romper a cadeia infinita de eventos que, baseada no karma, cria e recria o sofrimento. Seu modelo psicológico postula um ciclo de nascimentos e mortes que pode ser concebido quer literalmente, quer de maneira metafórica — quer como o motor do sofrimento nesta vida, quer como o saṃsāra que abarca múltiplas existências. Segundo esse ponto de vista, o que nos mantém aprisionados no ciclo da infelicidade é a ignorância acerca da verdadeira natureza da existência. Não admitimos e sequer reparamos que tudo, sem exceção, é impermanente e, logo, insatisfatório a curto ou a longo prazos; e que o Eu imutável, do mesmo modo, não passa de uma ilusão convincente — um efeito especial criado pela mente. A cadeia de causas e efeitos que o Buda propôs, chamada "originação interdependente", compreende uma sequência de doze elos, cada um dos quais depende do elo anterior da série, quase como se se tratasse de uma reação química em cadeia (ver Figura 8, p. 251). A ignorância condiciona a formação de construtos kármicos (volições mentais), que condicionam a consciência, que condiciona "nome e forma" (a pessoa), depois os seis sentidos, os estímulos ambientais, a sensação, o desejo, o apego, o "vir a ser" (esforço), o nascimento e os amargos produtos finais da série: "velhice e morte, sofrimento, lamentação, dor, aflição e desespero".[6, 7] Em resumo, o modelo propõe que a ignorância acerca da verdadeira natureza da existência desencadeia uma série conexa de acontecimentos mentais e corpóreos que, por meio do desejo e do apego, culminam no fato de "nascermos" para o sofrimento. Desejamos prazeres sensoriais impermanentes e, portanto, sempre insatisfatórios; mas, em vez de percebermos nosso erro, continuamos procurando sempre os mesmos estímulos. Ficamos bem presos numa armadilha, numa sequência metafórica de nascimentos e mortes que constituem um ciclo infinito de sofrimento.

As sementes do mau karma que semeamos em nossa mente são o desejo, a mentira, o ódio, a violência, e assim por diante; a colheita é o sofrimento. É claro que essa ideia não é exclusivamente budista. A Bíblia diz: "O que o homem semear, isso também colherá".[8] O que destaca a teoria da Originação

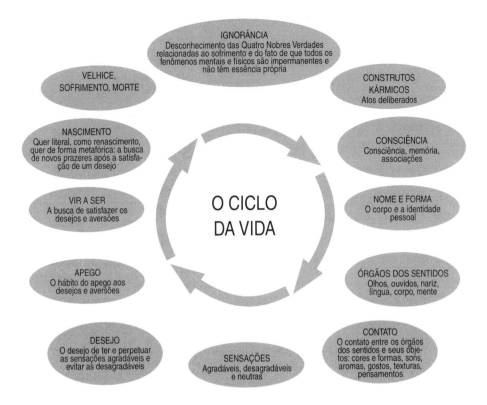

Figura 8: Originação Interdependente (ou Dependente). O ciclo da Originação Interdependente pode ser entendido como a sequência de elos que ligam uma vida à vida seguinte ou como uma descrição das mutações dos nossos estados psicológicos de momento a momento. Os budistas creem que os doze elos da cadeia encontram-se num fluxo constante; cada um deles influencia ou "condiciona" o elo seguinte na série. Assim, o ser humano é concebido como um processo em andamento, desprovido de um núcleo ou uma essência fixos. Nenhum dos elos é permanente — cada um surge e deixa de existir a cada momento —, de modo que nada existe que mereça ser chamado de alma o Eu imutável. Os budistas invocam a Originação Interdependente não somente para explicar a origem do sofrimento, mas também para evidenciar como este pode ter fim. Acreditam que a cadeia pode ser rompida quando prestamos plena atenção a nossos desejos e apegos e, mesmo assim, não agimos a partir deles.

Interdependente é a sua audaciosa tentativa de explicar, sem recorrer a qualquer intervenção divina, a totalidade da vida mental por meio de uma única fórmula: o modo como o corpo, o ambiente e a mente interagem para causar o sofrimento. Afirma-se que x inevitavelmente se segue a y não em razão do decreto de um deus ou demônio, mas porque é essa a ordem natural das coisas: uma lei física da existência. Quem tenha dúvida acerca dessa fórmula tem toda liberdade de confrontá-la com as próprias experiências e chegar às próprias conclusões. Era esse o empirismo da época, uma espécie de Iluminismo oriental que antecedeu em dois mil anos as primeiras luzes da ciência ocidental moderna. Porém, antes de nos empolgarmos e oferecermos a Siddhārtha um prêmio póstumo por suas contribuições científicas, vale observar que ele talvez tenha formulado essa cadeia cíclica de causas e efeitos para reconciliar sua ideia revolucionária sobre a não existência do Eu com as crenças indianas pré-existentes acerca do renascimento — crenças que os cientistas de hoje têm muito mais dificuldade para engolir. Cada um dos elos encontra-se em fluxo constante, de modo que não pode haver um Eu ou uma alma permanente que sobreviva à morte. Não obstante, em se tratando de um ciclo impulsionado pelo karma, a Originação Interdependente pode continuar girando *ad infinitum* e, de algum modo, transferir-se de esfera para esfera da existência. Tudo não passa, no entanto, de pura especulação: ao passo que qualquer pessoa pode confrontar a operação do ciclo com sua experiência do sofrimento nesta vida, o que acontece com "você" depois da morte é matéria para simples adivinhação.

Devemos dizer, em favor de Siddhārtha, que ele desencorajou ativamente seus seguidores de especularem demais sobre questões irresolúveis, como a origem do cosmos, o que acontece com um ser plenamente iluminado quando ele morre e o modo exato de funcionamento do karma.[9] Insistia em que o objetivo de seus ensinamentos era impedir o sofrimento *nesta vida*. Tudo o mais era secundário. Comparava a pessoa que levanta infinitas questões metafísicas a um homem atingido por uma flecha "besuntada por grossa camada de veneno" que se recusa a deixar que a mesma seja extraída enquanto não descobrir se a pessoa que a atirou era um guerreiro, um sacerdote, um comerciante ou um trabalhador braçal; seu nome, sua altura, sua cor e sua cidade de nascimento; os materiais que ela usara para fabricar o arco e a flecha... "O homem morreria", concluiu o Buda, "antes de conhecer essas coisas."[10] A flecha envenenada representa o sofrimento humano, e sua extração era o objetivo único dos ensinamentos do Buda. Aconselhou seus seguidores a não se deixarem prender por especulações metafísicas, mas a refletir continuamente no seguinte:[11]

"Estou sujeito ao envelhecimento, não passei além do envelhecimento...
"Estou sujeito à doença, não passei além da doença...
"Estou sujeito à morte, não passei além da morte...
"Transformar-me-ei em algo diferente e separar-me-ei de tudo o que me é
*   querido e agradável...*
"Sou o proprietário do meu karma, o herdeiro do meu karma, nascido do
*   meu karma, aparentado com esta e aquela pessoa por meio do meu*
*   karma, e tenho meu karma por árbitro da minha vida. O que quer que*
*   eu faça, para o bem ou para o mal, disso serei herdeiro."*

Nenhuma dessas reflexões é novidade para o leitor moderno — num certo nível, temos perfeita consciência de que nada dura para sempre, de que nosso corpo vai se desgastar e vamos morrer, de que temos de encarar as consequências de nossas ações — mas existe uma parte do nosso cérebro, extremamente resistente, que as nega. Os indícios clínicos e neurocientíficos atribuem a culpa desse ponto cego mental à rede de modo-padrão e ao fato de ela criar, por simulação, a sensação de um Eu imutável que se sobrepõe ou antepõe a todas as demais consciências e projetar um avatar que viaja para a frente e para trás no tempo, chamando de "eu" e "meu" coisas transitórias como nosso corpo e os mais fugazes pensamentos, sensações e emoções. Esse Eu faz com que nos sintamos dignos da imortalidade; assim, embora tenhamos vindo a este mundo nus e despossuídos, sentimo-nos cruelmente oprimidos pela morte. Há um trecho do *Dhammapada* que resume nossa aflição diante da perspectiva de termos de nos privar de inúmeras coisas que na realidade nunca nos pertenceram realmente:[12]

Este corpo é uma imagem pintada, sujeito à doença, ao declínio e à morte, aglutinado por pensamentos que surgem e desaparecem. Que alegria pode haver para aqueles que veem que seus ossos brancos serão lançados fora como cabaças no outono?

Alguns versículos depois, no entanto, ressoam as palavras de desafio citadas como epígrafe deste capítulo, as quais, segundo se diz, foram proclamadas por Siddhãrtha logo após atingir a iluminação:[13]

Passei por muitos ciclos de nascimento e morte, procurando em vão o construtor deste corpo. Pesados são, com efeito, o nascimento e a morte reiterados! Mas agora vi a ti, ó construtor da casa; não a construirás de novo. Suas vigas estão quebradas; sua cúpula, despedaçada; a vontade própria extinguiu-se; foi alcançado o nirvana.

Depois de praticar a meditação e a renúncia por seis anos, ele finalmente desvendou os artifícios de seu cérebro e despertou para a realidade. Nada havia de permanente: tudo o que surge na mente desaparecerá cedo ou tarde. Dissipada a ignorância, livre de todo desejo e toda aversão, ele rompeu a cadeia da originação interdependente e pôs fim ao ciclo de nascimento, sofrimento e morte. Para o budista praticante, a percepção cabal da natureza impermanente e não pessoal de todos os fenômenos mentais e físicos é a realização máxima das possibilidades da atenção plena, o destino final de sua jornada espiritual — o Reino da Imortalidade, do qual ninguém jamais retorna.[14] Segundo se diz, o simples ato de prestar atenção desapaixonadamente ao que está acontecendo no momento presente é o bastante para romper a cadeia. Dissipando de uma vez por todas quaisquer ilusões restantes acerca da verdadeira natureza da existência, a meditação *mindfulness* acabará por encerrar o ciclo de nascimento, morte e renascimento que perpetua o sofrimento. É como disse o Buda, segundo o *Dhammapada*:[15]

A atenção plena é o caminho da imortalidade
A desatenção é o caminho da morte.

Os atentos não morrem;
Os desatentos são como se já estivessem mortos.

Essa jornada rumo à iluminação derradeira não é nada de trivial. Diz-se que são necessários anos e anos de prática dedicada; além disso, o contemplativo deve percorrer sozinho a maior parte de seu caminho: nem o mais poderoso dos gurus pode nos conduzir ao Reino da Imortalidade. E, por não haver palavras que expliquem adequadamente esse estado mental para a imensa maioria de pessoas que não o vivenciaram diretamente, a imaginação não nos ajuda muito a concebê-lo. Os textos budistas descrevem os níveis mais refinados de meditação que precedem a iluminação perfeita — equivalentes aos quatro "mundos sem forma" mais elevados da existência — como a realização progressiva do espaço infinito, depois a consciência infinita, depois o nada e, por fim, "nem a percepção nem a não percepção".[16] Pelo fato de as próprias palavras que descrevem esses estados sublimes serem tão escorregadias, é fácil ceder à tentação de crer que eles simplesmente não existem. Por outro lado, mesmo as pessoas que nunca praticaram meditação podem ter um vislumbre de suas possibilidades de longo prazo quando aprendem, pela primeira vez, a concentrar-se na própria respiração e descobrem que sua mente se torna mais luminosa, mais tranquila e menos preocupada consigo mesma, à medida que vai diminuindo a atividade do seu modo-padrão de operação. Quem sabe o que pode acontecer depois de décadas de prática intensa e dedicada?

Dados preliminares obtidos por meio de eletroencefalograma dão a entender que algo extraordinário realmente acontece no cérebro dos contemplativos que relatam experimentar os mais sublimes estados de consciência. Richard Davidson, Antoine Lutz e seus colegas da Universidade do Wisconsin aplicaram eletrodos ao couro cabeludo de oito monges tibetanos que haviam acumulado, cada um, de 10 mil a 50 mil horas de meditação no decorrer de períodos que iam de 15 a 40 anos.[17] Depois, os cientistas registraram a atividade elétrica no cérebro deles enquanto praticavam uma forma de meditação "sem objeto" descrita como um estado de "prontidão e disponibilidade ilimitadas para ajudar todos os seres viventes". Em vez de se concentrar numa memória, numa imagem ou numa sensação como a respiração, o praticante preenchia a própria mente com uma compaixão pura, sem referente externo. Os pesquisadores descobriram que esse estado estava associado a uma forte intensificação dos "ritmos gama" no cérebro. Sabemos que, quando grandes conjuntos de neurônios disparam todos ao mesmo tempo, criam-se oscilações elétricas rítmicas que podem se espalhar pelo cérebro, permitindo que regiões bastante distantes umas da outra sincronizem suas atividades. Os estados meditativos mais comuns, criados por exemplo pela concentração na respiração, são associados aos ritmos elétricos sincronizados e lentos chamados ritmos alfa e teta, cujas frequências situam-se abaixo dos 15 Hz. Porém, quando os contemplativos estudados por Davidson e Lutz praticaram a meditação sem objeto, geraram ritmos gama — oscilações fortes e rápidas, com frequência maior que 25 Hz. Os pesquisadores relatam que a força ou "amplitude" desses ritmos mostrou-se maior que tudo o que já fora observado em indivíduos saudáveis. Em comparação com dez membros de um grupo de controle, que praticavam meditação havia somente uma semana, os monges também tinham ritmos gama mais intensos num estado de repouso, quando não estavam meditando. Isso indica que os anos de pratica haviam criado mudanças duradouras no modo de operação de seu cérebro. Quanto mais horas de meditação praticadas, maior era a intensidade da atividade gama.

A função exata das oscilações gama no cérebro é desconhecida, mas elas parecem estar envolvidas de algum modo no processamento de informações. Oscilações gama menos intensas são associadas com o estado de vigília, as alucinações e o sono em que ocorrem movimentos rápidos dos olhos (REM), quando temos os sonhos mais vívidos. Pesquisas recentes também as vinculam, conquanto indiretamente, ao fenômeno das "experiências de quase morte". Certas pessoas que estiveram às portas da morte e foram resgatadas pelos médicos descrevem alucinações vívidas, uma luz forte, a sensação de estar levitando ou de olhar de fora para o próprio corpo e sentimentos de prazer intenso, como serenidade, segurança e amor e aceitação incondicionais. Segundo um certo estudo, 20% das pessoas resgatadas de uma parada cardíaca relataram ter tido tal experiência.[18] A atividade cerebral de seres humanos logo após uma parada cardíaca nunca foi registrada em eletroencefalograma, mas, em 2013, cientistas da Universidade de Michigan detectaram um forte pulso de sincronia gama no cérebro de camundongos 30 segundos depois de um ataque cardíaco induzido.[19] A intensidade dos ritmos gama era maior que a verificada durante o estado de vigília normal dos animais. É impossível saber se os camundongos estavam experimentando o equivalente de uma experiência de quase morte para os roedores, mas a descoberta de que a atividade cerebral de um mamífero pode *aumentar* por um breve período depois da cessação do fluxo de sangue dá a entender que, nos seres humanos, essas experiências não têm origem sobrenatural, mas fisiológica. A pesquisa também suscita uma possibilidade intrigante: pode ser que, quando grandes contemplativos induzem em si próprios sentimentos de amor ou compaixão ilimitados e incondicionais durante a meditação sem objeto, seu estado mental se torne semelhante ao de quem está passando por uma experiência de quase morte. Do mesmo modo, a intensidade dos ritmos gama no cérebro também pode ser responsável por outros fenômenos peculiares que pessoas religiosas de todas as épocas dizem ter vivido durante estados contemplativos profundos, como alucinações vívidas, a visão de uma luz fortíssima ou a sensação de levitar.

Temos outra razão sólida para dar crédito aos relatos que os contemplativos budistas fazem da sua experiência da iluminação. Segundo se diz, a integração total da atenção plena no fluxo da vida cotidiana nos liberta do medo da morte (embora seja importante ressaltar que o objetivo último da atenção plena tal como o budismo a concebe não é a rejeição da vida, mas o abandono de todo apego às coisas impermanentes). Algo muito semelhante parece acontecer naturalmente com certas pessoas em quem se diagnostica uma doença fatal. Quando fazem as pazes com a morte iminente, elas se desapegam de tudo o que antes parecia importante em sua vida. Paradoxalmente, todas as experiências se tornam então mais vívidas, e elas relatam que nunca antes haviam se sentido tão vivas.

Com os dedos das mãos permanentemente contraídos em razão de uma doença dolorosa chamada artropatia psorítica, que o afligia havia décadas, o dramaturgo britânico Dennis Potter, que produzia peças para a televisão, conseguia de algum modo agarrar um cigarro aceso com uma das mãos e tomar um ou outro gole de vinho branco de um cálice que agarrava pela haste com a outra mão. Estava sendo entrevistado pelo jornalista Melvyn Bragg para o Canal 4 do Reino Unido.[20] Era o mês de março de 1994; um mês antes, Potter havia recebido o diagnóstico de câncer do pâncreas, o qual se espalhara para o fígado e era inoperável. Disse a Bragg que seu último objetivo era terminar a peça que estava escrevendo; por isso, pedira ao médico que limitasse sua ingestão de analgésicos, permitindo-lhe permanecer completamente lúcido em seus últimos meses de vida. Durante a entrevista, só numa ocasião Potter deu um gole de um frasco de morfina que levava na cintura, para controlar um espasmo de dor; mas permaneceu lúcido o tempo todo. Se disse preocupado com os efeitos que sua morte iminente poderia ter sobre seus amigos e familiares, mas afirmou que em nenhum momento havia sentido terror em razão de seu estado. Explicou a Bragg que o diagnóstico o conduzira a uma importante revelação: "O ser humano é o único animal que sabe que vai morrer, mas mesmo assim continua pagando a hipoteca, se dedicando à profissão, indo para cá e para lá e se comportando como se fosse eterno; mas nos esquecemos que a vida só pode ser definida no tempo presente. Ela 'é', e é agora somente", afirmou. "Essa 'imediaticidade' se tornou tão clara para mim que quase cheguei a um estado de serenidade. Sou capaz de celebrar a vida." Como exemplo, citou uma cerejeira em plena floração abaixo da janela do quarto onde às vezes se sentava para escrever. "É a flor mais branca, mais cheia, mais *floral* que pode existir, e consigo vê-la. As coisas são ao mesmo tempo mais triviais e mais importantes do que jamais foram, e a diferença entre o trivial e o importante não parece ser ela própria importante. Porém, a imediaticidade de todas as coisas é absolutamente maravilhosa, e se as pessoas fossem capazes de *ver* isso... é impossível comunicar do que se trata, é preciso você mesmo sentir. Mas a glória dessa sensação, o conforto, a tranquilidade que ela traz — não que eu esteja interessado em tranquilizar as pessoas, que se dane isso! —, o fato é que, se você é capaz de ver o tempo presente, essa visão realmente se impõe. E nós a celebramos."

Em certas pessoas, a iminência da morte provoca uma estranha sensação de libertação. Potter conseguiu cumprir seu último objetivo e terminou a peça *Cold Lazarus* antes de morrer, em 7 de junho de 1994. Talvez ele nem sequer conhecesse essa expressão, mas a atenção plena o ajudou a descobrir a alegria e a serenidade em seus últimos meses de vida. Muitos outros que passaram pela mesma situação relataram sensações parecidas: uma sensação de paz, de uma experiência mais intensa do momento presente, que parece nascer de uma aceitação total da transitoriedade da vida. Pode-se tirar disso uma lição óbvia. Nem os multimilionários, com suas "salas de pânico" inexpugnáveis e seus planos de saúde platina, conseguem escapar da doença, da velhice e da morte; pelo contrário, quanto mais coisas nós *possuímos*, tanto maior é a tenacidade com que nos aferramos à nossa saúde e à juventude transitórias, aos nossos bens e à própria vida. Esse apego, como diria um budista, pode compensar negativamente a capacidade que a riqueza e a segurança têm de nos tornar pessoas mais felizes e realizadas. Se assim for, isso poderia explicar o chamado "paradoxo da felicidade" — o fato de que o nível de felicidade relatado por habitantes de países desenvolvidos como o Reino Unido e os Estados Unidos chegou ao auge na década de 1950 e pouco mudou de lá para cá, apesar do aumento abrupto do PIB nesse meio-tempo.[21, 22] Em termos materiais, os benefícios da prosperidade e da tecnologia são evidentes. Para um homem ou uma mulher que vivessem no século V a.C., seres scientes que soubessem que sempre terão o suficiente para comer, serão capazes de voar, pisar na Lua, enviar sondas para explorar o sistema solar e se comunicar sem esforço algum com outras pessoas do outro lado da Terra pareceriam deuses. No entanto, apesar de ter alcançado essa existência exterior semidivina, a mente humana, com todas as suas imperfeições, não mudou nada da Idade do Ferro para cá. Contra todos os indícios, ainda se aferra à ilusão de permanência, e isso nos causa enorme sofrimento. Segundo a lenda, antes da iluminação de Siddhārtha, até os deuses, anjos e devas dos mundos superiores esperavam dele a libertação do ciclo infinito de morte, renascimento e morte. Como espectadores que viessem assistir a um duelo, vieram assistir ao seu esforço derradeiro para alcançar a iluminação naquela noite, sob a Árvore Bodhi, embora tenham fugido aterrorizados quando seu adversário, chamado Mara — "Morte" —, chegou com seu exército ao local da luta. Siddhārtha derrotou a Morte, mas não no sentido literal. Talvez se possa dizer que foi uma vitória moral.

Na antiga língua indiana chamada páli, *Amaravati* significa o Reino da Imortalidade. Não é somente o nome de um moderníssimo mosteiro próximo de Hemel Hempstead, no Reino Unido, onde Ajahn Amaro é o abade, mas também de um povoado no estado de Andhra Pradesh, na Índia, onde se situam as ruínas de um magnífico *stupa* datado do século III a.C., outrora ornado por belas esculturas. Uma delas, atualmente exposta no Museu Guimet de Artes Asiáticas, em Paris, representa Mara e seu temível exército ameaçando o Buda sob a Árvore Bodhi. Várias outras cenas escultóricas resgatadas daquele monumento incorporam o Dharmachakra, que se assemelha à roda de uma carruagem e representa, para os budistas, a roda da lei moral. Uma das melhores esculturas de Amaravati, exposta no Museu Britânico, em Londres, mostra o imperador Ashoka de mãos postas, em atitude de reverência, acompanhado pela rainha e por seus criados. Não saberíamos quem foi esse homem nem conheceríamos sua devoção ao Dhamma caso ele não houvesse mandado gravar em pedras e pilares de todo o seu vasto império os decretos por ele emitidos. No século XIX, arqueólogos identificaram 29 decretos gravados em rochas e nove gravados em pilares; um destes se encontrava em fragmentos entre as ruínas do *stupa* de Amaravati. Boa parte das diretrizes emitidas pelo imperador — compridas e nem sempre muito objetivas — foram traduzidas. Nas palavras do historiador Charles Allen, revelam um homem "profundamente espiritual, ao ponto mesmo da obsessão, apaixonado em sua crença numa moral mais elevada, na bondade, na ajuda aos pobres, na moderação e no autocontrole, na tolerância a todas as religiões, na santidade da vida, nas virtudes do autoexame, da veracidade e da pureza de coração e, acima de tudo, em seu amor pelo Dharma."[23] Desafiando todas as convenções acerca de como deve se comportar um monarca todo-poderoso, Ashoka mandou gravar em pedra que já não acreditava em conquistas por meios militares. Caso fosse necessário haver conquistas, que ocorressem somente pela força do Dhamma.

O exemplo de Ashoka tem relação com uma interpretação moderna do modo de operação do karma no decorrer das gerações, interpretação essa que prescinde por completo do conceito de renascimento. A ideia de que as boas ações e intenções dos indivíduos são capazes de afetar não somente seu próprio bem-estar futuro, mas também o das pessoas ao seu redor e das gerações futuras, é significativa independentemente de crermos ou não na continuidade da vida após a morte. Num sentido muito real, o *karma coletivo* acumulado por nossos antepassados — entre os quais o imperador Ashoka, que provavelmente impediu que o budismo caísse para sempre no esquecimento — nos conduziu aos "mundos dos deuses". No decorrer de milhares de anos e de centenas de gerações, a sociedade humana avançou sob os aspectos tecnológico, cultural e moral. No conjunto, a quantidade de sofrimento se reduziu e o bem-estar aumentou. É aos nossos antepassados que devemos agradecer pela agricultura, a escrita, a aritmética, a medicina, a educação, a democracia, o estado de direito e o conceito de direitos humanos universais, entre muitas outras coisas. A crer nas pesquisas coligidas pelo psicólogo Steven Pinker para seu livro *The Better Angels of Our Nature*, o nível geral de violência e conflito declinou imensamente no decorrer dos últimos dois milênios.[24] Esse progresso cumulativo não foi conquistado em razão de forças sobrenaturais e muito menos pela operação de "genes egoístas", mas pelos atos altruístas de indivíduos célebres e anônimos, grandes e pequenos. O Buda e o Imperador desempenharam seu papel, mas também o fizeram bilhões de outros seres humanos, encanadores e políticos, artistas e cientistas, mães e pais, irmãos e irmãs, amigos e cuidadores. Trata-se do karma entendido em escala ampla, um acúmulo lento e constante de boas intenções e ações coletivas que ajudou a humanidade a transcender sua origem selvagem. O budismo ensina que a distinção entre cada um de nós e todos os outros seres é artificial e decorre da ilusão do Eu. Se aprendermos a nos desapegar desse Eu, talvez a distinção entre os seres humanos ainda vivos, os que já morreram e os que ainda sequer nasceram já não parecerá tão importante.

É claro que nem tudo vai bem. Afinal de contas, ainda estamos amarrados à natureza do maior dos predadores, no topo da cadeia alimentar. Nossos desejos descontrolados por prazer e posição social estão esgotando os recursos naturais do planeta; a aversão alimenta os conflitos; a ilusão nos cega. Para tomarmos o exemplo que mais tem a ver com o tema deste livro, a persistência de um alto índice de doença mental no mundo inteiro — mesmo nos países mais ricos — dá a entender que ainda há muito trabalho a ser feito para otimizar nosso karma coletivo. Defendi a tese de que as coisas começaram a dar errado para o cérebro humano nas savanas da África, quando nossa linhagem evolutiva se separou da dos chimpanzés, cerca de seis milhões de anos atrás.

Segundo a hipótese do cérebro social desenvolvida pelo psicólogo Robin Dunbar, a fim de sobreviver nesse ambiente perigoso, nossos antepassados começaram a se reunir em grupos cada vez maiores. O cérebro deles evoluiu e acabou por desenvolver uma sofisticada teoria da mente que lhes permitiu orientar-se num mundo social cada vez mais complexo, intuindo as crenças e intenções de um grande número de outras pessoas. A partir dessa capacidade de construir um modelo mental da mente alheia surgiu a noção de que o Eu é o personagem principal no drama da existência. Para acompanhar sua trajetória em relação a todos os outros personagens, nossa mente projetou-se cada vez mais na direção do passado e do futuro, recapitulando acontecimentos passados e imaginando eventos futuros, pensando sobre o que já foi feito e planejando o que está por fazer, indo muito além da capacidade de viajar no tempo e de planejar de qualquer outro primata. Ao mesmo tempo em que ocorreram essas mudanças, o desenvolvimento da linguagem falada regida pelas leis da gramática, com base em simples gestos naturais, no decorrer de milhões de anos, nos permitiu partilhar com os outros não somente nossas viagens mentais no tempo, mas também nossas experiências no mundo real. Tornamo-nos especialistas em aprender uns com os outros, acumulando conhecimentos, habilidades e sabedorias coletivas capazes de serem transmitidos de tribo a tribo e de geração em geração — um bom karma coletivo, por assim dizer.

Essas novas capacidades mentais tiveram três efeitos colaterais negativos. Primeiro, a nova capacidade da mente de simular o futuro e o passado permitiu-lhe se afastar cada vez mais do momento presente e dos dados inequívocos dos sentidos. Em segundo lugar, em razão da nossa extraordinária faculdade de construirmos modelos da mente das outras pessoas, tornamo-nos especialistas em enganá-las e passamos também a suspeitar das intenções alheias. Por fim, o novo Eu passou a afirmar-se possuidor de direitos em relação a outras pessoas, objetos e acontecimentos, colando em todos eles os rótulos de "eu" e "meu" que viriam a se tornar tão difíceis de remover quando chegasse a hora inevitável.

Os neurocientistas descobriram que a rede de modo-padrão do cérebro desempenha um papel central em todas as nossas capacidades recém-evoluídas e em seus efeitos negativos. Não somente facilita as viagens mentais no tempo, a teoria da mente e o sentido de Eu, como também foi considerada responsável por doenças mentais como a depressão e a ansiedade. As pesquisas científicas citadas neste livro podem esclarecer alguns dos pontos fracos do nosso cérebro social egoísta e divagante. A prática de *mindfulness* pode aquietar a rede de modo-padrão e ajudar-nos a nos concentrarmos no momento presente; pode aguçar nossa atenção e metacognição; e, afrouxando as amarras do eu, facilita o desapego. A atenção plena não é uma panaceia, mas, para quem está disposto a empenhar tempo e esforço, os dados dão a entender que ela pode ter resultados notáveis. Na esfera clínica, demonstrou-se que pode prevenir a depressão, reduzir a ansiedade, aliviar a dor e ajudar a pôr fim à dependência. À medida que os psiquiatras vão reconhecendo que a antiga distinção absoluta entre as pessoas doentes mentais e as normais é artificial, os benefícios universais da atenção plena podem passar a ser chamados de "otimização do bem-estar mental", em vez de "iluminação" — na verdade, o nome que se lhes dá não importa.

Para ajudar seus seguidores a trilhar esse caminho, o Buda ensinou-lhes os Sete Fatores da Iluminação,[25] que também resumem e sintetizam todos os tópicos tratados nas páginas deste livro. Quanto mais os estudo, mais me parece óbvio que são igualmente aplicáveis às pessoas que buscam a iluminação por meio da pesquisa científica ou de qualquer outra atividade:

- **Calma.** Prepare-se para suas tarefas seguintes relaxando o corpo e a mente. Isso dissipa a neblina dos antigos hábitos e preconceitos emocionais, para que você possa ver com mais clareza a tarefa à sua frente.
- **Concentração.** Cultive a capacidade de concentrar e manter firme a sua atenção. Isso o ajudará a evitar os erros e descuidos.
- **Atenção plena.** Observe todos os fenômenos mentais e físicos com objetividade a cada momento. Deixe o seu ego de lado.
- **Investigação.** Faça experiências. Quando acontece tal e tal coisa, quais são as consequências?
- **Energia.** É necessário uma determinação férrea para levar seu projeto até o fim.
- **Equanimidade.** Trate da mesma maneira o prazer e a dor, o elogio e a censura, a vitória e a derrota. Tente não levar tudo para o lado pessoal.

- **Felicidade ou arrebatamento.** Uma mente contente e feliz é uma mente eficaz que o ajuda no caminho. Pode haver momentos de descoberta de coisas novas (mas veja o fator *equanimidade*, acima).

Os budistas creem que o cultivo destas qualidades, praticadas com compaixão e aliadas aos mais elevados padrões éticos, nos aproxima da iluminação. É claro que outras grandes religiões chegaram às mesmas conclusões. O budismo, no entanto, é a única que não impôs um credo nem exigiu que seus adeptos acreditassem num deus. Mais ainda: sequer é necessário ser budista para se beneficiar das descobertas que Siddhãrtha Gautama, fundador do budismo, fez sobre a mente humana. Basta apenas começar a praticar.

Até os seres perfeitamente iluminados são mortais. Aos 80 anos de idade, o Buda adoeceu de intoxicação alimentar enquanto viajava por uma região remota do nordeste da Índia, na companhia de Ananda e de um grande número de monges. Não havia nenhuma cidade por perto. "Agora estou velho e cheio de anos", disse. "Minha jornada está chegando ao fim, completei a soma dos meus dias." Ananda estava triste pela morte do mestre. "Basta, Ananda! Não sofra, não se lamente!" Acaso não havia lhe ensinado que nada é permanente, que os sábios não sofrem depois de haver entendido a natureza da existência? Num bosque próximo à cidade de Kusinara, Ananda preparou-lhe uma cama entre dois espécimes da árvore *Shorea robusta* (chamada "sala" ou "sal" em algumas línguas indianas).[26] Quase até soltar o último suspiro, o Buda continuou recebendo visitantes e ensinando-os. "Sejam vocês suas próprias lâmpadas", exortava-os. "Confiem em vocês, não se apoiem na ajuda externa. Segurem com firmeza a lâmpada da verdade. Busquem a salvação na verdade somente."

Quando chegou a hora, ele entrou em sua última meditação. Havia quarenta e cinco anos que havia abandonado a vida do homem chamado Príncipe Siddhãrtha Hautama, filho do Rei Suddhodana, dos Shakyas. Começou então a abandonar todo o resto: seu corpo, seus pensamentos, seus sentimentos, seus sentidos. Ascendendo a estados cada vez mais difusos de consciência até chegar ao espaço infinito e ao nada, seu cérebro expirou numa explosão extática de oscilações elétricas de alta frequência.

AGRADECIMENTOS

Este livro não poderia ter sido escrito sem a generosidade dos neurocientistas, psicólogos e psiquiatras que encontraram tempo para ser entrevistados em meio a sua agenda cheia e que descreveram para mim suas aventuras num território ainda não mapeado, onde se unem o cérebro, a mente e o bem-estar. Gostaria de agradecer especialmente a Jon Kabat-Zinn e Judson Brewer, da Escola de Medicina da Universidade de Massachusetts; Richard Davidson, da Universidade de Wisconsin-Madison; Herbert Benson, do Hospital Geral de Massachusetts; Zindel Segal, da Universidade de Toronto; Willem Kuyken e Daniel Freeman, da Universidade de Oxford; Britta Hölzel, da Technische Universität München; Simon Wessely, do Royal College of Psychiatrists; David Haslam, da NICE; Sarah Bowen, da Universidade de Washington; e Judith Soulsby, da Universidade de Bangor.

Também reconheço imensa dívida de gratidão para com os monges, monjas e auxiliares leigos do Mosteiro Budista Amaravati pela calorosa hospitalidade, especialmente para com o abade Ajahn Amaro, cujas palavras de sabedoria me inspiram até hoje. Amaravati incorpora uma antiga filosofia oriental que contraria quase tudo o que os ocidentais estão acostumados a crer acerca da busca da felicidade. O fato de esse lugar e sua filosofia existirem e prosperarem no século XXI foi, para mim, fonte de grande maravilhamento.

Budismo e meditação mindfulness é um produto desse maravilhamento. Gostaria de agradecer a Peter Tallack, meu agente, por acreditar neste estranho híbrido de espiritualidade, neurociência e psiquiatria quando ele ainda não passava do esboço de uma ideia; agradeço também pelo incrível trabalho que ele e Tisse Takagi fizeram a fim de transformá-lo numa proposta viável. A ideia chamou a atenção do editor Peter Hubbard, da William Morrow/Harper-Collins, e ele foi corajoso — ou louco — o bastante para apostar neste escritor iniciante. Agradeço a ele e à sua excelente equipe pelo livro que você tem em mãos ou na tela. Agradeço ainda a Louisa Pritchard pelo trabalho incansável de vender os direitos de tradução para editoras do mundo inteiro.

Por fim, agradeço a minha família e a meus amigos o apoio incessante, sobretudo nos primeiros estágios do projeto, quando provavelmente supuseram que eu estava em plena crise da meia-idade. Agradeço particularmente a Charlotte por me resgatar quando, durante alguns dias, realmente pareceu que tudo ia por água abaixo. E serei agradecido para sempre a Art, que, mais do que ninguém, me ajudou a firmar os pés neste caminho.

NOTAS

Todos os trechos das traduções das escrituras, salvo indicação em contrário, são de www.accesstoinsight.org.

Introdução

1. Harrington, A. e Zajonc, A. (orgs.) (2008), *The Dalai Lama at MIT* (Harvard University Press), p. 63.
2. Yee, C. M., Javitt, D. C. e Miller, G. A. (2015), "Replacing *DSM* Categorical Analyses with Dimensional Analyses in Psychiatry Research: The Research Domain Criteria Initiative", *JAMA Psychiatry* 72(12): 1159-160.
3. Adam, D. (2013), "Mental Health: On the Spectrum", *Nature* 496: 416-18.
4. Ronald, A. *et al.* (2013), "Characterization of Psychotic Experiences in Adolescence Using the Specific Psychotic Experiences Questionnaire: Findings from a Study of 5,000 16-Year-Old Twins", *Schizophrenia Bulletin*, doi: 10.1093/schbul/sbt106.
5. Freeman, D. *et al.* (2011), "Concomitants of Paranoia in the General Population", *Psychological Medicine* 41(5): 923-36.
6. Freeman, D. *et al.* (2008). "Virtual Reality Study of Paranoid Thinking in the General Population", *British Journal of Psychiatry* 192: 258-63.
7. Ohayon, M. M. (2000), "Prevalence of Hallucinations and Their Pathological Associations in the General Population", *Psychiatry Research* 97(2-3): 153-64.
8. Jones, S. *et al.* (2010), *Understanding Bipolar Disorder* (The British Psychological Society).
9. Helliwell, J., Layard, R. e Sachs, J. (2013), *World Happiness Report 2013*.

10. Pedersen, Carsten Bøcker *et al.* (2014), "A Comprehensive Nationwide Study of the Incidence Rate and Lifetime Risk for Treated Mental Disorders", *JAMA Psychiatry* 71(5): 573-81.

11. *Global Burden of Diseases, Injuries and Risk Factors Study 2010* (Institute for Health, Metrics and Evaluation, 2010).

12. Layard, R. *et al.* (2014), "What Predicts a Successful Life? A Life-Course Model of Well-Being", *The Economic Journal* 124 (F720-38).

13. Programa eleitoral do Natural Law Party, https://www.youtube.com/watch?v=438UKM1Av1g.

14. Fox, K. C. R. *et al.* (2014), "Is Meditation Associated with Altered Brain Structure?: A Systematic Review and Meta-Analysis of Morphometric Neuroimaging in Meditation Practitioners", *Neuroscience and Behavioral Review* 43: 48-73.

15. Davidson, R. J. e Schuyler, B. S. (2015), "Neuroscience of Happiness", *in*: *World Happiness Report 2015.*

16. Kingsland, J. (2004), "The Rise and Fall of the Wonder-Drugs", *New Scientist,* 3 de julho de 2004.

17. Gibbons, R. D. *et al.* (2012), "Benefits from Antidepressants: Synthesis of 6-Week Patient-Level Outcomes from Double-Blind Placebo-Controlled Randomized Trials of Fluoxetine and Venlaflaxine", *Archives of General Psychiatry* 69(6): 572-79.

18. Kirsch, I. *et al.* (2008), "Initial Severity and Antidepressant Benefits: A Meta-Analysis of Data Submitted to the Food and Drug Administration", *PLOS Medicine* 5(2): 260-68.

19. Fournier, J. C. *et al.* (2009), "Antidepressant Drug Effects and Depression Severity: a Patient-Level Meta-Analysis", *JAMA* 303(1): 47-53.

Capítulo 1: O paraíso dos tolos

1. Majjhima Nikāya, 12 e 36.

2. Anguttara Nikāya, i, 145.

3. Nidana Katha. (1925), (*The Story of the Lineage*), tradução inglesa de Rhys Davids, T. W. (Routledge).

4. Majjhima Nikāya, 36.

5. Jackson, T. (2011), *Prosperity Without Growth* (Earthscan), p. 40.

6. Helliwell, J., Layard, R. e Sachs, J. (2013), *World Happiness Report 2013*, Cap. 3.

7. *Investing in Mental Health* (World Health Organization, 2003).

8. *Adult Psychiatric Morbidity in England — 2007* (Health & Social Care Information Centre, 2007).

9. World Health Organization Secretariat (2011), "Global Burden of Mental Disorders and the Need for a Comprehensive, Coordinated Response from Health and Social Sectors at the Country Level".

10. Tsai, A. C. e Tomlinson, M. (2015), "Inequitable and Ineffective: Exclusion of Mental Health from the Post-2015 Development Agenda", *PLOS Medicine* 12(6): e1001846.

11. Ferreira, A. *et al.* (2011), "Sickle Hemoglobin Confers Tolerance to *Plasmodium* Infection", *Cell* 145(3): 398-409.

12. Asimov, I. (1987). *Asimov's New Guide to Science* (Penguin Books).

13. Power, R. A. *et al.* (2013), "Fecundity of Patients with Schizophrenia, Autism, Bipolar Disorder, Depression, Anorexia Nervosa, or Substance Abuse vs Their Unaffected Siblings", *JAMA Psychiatry* 70(1): 22-30.

14. Kivimäki, M. *et al.* (2012), "Job Strain As a Risk Factor for Coronary Heart Disease", *The Lancet* 380(9852): 1491-497.

15. Bonde, J. P. E. (2008), "Psychosocial Factors at Work and Risk of Depression: A Systematic Review of the Epidemiological Evidence", *Occupational & Environmental Medicine*; 65: 438-45.

16. Sprong, M., Scothorst, P. e Vos, E. (2007), "Theory of Mind in Schizophrenia: Meta-Analysis", *British Journal of Psychiatry* 191: 5-13.

17. Killingsworth M. A. e Gilbert, D. T. (2010), "A Wandering Mind Is an Unhappy Mind", *Science* 330: 932.

18. Lennon, J. (1980), "Beautiful Boy (Darling Boy)", *Double Fantasy*.

19. The Dhammapada, tradução inglesa de Easwaran, E. (Nilgiri, 2007), versículos 1-2.

20. Anguttara Nikāya, 3.65.

21. The Dhammapada, tradução inglesa de Byrom, T. (Shambhala, 1993), versículo 80.

22. Goyal, M. *et al.* (2014), "Meditation Programs for Psychological Stress and Well-Being: A Systematic Review and Meta-Analysis", *JAMA Internal Medicine* 174(3): 357-68.

23. Piet, J. e Hougaard, E. (2011), "The Effect of Mindfulness-Based Cognitive Therapy for Prevention of Relapse in Recurrent Major Depressive Disorder: A Systematic Review and Meta-Analysis", *Clinical Psychology Review* 31(6): 1032-040.

24. Kuyken, W. *et al.* (2015), "Effectiveness and Cost-Effectiveness of Mindfulness-Based Cognitive Therapy Compared with Maintenance Anti-Depressant Treatment in the Prevention of Depressive Relapse/ Recurrence: Results of the PREVENT Randomised Controlled Trial", *The Lancet* 386: 63-73.

25. Goyal, M. *et al.* (2014), "Meditation Programs for Psychological Stress and Well-Being: A Systematic Review and Meta-Analysis", *JAMA Internal Medicine* 174(3): 357-68.

26. Armstrong, Karen (2000), *Buddha* (Phoenix).

27. Majjhima Nikāya, 12.

Capítulo 2: Brincadeira de criança

1. Majjhima Nikāya, 36.

2. Benson, H. *et al.* (1969), "Behavioral Induction of Arterial Hypertension and Its Reversal", *American Journal of Physiology* 217: 30-4.

3. Benson, H. e Klipper, M. Z. (1975), *The Relaxation Response* (HarperCollins).

4. Cannon, W. B. (1915), *Bodily Changes in Pain, Hunger, Fear and Rage: An Account of Recent Researches into the Function of Emotional Excitement* (Appleton).

5. Kozinn, A., "Meditation on the Man Who Saved the Beatles", *New York Times*, 7 de fevereiro de 2008.

6. Miles, B. (1997), *Paul McCartney: Many Years From Now* (Henry Holt and Company).

7. Nidich, S. I. *et al.* (2009), "A Randomized Controlled Trial on Effects of the Transcendental Meditation Program on Blood Pressure, Psychological

Distress, and Coping in Young Adults", *American Journal of Hypertension* 22(12): 1326-331.

8. AHA Scientific Statement (2013), "Beyond Medications and Diet: Alternative Approaches to Lowering Blood Pressure", *Hypertension* 61: 1360-383.

9. Dusek, J. *et al.* (2008), "Genomic Counter-Stress Changes Induced by the Relaxation Response", *PLOS ONE* 3: e2576.

10. Bhasin, M. K. *et al.* (2013), "Relaxation Response Induces Temporal Transcriptome Changes in Energy Metabolism, Insulin Secretion and Inflammatory Pathways", *PLOS ONE* 8: e62817.

11. Cawthon, R. *et al.* (2003), "Association Between Telomere Length in Blood and Mortality in People Aged 60 Years or Older", *The Lancet* 361: 393-95.

12. Epel, E. S. *et al.* (2004), "Accelerated Telomere Shortening in Response to Life Stress", *Proceedings of the National Academy of Sciences* 101 (49): 17312-315.

13. Epel, E. S. *et al.* (2006), "Cell Aging in Relation to Stress Arousal and Cardiovascular Disease Risk Factors", *Psychoneuroendocrinology* 31: 277-87.

14. Jacobs, T. L. *et al.* (2011), "Intensive Meditation Training, Immune Cell Telomerase Activity, and Psychological Mediators", *Psychoneuroendocrinology* 36: 664-81.

15. Majjhima Nikāya, 36.

16. Majjhima Nikāya, 46.

17. Davids, Rhys T.W. (trad. ingl., 1925), *Buddhist Birth-Stories (Jataka Tales), Nidāna-Kathā: The Story of the Lineage*, adaptado (Routledge).

Capítulo 3: A nuvem do não saber

1. Narada Maha Thera (1988), *The Buddha and His Teachings* (Buddhist Publication Society).

2. Possehi, G. L. (2002), *The Indus Civilization: A Contemporary Perspective* (AltaMira Press).

3. Taimni, I. K. (1999), *The Science of Yoga: The Yoga Sutras of Patanjali* (Quest Books).

4. Easwaran, E. (trad. ingl., 2007), *The Bhagavad Gita* (Nilgiri Press).

5. Taimni, I. K. (1999), *The Science of Yoga: The Yoga Sutras of Patanjali* (Quest Books).

6. Palestra de Ajahn Chah sobre o Dhamma ministrada aos monges recém-ordenados em Wat Nong Pah Pong, Tailândia, em julho de 1978. www.ajahnchah.org.

7. Anônimo (2001), *The Cloud of Unknowing*, tradução inglesa de Spearing, A. C. (Penguin Classics).

8. de Osuna, Francisco (1931), *The Third Spiritual Alphabet* (Benziger Brothers).

9. Scholem, G. (1996), *Major Trends in Jewish Mysticism* (Schocken Books).

10. Kelly, E. M. (2004), *The Rosary: A Path into Prayer* (Loyola University Press).

11. Reynold Nicholson, A. (2003), *The Mystics of Islam* (World Wisdom).

12. "The Sufis and St. Francis of Assisi", *in*: Shah, I. (1964), *The Sufis* (Doubleday).

13. Gethin, R. (1998), *The Foundations of Buddhism* (Oxford University Press).

14. "Development of Mahamudra" (1996), *in*: *Teachings of the Buddha*, organizado por Jack Kornfield (Shambhala Publications).

Capítulo 4: A segunda flecha

1. Vinaya Mahāvagga, 1:6.

2. Saṃyutta Nikāya, 56:11.

3. Majjhima Nikāya, 26.

4. "The Four Noble Truths" (2014), *in*: Ajahn Sumedho, *Peace Is a Simple Step* (Amaravati Publications).

5. Saṃyutta Nikāya, tradução inglesa de Nyanaponika Thera, 36:6.

6. The Health and Social Care Information Centre. *Health Survey for England — 2011*, cap. 9, "Chronic Pain".

7. Institute of Medicine of the National Academies, *Relieving Pain in America* (The National Academies Press, 2011).

8. Kabat-Zinn, J. (1982), "An Outpatient Program in Behavioral Medicine for Chronic Pain Patients Based on the Practice of Mindfulness Medita-

tion: Theoretical Considerations and Preliminary Results", *General Hospital Psychiatry* 4: 33-47.

9. Goyal, M. *et al.* (2014), "Meditation Programs for Psychological Stress and Well-Being: A Systematic Review and Meta-Analysis", *JAMA Internal Medicine* 174(3): 357-68.

10. Chen, K. W. *et al.* (2012), "Meditative Therapies for Reducing Anxiety: A Systematic Review and Meta-Analysis of Randomized Controlled Trials", *Depression and Anxiety* 29: 545-62. (doi: 10.1002/da.21964 PMID: 22700446).

11. Kabat-Zinn, J., Lipworth, L. e Burney, R. (1985), "The Clinical Use of Mindfulness Meditation for the Self-Regulation of Chronic Pain", *Journal of Behavioral Medicine* 8(2): 163-90.

12. Morone, N. *et al.* (2008). "Mindfulness Meditation for the Treatment of Chronic Low Back Pain in Older Adults: A Randomized Controlled Pilot Study", *Pain*; 134(3): 310-19.

13. Rosenzweig S. *et al.* (2010), "Mindfulness-Based Stress Reduction for Chronic Pain Conditions: Variation in Treatment Outcomes and Role of Home Meditation Practice", *Journal of Psychosomatic Research* 68: 29-36.

14. Gaylord S.A. *et al.* (2011), "Mindfulness Training Reduces the Severity of Irritable Bowel Syndrome in Women: Results of a Randomized Controlled Trial", *The American Journal of Gastroenterology* 106: 1678-688.

15. Grossman, P. *et al.* (2007), "Mindfulness Training as an Intervention for Fibromyalgia: Evidence of Postintervention and 3-Year Follow-Up Benefits in Well-Being", *Psychotherapy and Psychosomatics* 76: 226-33.

16. Zeidan, F. *et al.* (2011), "Brain Mechanisms Supporting the Modulation of Pain by Mindfulness Meditation", *The Journal of Neuroscience* 31(14): 5540-548.

17. Craig, A. D. (2009), "How Do You Feel — Now? The Anterior Insula and Human Awareness", *Nature Reviews: Neuroscience* 10: 59-70.

18. Grant, J. A. *et al.* (2011), "A Non-Elaborative Mental Stance and Decoupling of Executive and Pain-Related Cortices Predicts Low Pain Sensitivity in Zen Meditators", *Pain* 152(1): 150-56.

19. Grant, J. A. *et al.* (2010), "Cortical Thickness and Pain Sensitivity in Zen Meditators", *Emotion* 10(1): 43-53.

20. Gard, T. *et al.* (2012), "Pain Attenuation through Mindfulness Is Associated with Decreased Cognitive Control and Increased Sensory Processing in the Brain", *Cerebral Cortex* 22: 2692-2702.

21. Wiech, K. *et al.* (2008), "Neurocognitive Aspects of Pain Perception", *Trends in Cognitive Science* 12: 306-13.

22. Zeidan, F. *et al.* (2010), "The Effects of Brief Mindfulness Meditation Training on Experimentally Induced Pain", *The Journal of Pain* 11(3): 199--209.

23. Wager, T. D. *et al.* (2004), "Placebo-Induced Changes in fMRI in the Anticipation and Experience of Pain", *Science* 303: 1162-167.

24. Zeidan, F. *et al.* (2015), "Mindfulness-Based Pain Relief Employs Different Neural Mechanisms than Placebo and Sham Mindfulness Meditation--Induced Analgesia", *The Journal of Neuroscience* 35(46): 15307-325.

25. Easwaran, E. (trad. ingl., 2007), *The Bhagavad Gita* (Nilgiri Press), 2: 14-5.

26. *Ibid.*, 2: 62-3.

27. Bronkhorst, J., (1993), *The Two Traditions of Meditation in Ancient India* (Motilal Banarsidass), p. 70.

28. Saṃyutta Nikāya, 56.11.

Capítulo 5: O homem que desapareceu

1. Saṃyutta Nikāya, 22:59.

2. Vinaya Mahāvagga, 1:6.

3. Rig Veda, X.97.11.

4. *Brihadaranyaka Upanishad*, tradução inglesa de Swāmi Madhavananda (Swami Yogeshwarananda, 1950), 3.7.23.

5. *Pausanias, Description of Greece*, Volume IV, traduzido por W. H. S. (Harvard University Press, 1935), livro 10, Cap. 24.

6. Êxodo 3:14 (AV).

7. Pagels, E. (1989), *The Gnostic Gospels* (Vintage), p. xix.

8. Frager, R. (1999), *Heart, Self, and Soul: A Sufi Approach to Growth, Balance, and Harmony* (Quest Books).

9. Easwaran, E. (trad. ingl., 2007), *The Bhagavad Gita* (Nilgiri Press), 6: 19--20 e 26-7.

10. Anônimo (2001), *The Cloud of Unknowing*, tradução inglesa de A. C. Spearing (Penguin Classics).

11. Easwaran, E. (trad. ingl., 2007), *The Dhammapada* (The Blue Mountain Center of Meditation), pp. 82-3.

12. Hume, D. (2011), *A Treatise of Human Nature* (Oxford University Press).

13. Vinaya Mahāvagga, 1:6.

14. Wainhouse, A. (trad. ingl., 1974), Monod, J., *Chance and Necessity* (Fontana).

15. Parfit, D. (1986), *Reasons and Persons* (Oxford Paperbacks).

16. Bogen, J. E., "The Callosal Syndrome", *in*: Heilman, K. M. e Valenstein, E. V. (orgs.), *Clinical Neuropsychology*: 295-338, (Oxford University Press, 1979).

17. Gazzaniga, M. S. (1967), "The Split Brain in Man", *Scientific American* 217: 24-9.

18. Eagleman, D. (2011), *Incognito: The Secret Lives of the Brain* (Canongate Books).

19. Kelley, W. M. *et al.* (2002), "Finding the Self? An Event-Related fMRI Study", *Journal of Cognitive Neuroscience* 14(5): 785-94.

20. Northoff, G. *et al.* (2006), "Self-Referential Processing in Our Brain — A Meta-Analysis of Imaging Studies on the Self", *Neuroimage* 31: 440-57.

21. Chiu, P. H. *et al.* (2008), "Self Responses along Cingulate Cortex Reveal Quantitative Neural Phenotype for High-Functioning Autism", *Neuron* 57(3): 463-73.

22. Moran, J. M. *et al.* (2013), "What Can the Organization of the Brain's Default Mode Network Tell Us About Self-Knowledge?", *Frontiers in Human Neuroscience* 7, article 391.

23. Cavanna, A. E. e Trimble, M. R. (2006), "The Precuneus: A Review of Its Functional Anatomy and Behavioural Correlates", *Brain* 129: 564-83.

24. Brewer, J. *et al.* (2013), "What about the 'Self' Is Processed in the Posterior Cingulate Cortex?", *Frontiers in Human Neuroscience* 7, artigo 647.

25. Carhart-Harris, R. L. *et al.* (2012), "Neural Correlates of the Psychedelic State as Determined By fMRI Studies with Psilocybin", *Proceedings of the National Academy of Sciences* 109(6): 2138-143.

26. McKenna, T. (1999), *Food of the Gods: A Radical History of Plants, Drugs and Human Evolution* (Rider).

27. Raichle, M. *et al.* (2001), "A Default Mode of Brain Function", *Proceedings of the National Academy of Sciences* 98(2): 676-82.

28. Sampasadaniya Sutta, Digha Nikāya, 28.

29. Farb, N. *et al.* (2007), "Attending to the Present: Mindfulness Meditation Reveals Distinct Neural Modes of Self-Reference", *SCAN* 2(4): 313-22.

30. Brewer, J. A. *et al.* (2011), "Meditation Experience Is Associated with Differences in Default Mode Network Activity and Connectivity", *Proceedings of the National Academy of Sciences* 108(50): 20254-259.

31. Letters of Note: The delusion. http://www.lettersofnote. com/2011/11/delusion.html (acessado em 25 de março de 2015).

32. Armstrong, K. (2002), *Buddha* (Phoenix).

Capítulo 6: Chinelos de ouro

1. The *Mahāvagga*, 1:7.

2. Nārada Mahāthera (2010), *The Buddha and His Teachings* (Buddhist Publication Society), p. 57.

3. Wilson, T. D. *et al.* (2014), "Just Think: The Challenges of the Disengaged Mind", *Science* 345(6192): 75-7.

4. Raichle, M. E. *et al.* (2001), "A Default Mode of Brain Function", *Proceedings of the National Academy of Sciences* 98: 676-82.

5. Buckner, R. L. *et al.* (2008), "The Brain's Default Network: Anatomy, Function, and Relevance to Disease", *Annals of the New York Academy of Science* 1124: 1-38.

6. Kane, M. J. *et al.* (2007), "For Whom the Mind Wanders, and When: An Experience-Sampling Study of Working Memory and Executive Control in Daily Life", *Psychological Science* 18(7): 614-21.

7. Killingsworth, M. A. e Gilbert, D. T. (2010), "A Wandering Mind Is an Unhappy Mind", *Science* 330: 932.

8. Franklin, M. S. *et al.* (2013), "The Silver Lining of a Mind in the Clouds: Interesting Musings Are Associated with Positive Mood While Mind--Wandering", *Frontiers in Psychology* 4: 583.

9. Easwaran, E. (trad. ingl., 2007), *The Dhammapada* (Nilgiri), versículo 1.

10. Ressler, K. e Mayberg, H. (2007), "Targeting Abnormal Neural Circuits in Mood and Anxiety Disorders: From the Laboratory to the Clinic", *Nature Neuroscience* 10: 1116-124.

11. Sheline, Y. I. *et al.* (2009), "The Default Mode Network and Self-Referential Processes in Depression", *Proceedings of the National Academy of Sciences* 106(6): 1942-947.

12. Nolen-Hoeksema, S. *et al.* (2008), "Rethinking Rumination", *Perspectives on Psychological Science* 3: 400-24.

13. Nejad, A. B. *et al.* (2013), "Self-Referential Processing, Rumination, and Cortical Midline Structures in Major Depression", *Frontiers in Human Neuroscience* 7, artigo 666.

14. Helliwell, J., Layard R. e Sachs, J. (orgs.). *World Happiness Report 2013*, pp. 5, 43.

15. World Health Organization Secretariat (2011), "Global Burden of Mental Disorders and the Need for a Comprehensive, Coordinated Response from Health and Social Sectors at the Country Level".

16. Moussavi, S. *et al.* (2007), "Depression, Chronic Diseases, and Decrements in Health: Results from the World Health Surveys", *The Lancet* 370(9590): 851-58.

17. Mykletun, A. *et al.* (2009), "Levels of Anxiety and Depression as Predictors of Mortality: The HUNT Study", *British Journal of Psychiatry* 195: 118-25.

18. Office for National Statistics (2015), *Suicides in the United Kingdom, 2013 Registrations.*

19. Centers for Disease Control and Prevention (2014), *Mortality in the United States, 2012.*

20. National Institute for Health and Care Excellence (NICE, 2009), *Depression in Adults: The Treatment and Management of Depression in Adults*; diretriz clínica 90 do NICE.

21. Kupfer, D. J. *et al.* (1992), "5-Year Outcome for Maintenance Therapies in Recurrent Depression", *Archives of General Psychiatry* 49: 769-73.

22. Lau, M. A., Segal, Z. V. e Williams, J. M. G. (2004), "Teasdale's Differential Activation Hypothesis: Implications for Mechanisms of Depressive Relapse and Suicidal Behaviour", *Behaviour Research and Therapy* 42: 1001--017.

23. Segal, Z. V., Williams, J. M. G. e Teasdale, J. D. (2012), *Mindfulness-Based Cognitive Therapy for Depression* (Guilford Press, 2ª ed.).

24. Lau, M. A., Segal, Z. V. e Williams, J. M. G. (2004), "Teasdale's Differential Activation Hypothesis: Implications for Mechanisms of Depressive Relapse and Suicidal Behaviour", *Behaviour Research and Therapy* 42: 1001--017.

25. Williams, M. e Penman, D. (2011), *Mindfulness: A Practical Guide to Finding Peace in a Frantic World* (Piatkus).

26. Teasdale J. *et al.* (2000), "Prevention of Relapse/Recurrence in Major Depression by Mindfulness-Based Cognitive Therapy", *Journal of Consulting and Clinical Psychology* 68(4): 615-23.

27. Piet, J. e Hougaard, E. (2011), "The Effect of Mindfulness-Based Cognitive Therapy for Prevention of Relapse in Recurrent Major Depressive Disorder: A Systematic Review and Meta-Analysis", *Clinical Psychology Review* 31: 1032-040.

28. National Institute for Health and Care Excellence (NICE, 2009), *Depression in Adults: The Treatment and Management of Depression in Adults*; diretriz clínica 90 do NICE.

29. Kuyken, W. *et al.* (2015), "Effectiveness and Cost-Effectiveness of Mindfulness-Based Cognitive Therapy Compared with Maintenance Anti-Depressant Treatment in the Prevention of Depressive Relapse/Recurrence: Results of the PREVENT Randomised Controlled Trial", *The Lancet* 386: 63-73.

30. Williams, M. *et al.* (2014), "Mindfulness-Based Cognitive Therapy for Preventing Relapse in Recurrent Depression: A Randomized Dismantling Trial", *Journal of Consulting and Clinical Psychology* 82(2): 275-86.

31. Kuyken, W. *et al.* (2010), "How Does Mindfulness-Based Cognitive Therapy Work?", *Behaviour Research and Therapy* 48: 1105-112.

32. Rahman, A. *et al.* (2013), "Grand Challenges: Integrating Maternal Mental Health into Maternal and Child Health Programmes", *PLOS Medicine*; 10(5): e1001442.

33. Edwards, V. J. *et al.* (2003), "Relationship Between Multiple Forms of Childhood Maltreatment and Adult Mental Health in Community Respondents: Results from the Adverse Childhood Experiences Study", *American Journal of Psychiatry* 160(8): 1453-460.

34. Heim, C. *et al.* (2008), "The Link Between Childhood Trauma and Depression: Insights from HPA Axis Studies In Humans", *Psychoneuroendocrinology* 33: 693-710.

35. Fair, D. *et al.* (2008), "The Maturing Architecture of the Brain's Default Network", *Proceedings of the National Academy of Sciences* 41: 45-57.

36. Ressler, K. e Mayberg, H. (2007), "Targeting Abnormal Neural Circuits in Mood and Anxiety Disorders: From the Laboratory to the Clinic", *Nature Neuroscience* 10: 1116-124.

37. Michalak, J. *et al.* (2011), "Rumination as a Predictor of Relapse in Mindfulness-Based Cognitive Therapy for Depression", *Psychology and Psychotherapy* 84: 230-36.

38. Williams, J. M. G. *et al.* (2008), "Mindfulness-Based Cognitive Therapy (MBCT) *in* Bipolar Disorder: Preliminary Evaluation of Immediate Effects on Between-Episode Functioning", *Journal of Affective Disorders* 107: 275-79.

39. Deckersbach, T. *et al.* (2014), *Mindfulness-Based Cognitive Therapy for Bipolar Disorder* (The Guilford Press).

40. Banks, K., Newman, E. e Saleem, J. (2015), "An Overview of the Research on Mindfulness-Based Interventions for Treating Symptoms of Post-Traumatic Stress Disorder: A Systematic Review", *Journal of Clinical Psychology* (doi: 10.1002/jclp.22200).

41. Lucy, H., Strauss, C. e Taylor, B. L. (2013), "The Effectiveness and Acceptability of Mindfulness-Based Therapy for Obsessive Compulsive Disorder: A Review of the Literature", *Mindfulness* 4: 375-82.

42. Kessler, R. C. *et al.* (2005), "Lifetime Prevalence and Age-of-Onset Distributions of DSM-IV Disorders in the National Comorbidity Survey Replication", *Archives of General Psychiatry* 62(6): 593-602.
43. Kuyken, W. *et al.* (2013), "Effectiveness of the Mindfulness in Schools Programme: Non-Randomised Controlled Feasibility Study", *British Journal of Psychiatry* 203(2): 126-31.
44. Milton, J. (2005), *Paradise Lost* (Dover Publications).
45. The *Mahāvagga*, 1:7.
46. *Ibid.*, 1:11.
47. Williams, M. e Penman, D. (2011), *Mindfulness: A Practical Guide to Finding Peace in a Frantic World* (Piatkus).

Capítulo 7: Adoradores do fogo

1. Saṃyutta Nikāya, 35:28.
2. *WHO Report on the Global Tobacco Epidemic*, 2011.
3. Rehm, J. *et al.* (2009), "Global Burden of Disease and Injury and Economic Cost Attributable to Alcohol Use and Alcohol-Use Disorders", *The Lancet* 373: 2223.
4. Ipsos Mori, "Young People Omnibus 2013: A Research Study on Gambling Amongst 11-16 Year Olds on Behalf of the National Lottery Commission".
5. National Centre for Social Research (2011), *British Gambling Prevalence Survey 2010*.
6. Easwaran, E. (trad. ingl., 2007), introdução a *The Bhagavad Gita*, (Nilgiri Press), p. 55.
7. Brewer, J. *et al.* (2011), "Meditation Experience Is Associated with Differences in Default Mode Network Activity and Connectivity", *Proceedings of the National Academy of Sciences* 108(50): 20254-259.
8. Creswell, J. D. *et al.* (2016), "Alterations in Resting State Functional Connectivity Link Mindfulness Meditation with Reduced Interleukin-6: A Randomized Controlled Trial", *Biological Psychiatry*; publicado *on-line* em 29 de janeiro de 2016 (doi: http://dx.doi.org/10.1016/j.biopsych.2016.01.008).

9. Garavan, H. *et al.* (2000), "Cue-Induced Cocaine Craving: Neuroanatomical Specificity for Drug Users and Drug Stimuli", *American Journal of Psychiatry* 157:1789-798.

10. Denton, D. *et al.* (1999), "Neuroimaging of Genesis and Satiation of Thirst and an Interoceptor-Driven Theory of Origins of Primary Consciousness", *Proceedings of the National Academy of Sciences* 96(9): 5304-09.

11. Jarraya, B. *et al.* (2010), "Disruption of Cigarette Smoking Addiction after Posterior Cingulate Damage: Case Report", *Journal of Neurosurgery* 113: 1219-221.

12. Brewer, J. *et al.* (2013), "What about the 'Self' Is Processed in the Posterior Cingulate Cortex?", *Frontiers in Human Neuroscience* 7, artigo 647.

13. Kühn, S. e Gallinat, J. (2011), "Common Biology of Craving across Legal and Illegal Drugs — A Quantitative Meta-Analysis of Cue-Reactivity for Brain Response", *European Journal of Neuroscience* 33: 1318-326.

14. Brewet, J. *et al.* (2011), "Mindfulnes Training for Smoking Cessation: Results from a Randomized Controlled Trial", *Drug and Alcohol Dependence* 119: 72-80.

15. Elwafi, H. M. *et al.* (2013), "Mindfulness Training for smoking Cesation: Moderation of the Relationship Between Craving and Cigarette Use", *Drug and Alcohol Dependence* 130: 222-29.

16. Levantamento Nacional de Saúde por Entrevistas (National Health Interview Survey), Estados Unidos, 2010.

17. McLellan, A. T. *et al.* (2000), "Drug Dependence, a Chronic Medical Illness: Implciations for Treatment, Insurance, and Outcomes Evaluation", *JAMA* 284(13): 1689-695.

18. Fergunson, S. G. e Shiffman, S. (2009), "The Relevance and Treatment of Cue-Induced Cravings in Tobacco Dependence", *Journal of Substance Abuse Treatment* 36: 235-43.

19. Bowen, S. *et al.* (2014), "Relative Efficacy of Mindfulness-Based Relapse Prevention, Standard Relapse Prevention, and Treatment as Usual for Substance Use Disorders", *JAMA Psychiatry* 71(5): 547-56.

20. Bowen, S. (2010), *Mindfulness-Based Relapse Prevention for Addictive Behaviours: A Chinician's Guide* (Guilford Press).

21. Goldstein, R. e Volkow, N. (2011), "Dysfunction of the Prefrontal Cortex in Addiction: Neuroimaging Findings and Clinical Implications", *Native Reviews: Neuroscience* 12: 652-69.

22. Tang, Y-Y. *et al.* (2013), "Brief Meditation Training Induces Smoking Reduction", *Proceedings of the National Academy of Sciences* 110(34): 13971-975.

23. Bowen, S. *et al.* (2007), "The Role of Thought Suppresion in the Relation Between Mindfulness Meditation and Alcohol Use", *Addictive Behaviors* 32(10): 2324-328.

Capítulo 8: Um elefante bêbado

1. Cullahaṁsa-Jātaka, *The Jātaka*, Livro XXI, nº 533.

2. *Vinaya Texts Part III*, tradução inglesa de Rhys Davids, T. W. e Oldenberg, H. (edição Kindle), p. 505.

3. Armstrong, K. (2002), *Buddha* (Phoenix), p. 150.

4. Common Ground: Solutions for Reducing the Human, Economic and Conservation Costs of Human Wildlife Conflict (World Wide Fund for Nature, 2008), p. 36.

5. Easwaran, E. (trad. ingl., 2007), *The Dhammapada* (The Blue Mountain Center of Meditation), versículos 320-21.

6. *Ibid.*, versículos 326-27.

7. Lazar, S. W. *et al.* (2005), "Meditation Experience Is Associated with Increased Cortical Thickness", *Neuroreport* 16(17): 1893-897.

8. Fox, K. C. R. *et al.* (2014), "Is Meditation Associated with Altered Brain Structure? A Systematic Review and Meta-Analysis of Morphometric Neuroimaging in Meditation Practitioners", *Neuroscience and Behavioral Reviews* 43: 48-73.

9. Hölzel, B. K. *et al.* (2011), "Meditation Practice Leads to Increases in Regional Brain Gray Matter Density", *Psychiatry Research: Neuroimaging* 191: 36-43.

10. Davidson, R. J. (2000), "Affective Style, Psychopathology, and Resilience: Brain Mechanisms and Plasticity", *American Psychologist* 55(11): 1196-214.

11. Davidson, R. J. *et al.* (2003), "Alterations in Brain and Immune Function Produced by Mindfulness Meditation", *Psychosomatic Medicine* 65: 564--70.

12. Dusek, J. *et al.* (2008), "Genomic Counter-Stress Changes Induced by the Relaxation Response", *PLOS ONE* 3: e2576.

13. Bhasin, M. K. *et al.* (2013), "Relaxation Response Induces Temporal Transcriptome Changes in Energy Metabolism, Insulin Secretion and Inflammatory Pathways", *PLOS ONE* 8: e62817.

14. Epel, E. S. *et al.* (2004), "Accelerated Telomere Shortening in Response to Life Stress", *Proceedings of the National Academy of Sciences* 101 (49): 17, 312-17.

15. Epel, E. S. *et al.* (2006), "Cell Aging in Relation to Stress Arousal and Cardiovascular Disease Risk Factors", *Psychoneuroendocrinology* 31: 277-87.

16. Jacobs, T. L. *et al.* (2011), "Intensive Meditation Training, Immune Cell Telomerase Activity, and Psychological Mediators", *Psychoneuroendocrinology* 36: 664-81.

17. Chiesa, A., Serretti, A. e Jakobsen, J. C. (2013), "Mindfulness: Top-Down Or Bottom-Up Emotion Regulation Strategy?", *Clinical Psychology Review* 33: 82-96.

18. Tang, Y-Y, Hölzel, B. K. e Posner, M. I. (2015), "The Neuroscience of Mindfulness Meditation", *Nature Reviews, Neuroscience* 16: 213-25.

19. Gross, J. J. e John, O. P. (2003), "Individual Differences in Two Emotion Regulation Processes: Implications for Affect, Relationships, and Well-Being", *Journal of Personality and Social Psychology* 85(2): 348-62.

20. Wegner, D. M. (1994), "Ironic Processes of Mental Control", *Psychological Review* 101: 163-206.

21. Dostoevsky, F. M. (1997), *Winter Notes on Summer Impressions* (Northwestern University Press).

22. Lutz, J. *et al.* (2014), "Mindfulness and Emotion Regulation — an fMRI Study", *Social Cognitive and Affective Neuroscience* 9(6): 776-85.

23. Micah, A. *et al.* (2012), "Cognitive-Affective Neural Plasticity Following Active-Controlled Mindfulness Intervention", *The Journal of Neuroscience* 32(44): 15601-610.

24. Desbordes, G. *et al.* (2012), "Effects of Mindful-Attention and Compassion Meditation Training on Amygdala Response to Emotional Stimuli in an Ordinary, Non-Meditative State", *Frontiers in Human Neuroscience* 6, artigo 292.

25. Schuyler, B. S. *et al.* (2014), "Temporal Dynamics of Emotional Responding: Amygdala Recovery Predicts Emotional Traits", *Social Cognitive and Affective Neuroscience* 9(2): 176-81.

26. Hölzel, B. K. *et al.* (2013), "Neural Mechanisms of Symptom Improvements in Generalized Anxiety Disorder Following Mindfulness Training", *Neuroimage: Clinical* 2: 448-58.

27. Chiesa, A., Serretti, A. e Jakobsen, J. C. (2013), "Mindfulness: Top-Down or Bottom-Up Emotion Regulation Strategy?" *Clinical Psychology Review* 33: 82-96.

28. Tang, Y-Y, Hölzel, B. K. e Posner, M. I. (2015), "The Neuroscience of Mindfulness Meditation", *Nature Reviews, Neuroscience* 16: 213-25.

29. Hölzel, B. K. *et al.* (2008), "Investigation of Mindfulness Meditation Practitioners with Voxel-Based Morphometry", *Social Cognitive and Affective Neuroscience* 3(1): 55-61.

30. Hölzel, B. K. *et al.* (2011), "Meditation Practice Leads to Increases in Regional Brain Gray Matter Density", *Psychiatry Research: Neuroimaging* 191: 36-43.

31. Christopher, M. S., Christopher, V. e Charoensuk, S. (2009), "Assessing 'Western' Mindfulness Among Thai Theravada Buddhist Monks", *Mental Health, Religion & Culture* 12(3): 303-14.

32. Grossman, P. (2011), "Defining Mindfulness by How Poorly I Think I Pay Attention During Everyday Awareness and Other Intractable Problems for Psychology's (Re)Invention of Mindfulness: Comment On Brown *et al.*", *Psychological Assessment* 23(4): 1034-040.

33. Levinson, D. B. *et al.* (2014), "A Mind You Can Count On: Validating Breath Counting as a Behavioural Measure of Mindfulness", *Frontiers in Psychology* 5, artigo 1202.

34. Desbordes, G. *et al.* (2015), "Moving Beyond Mindfulness: Defining Equanimity as an Outcome Measure in Meditation and Contemplative Research", *Mindfulness* 6: 356-72.

35. Davidson, R. J. *et al.* (2003), "Alterations in Brain and Immune Function Produced by Mindfulness Meditation", *Psychosomatic Medicine* 65: 564--70.

36. Davidson, R. J. (2000), "Affective Style, Psychopathology, and Resilience: Brain Mechanisms and Plasticity", *American Psychologist* 55(11): 1196--214.

37. Segerstrom, S. C. e Miller, G. E. (2004), "Psychological Stress and the Human Immune System: A Meta-Analytic Study of 30 Years of Enquiry", *Psychological Bulletin* 130(4): 601-30.

38. Diener, E. e Chan, M. Y. (2011), "Happy People Live Longer: Subjective Well-Being Contributes to Health and Longevity", *Applied Psychology: Health and Well-Being* 3(1): 1-43.

39. Post, S. G. (2005), "Altruism, Happiness, and Health: It's Good to Be Good", *International Journal of Behavioural Medicine* 12(2): 66-77.

40. Zalli, A. *et al.* (2014), "Shorter Telomeres with High Telomerase Activity Are Associated with Raised Allostatic Load and Impoverished Psychosocial Resources", *Proceedings of the National Academy of Sciences* 111(12): 4519-524.

41. Miller, T. Q. *et al.* (2011), "A Meta-Analytic Review of Research on Hostility and Physical Health", *Psychological Bulletin* 119(2): 322-48.

42. Lim, D., Condon, P. e DeSteno, D. (2015), "Mindfulness and Compassion: An Examination of Mechanism and Scalability", *PLOS ONE* 10(2): e0118221.

43. Hoffman, S. G., Grossman, P. e Hinton, D. E. (2011), "Loving-Kindness and Compassion Meditation: Potential for Psychological Interventions", *Clinical Psychology Reviews* 31(7): 1126-132.

44. Kuyken, W. *et al.* (2010), "How Does Mindfulness-Based Cognitive Therapy Work?", *Behaviour Research and Therapy* 48: 1105-112.

45. Lutz, A. *et al.* (2008), "Regulation of the Neural Circuitry of Emotion by Compassion Meditation: Effects of Meditative Expertise", *PLOS ONE* 3(3): e1897.

46. Palestra Meng-Wu, proferida por Richard Davidson no Centro para Pesquisa e Educação em Compaixão e Altruísmo (CCARE, Center for Compassion and Altruism Research and Education), na Escola de Medicina de Stanford, em 2 de outubro de 2012.

47. Lutz, A. *et al.* (2009), "BOLD Signal in Insula Is Differentially Related to Cardiac Function During Compassion Meditation in Experts vs. Novices", *Neuroimage* 47(3): 1038-046.

48. Lim, D., Condon, P. e DeSteno, D. (2015), "Mindfulness and Compassion: An Examination of Mechanism and Scalability", *PLOS ONE* 10(2): e0118221.

49. *The Mahāvagga*, VIII, 26.1-8.

50. Hoffman, S. G. *et al.* (2011), "Loving-Kindness and Compassion Meditation: Potential for Psychological Interventions", *Clinical Psychology Review* 31(7): 1126-132.

51. McCall, C. *et al.* (2014), "Compassion Meditators Show Less Anger, Less Punishment, and More Compensation to Victims in Response to Fairness Violations", *Frontiers in Behavioral Neuroscience* 8, artigo 424.

Capítulo 9: A queda

1. Uher, R. (2009), "The Role of Genetic Variation in the Causation of Mental Illness: An Evolution-Informed Framework", *Molecular Psychiatry* 14: 1072-082.

2. Kessler, R. C. *et al.* (2005), "Lifetime Prevalence and Age-of-Onset Distributions of DSM-IV Disorders in the National Comorbidity Survey Replication", *Archives of General Psychiatry* 62: 593-602.

3. Andrews, P., Poulton, R. e Skoog, I. (2005), "Lifetime Risk for Depression: Restricted to a Minority or Waiting for Most?", *British Journal of Psychiatry* 187: 495-96.

4. Moffitt, T. E. *et al.* (2010), "How Common Are Common Mental Disorders? Evidence that the Lifetime Prevalence Rates Are Doubled by Pro-

spective Versus Retrospective Ascertainment", *Psychological Medicine* 40: 899-909.

5. Uher, R. (2009), "The Role of Genetic Variation in the Causation of Mental Illness: An Evolution-Informed Framework", *Molecular Psychiatry* 14: 1072-082.

6. Cross-Disorder Group do Psychiatric Genomics Consortium (2013), "Identification of Risk Loci with Shared Effects on Five Major Psychiatric Disorders: A Genome-Wide Analysis", *The Lancet* 381: 1371-379.

7. Genetics of Personality Consortium (2015), "Meta-Analysis of Genome--Wide Association Studies for Neuroticism, and the Polygenic Association with Major Depressive Disorder", *JAMA Psychiatry*; publicado *on-line* em 20 de maio de 2015 (doi: 10.1001/jamapsychiatry.2015.0554).

8. Seneca (1997), "On Tranquillity of Mind", *in*: *Dialogues and Letters*, tradução inglesa de Costa, C. D. N. (Penguin Classics).

9. Kyaga, S. *et al.* (2011), "Creativity and Mental Disorder: Family Study of 300,000 People with Severe Mental Disorder", *The British Journal of Psychiatry* 199: 373-79.

10. Nettle, D. e Clegg, H. (2006), "Schizotypy, Creativity and Mating Success in Humans", *Proceedings of the Royal Society B* 273; 611-15.

11. Power, R. A. *et al.* (2013), "Fecundity of Patients with Schizophrenia, Autism, Bipolar Disorder, Depression, Anorexia Nervosa, or Substance Abuse *vs* Their Unaffected Siblings", *JAMA Psychiatry* 70(1): 22-30.

12. Uher, R. (2009), "The Role of Genetic Variation in the Causation of Mental Illness: An Evolution-Informed Framework", *Molecular Psychiatry* 14: 1072-082.

13. Yee, C. M., Javitt, D. C. e Miller, G. A. (2015), "Replacing *DSM* Categorical Analyses with Dimensional Analyses in Psychiatry Research: The Research Domain Criteria Initiative", *JAMA Psychiatry* 72(12): 1159-160.

14. Adam, D. (2013), "Mental Health: On the Spectrum", *Nature* 496: 416-18.

15. Bebbington, P. E. *et al.* (2013), "The Structure of Paranoia in the General Population", *The British Journal of Psychiatry* 202(6): 419-27.

16. Carroll, L. (1947), *Alice in Wonderland and Through the Looking Glass* (Pan).

17. Almécija, S. *et al.* (2013), "The Femur of *Orrorin tugenensis* Exhibits Morphometric Affinities with Both Miocene Apes and Later Hominins", *Nature Communications* 4: artigo 2888 (doi: 10.1038/ncomms3888).

18. Richmond, B. G. e Jungers, W. L. (2008), "*Orrorin tugenensis* Femoral Morphology and The Origin of Hominin Bipedalism", *Science* 319: 1662--665.

19. Dunbar, R. (2014), *Human Evolution* (Penguin), pp. 109-25.

20. Corballis, M. C. (2011), *The Recursive Mind: The Origins of Human Language, Thought, and Civilization* (Princeton University Press) pp. 55-79.

21. Savage-Rumbaugh, S. (1996), *Kanzi: The Ape at the Brink of the Human Mind* (Wiley).

22. Roberts, A. I., Vick, S.-J. e Buchanan-Smith, H. J. (2012), "Usage and Comprehension of Manual Gestures in Wild Chimpanzees", *Animal Behaviour* 84: 459-70.

23. Rizzolatti, G. *et al.* (1996), "Premotor Cortex and the Recognition of Motor Actions", *Cognitive Brain Research* 3: 131-41.

24. Corballis, M. C. (2013), "Wandering Tales: Evolutionary Origins of Mental Time Travel and Language", *Frontiers in Psychology* 4, artigo 485.

25. Sheline, Y. I. *et al.* (2009), "The Default Mode Network and Self-Referential Processes in Depression", *Proceedings of the National Academy of Sciences* 106(6): 1942-947.

26. Nejad, A. B., Fossati, P. e Lemogne, C. (2013), "Self-Referential Processing, Rumination, and Cortical Midline Structures in Major Depression", *Frontiers in Human Neuroscience* 7, artigo 666.

27. Marchetti, I. *et al.* (2012), "The Default Mode Network and Recurrent Depression: A Neurobiological Model of Cognitive Risk Factors", *Neuropsychology Review* 22(3): 229-51.

28. Broyd, S. J. (2008), "Default-Mode Brain Dysfunction in Mental Disorders: A Systematic Review", *Neuroscience and Biobehavioral Reviews* 33(3): 279-96.

29. Sun, L. *et al.* (2012), "Abnormal Functional Connectivity Between the Anterior Cingulate and the Default Mode Network in Drug-Naive Boys with

Attention Deficit Hyperactivity Disorder", *Psychiatry Research: Neuroimaging* 201: 120-27.

30. Whitfield, S. *et al.* (2009), "Hyperactivity and Hyperconnectivity of the Default Network in Schizophrenia and in First-Degree Relatives of Persons with Schizophrenia", *Proceedings of the National Academy of Sciences* 106(4): 1279-284.

31. Chai, X. J. *et al.* (2011), "Abnormal Medial Prefrontal Cortex Resting-State Connectivity in Bipolar Disorder and Schizophrenia", *Neuropsychopharmacology* 36: 2009-017.

32. Whitfield-Gabrieli, S. e Ford, J. M. (2012), "Default Mode Network Activity and Connectivity in Psychopathology", *Annual Reviews: Clinical Psychology* 8: 49-76.

33. Kyaga, S. *et al.* (2011), "Creativity and Mental Disorder: Family Study of 300,000 People with Severe Mental Disorder".

34. Kyaga, S. *et al.* (2013), "Mental Illness, Suicide and Creativity: 40-Year Prospective Total Population Study", *Journal of Psychiatric Research* 47(1): 83-90.

35. Dunbar, R. (2014), *Human Evolution* (Pelican), p. 65.

36. Dunbar, R. (1998), "The Social Brain Hypothesis", *Brain* 9(10): 178-90.

37. Hurdiel, R. *et al.* (2012), "Field Study of Sleep and Functional Impairments in Solo Sailing Races", *Sleep and Biological Rhythms* 10(4): 270-77.

38. Grassian, S. (1983), "Psychopathological Effects of Solitary Confinement", *American Journal of Psychiatry* 140(11): 1450-454.

39. Gên. 3:7 (AV).

40. Anônimo (2001), *The Cloud of Unknowing*, tradução inglesa de Spearing, A.C. (Penguin Classics).

Capítulo 10: Estranho e maravilhoso

1. *Majjhima Nikāya*, 123.

2. Tang, Y-Y, Hölzel, B. e Posner, I. P. (2015), "The Neuroscience of Mindfulness Meditation", *Nature Reviews: Neuroscience* 16: 213-25.

3. Lazar, S. W. *et al.* (2005), "Meditation Experience Is Associated with Increased Cortical Thickness", *Neuroreport* 16(17): 27-33.

4. Luders, E. *et al.* (2009), "The Underlying Anatomical Correlates of Long--Term Meditation", *Neuroimage* 45(3): 672-78.

5. Fox, K. C. R. *et al.* (2014), "Is Meditation Associated with Altered Brain Structure? A Systematic Review and Meta-Analysis of Morphometric Neuroimaging in Meditation Practitioners", *Neuroscience and Biobehavioral Reviews* 43: 48-73.

6. Burgess, P. W. *et al.* (2005), "The Gateway Hypothesis of Rostral Prefrontal Cortex (Area 10) Function", *in*: Duncan, J., Phillips, L. e McLeod, P. (eds.), *Measuring the Mind: Speed, Control, and Age* (Oxford University Press), pp. 217-48.

7. Fox, K. C. R. *et al.* (2014), "Is Meditation Associated with Altered Brain Structure? A Systematic Review and Meta-Analysis of Morphometric Neuroimaging in Meditation Practitioners", *Neuroscience and Biobehavioral Reviews* 43: 48-73.

8. Neubert, F-X. *et al.* (2014), "Comparison of Human Ventral Frontal Cortex Areas for Cognitive Control and Language with Areas in Monkey Frontal Cortex", *Neuron* 81: 700-13.

9. Baird, B. *et al.* (2013), "Medial and Lateral Networks in Anterior Prefrontal Cortex Support Metacognitive Ability for Memory and Perception", *The Journal of Neuroscience* 33(42): 16657-665.

10. Burgess, P. W. *et al.*, "The Gateway Hypothesis of Rostral Prefrontal Cortex (Area 10) Function".

11. Zhou, Y. *et al.* (2015), "The Selective Impairment of Resting-State Functional Connectivity of the Lateral Subregion of the Frontal Pole in Schizophrenia", *PLOS ONE*; 10(3): e0119176.

12. Liu, H. *et al.*, "Connectivity-Based Parcellation of the Human Frontal Pole with Diffusion Tensor Imaging", *The Journal of Neuroscience* 33(16): 6782--790.

13. Koenigs, M. e Grafman, J. (2009), "The Functional Neuroanatomy of Depression: Distinct Roles for Ventromedial and Dorsolateral Prefrontal Cortex", *Behavioural and Brain Research* 201(2): 239-43.

14. Farb, N. A. S. *et al.* (2011), "Mood-Linked Responses in Medial Prefrontal Cortex Predict Relapse in Patients with Recurrent Unipolar Depression", *Biological Psychiatry* 70(4): 366-72.

15. Hooley, J. M. *et al.* (2005), "Activation in Dorsolateral Prefrontal Cortex in Response to Maternal Criticism and Praise in Recovered Depressed and Healthy Control Participants", *Biological Psychiatry* 57(7): 809-12.

16. Teasdale, J. D. *et al.* (2002), "Metacognitive Awareness and Prevention of Relapse in Depression: Empirical Evidence", *Journal of Consulting and Clinical Psychology* 70(2): 175-87.

17. Tang, Y-Y, Hölzel, B. e Posner, I. P. (2015), "The Neuroscience of Mindfulness Meditation", *Nature Reviews: Neuroscience* 16: 213-25.

18. Freeman, D. e Freeman, J., "Forget the Headlines, Schizophrenia Is More Common Than You Might Think", theguardian.com, 15 de novembro de 2013.

19. Adam, D. (2013), "Mental Health: On the Spectrum", *Nature* 496: 416-18.

20. Craig (Bud), A. D. (2009), "How Do You Feel — Now? The Anterior Insula and Human Awareness", *Nature Reviews: Neuroscience* 10: 59-70.

21. Fox, K. C. R. *et al.* (2014), "Is Meditation Associated with Altered Brain Structure? A Systematic Review and Meta-Analysis of Morphometric Neuroimaging in Meditation Practitioners", *Neuroscience and Biobehavioral Reviews* 43: 48-73.

22. Tang, Y-Y, Hölzel, B. e Posner, I. P. (2015), "The Neuroscience of Mindfulness Meditation", *Nature Reviews: Neuroscience* 16: 213-25.

23. Hasenkamp, W. *et al.* (2012), "Mind Wandering and Attention During Focused Meditation: A Fine-Grained Temporal Analysis of Fluctuating Cognitive States", *NeuroImage* 59: 750-60.

24. Picard, F. e Craig, A. D. (2009), "Ecstatic Epileptic Seizures: A Potential Window on the Neural Basis of Self-Awareness", *Epilepsy & Behavior* 16: 539-46.

25. Picard, F., Scavarda, D., Bartolomei, F. (2013), "Induction of a Sense of Bliss by Electrical Stimulation of the Anterior Insula", *Cortex* 49(10): 2935-937.

26. Anônimo (2001), *The Cloud of Unknowing*, tradução inglesa de Spearing, A. C. (Penguin Classics).

27. Majjhima Nikāya, 36.

28. Picard, F. e Kurth, F. (2014), "Ictal Alterations of Consciousness During Ecstatic Seizures", *Epilepsy & Behavior* 30: 58-61.

29. Harris, S. (2014), *Waking Up: A Guide to Spirituality Without Religion* (Simon & Schuster).

30. Fox, K. C. R. *et al.* (2013), "Dreaming As Mind-Wandering: Evidence from Functional Neuroimaging and First-Person Content Reports", *Frontiers in Human Neuroscience* 7, artigo 412.

31. Strathern, P. (2000), *Mendeleyev's Dream: The Quest for the Elements* (St. Martin's Press).

32. Loewi, O. (1960), "An Autobiographical Sketch", *Perspectives in Biological Medicine* 4: 1-25.

33. Thich Nhat Hanh (1999), *The Heart of the Buddha's Teaching* (Ebury Publishing).

Capítulo 11: Espelhos da mente

1. "Confidence in Our Own Ability", palestra do Dhamma proferida por Ajahn Amaro, no Mosteiro Budista Amaravati, em 7 de agosto de 2015 (http://bit.ly/1MaBPDa).

2. Anguttara Nikāya, 3.65.

3. Harrington, A. e Zajonc, A. (org.) (2008), *The Dalai Lama at MIT* (Harvard University Press), p. 63.

4. Sua Santidade o Dalai Lama (2005), *The Universe in a Single Atom: How Science and Spirituality Can Serve Our World* (Abacus).

5. Henderson, B., "Open Letter to Kansas School Board" (http://www.venganza.org/about/open-letter/).

6. Kuyken, W. *et al.* (2015), "Effectiveness and Cost-Effectiveness of Mindfulness-Based Cognitive Therapy Compared with Maintenance Anti-Depressant Treatment in the Prevention of Depressive Relapse/Recurrence: Results of the PREVENT Randomised Controlled Trial", *The Lancet* 386: 63-73.

7. Ong, J. C. *et al.* (2014), "A Randomized Controlled Trial of Mindfulness Meditation for Chronic Insomnia", *Sleep* 37(9): 1553-563.

8. Williams, J. M. G. *et al.* (2008), "Mindfulness-Based Cognitive Therapy (MBCT) in Bipolar Disorder: Preliminary Evaluation of Immediate Effects on Between-Episode Functioning", *Journal of Affective Disorders* 107: 275-79.

9. Chadwick, P. (2014), "Mindfulness for Psychosis", *The British Journal of Psychiatry* 204(5): 333-34.

10. Deckersbach, T. *et al.* (2014), *Mindfulness-Based Cognitive Therapy for Bipolar Disorder* (Guilford Press).

11. Dyga, K. e Stupak, R. (2015), "Meditation and Psychosis: Trigger or Cure?", *Archives of Psychiatry and Psychotherapy* 3: 48-58.

12. The Varieties of Contemplative Experience Study (cheetahhouse.org).

13. Gotink, R. A. *et al.* (2015), "Standardised Mindfulness-Based Interventions in Healthcare: An Overview of Systematic Reviews and Meta-Analyses of RCTs", *PLOS ONE*; 10(4): e0124344.

14. Goyal, M. *et al.* (2014), "Meditation Programs for Psychological Stress and Well-Being: A Systematic Review and Meta-Analysis", *JAMA Internal Medicine* 174(3): 357-68.

15. Zeidan, F. *et al.* (2010), "Effects of Brief and Sham Mindfulness Meditation on Mood and Cardiovascular Variables", *The Journal of Alternative and Complementary Medicine* 16(8): 867-73.

16. Killingsworth, M. A. e Gilbert D. T. (2010), "A Wandering Mind Is an Unhappy Mind", *Science* 330: 932.

17. Bowen, S. *et al.* (2014), "Relative Efficacy of Mindfulness-Based Relapse Prevention, Standard Relapse Prevention, and Treatment as Usual for Substance Use Disorders", *JAMA Psychiatry* 71(5): 547.

18. Sedlmeier, P. *et al.* (2012), "The Psychological Effects of Meditation: A Meta-Analysis", *Psychological Bulletin* 138(6): 1139-171.

19. Frederick, S. (2005), "Cognitive Reflection and Decision Making", *The Journal of Economic Perspectives* 19(4): 25-42.

20. Kahneman, D. (2012), *Thinking, Fast and Slow* (Penguin Books).

21. Brefczynski-Lewis, J. A. *et al.* (2007), "Neural Correlates of Attentional Expertise in Long-Term Meditation Practitioners", *Proceedings of the National Academy of Sciences* 104(27): 11483-488.

22. Slagter, H. A. *et al.* (2007), "Mental Training Affects Distribution of Limited Brain Resources", *PLOS Biology* 5(6): e138.

23. Lutz, A. *et al.* (2009), "Mental Training Enhances Attentional Stability: Neural and Behavioral Evidence", *Journal of Neuroscience* 29: 13418-427.

24. MacCoon, D. G. *et al.* (2014), "No Sustained Attention Differences in a Longitudinal Randomized Trial Comparing Mindfulness Based Stress Reduction Versus Active Control", *PLOS ONE*; 9(6): e97551.

25. Chiesa, A., Calati, R. e Serretti, A. (2011), "Does Mindfulness Training Improve Cognitive Abilities?", *Clinical Psychology Review* 31: 449-64.

26. Sai Sun *et al.* (2015), "Calm and Smart? A Selective Review of Meditation Effects on Decision Making", *Frontiers in Psychology* (http://dx.doi.org/10.3389/fpsyg.2015.01059).

27. "The Large Hadron Collider" (suplemento), *Guardian*, 30 de junho de 2008.

28. Eagleman, D. (2011), *Incognito: The Secret Lives of the Brain* (Canongate).

29. Rosario M. R. (2005), "Training, Maturation and Genetic Influences on the Development of Executive Attention", *Proceedings of the National Academy of Sciences* 102(41): 14931-936.

30. James, W. (1890), *The Principles of Psychology* (Classics of Psychiatry and Behavioral Sciences Library, 1988).

31. Visser, S. N. *et al.* (2014), "Trends in the Parent-Report of Health Care Provider-Diagnosed and Medicated Attention-Deficit/Hyperactivity Disorder: United States, 2003-2011", *Journal of the American Academy of Child & Adolescent Psychiatry* 53(1): 34-46.

32. van de Weijer-Bergsma, E. *et al.* (2012), "The Effectiveness of Mindfulness Training on Behavioral Problems and Attentional Functioning in Adolescents with ADHD", *Journal of Child and Family Studies* 21: 775-87.

33. Buckner, R. L. *et al.* (2005), "Molecular, Structural, and Functional Characterization of Alzheimer's Disease: Evidence for a Relationship Between

Default Activity, Amyloid, and Memory", *Journal of Neuroscience*; 25: 7709-717.

34. Bero, A. W. *et al.* (2011), "Neuronal Activity Regulates the Regional Vulnerability to Amyloid-Deposition", *Nature Neuroscience* 14(6): 750-56.

35. Luders, E. (2014), "Exploring Age-Related Brain Degeneration in Meditation Practitioners", *Annals of the New York Academy of Sciences* 1307: 82-8.

36. Mozzafarian, D. (2015), "The 2015 US Dietary Guidelines: Lifting the Ban on Total Dietary Fat", *JAMA* 313(24): 2421-422.

37. Garrison, K. A. *et al.* (2013), "Effortless Awareness: Using Real Time Neurofeedback to Investigate Correlates of Posterior Cingulate Cortex Activity in Meditators' Self Report", *Frontiers in Human Neuroscience* 7: 440.

38. Garrison, K. A. *et al.* (2013), "Real-time fMRI Links Subjective Experience with Brain Activity During Focused Attention", *NeuroImage* 81: 110--18.

39. Amaro, A. (2015), "A Holistic Mindfulness", *Mindfulness* 6(1): 63-73.

Capítulo 12: O reino da imortalidade

1. *Buddhist Birth-Stories or Jataka Tales, volume 1*, tradução inglesa de Rhys Davids, T. W. (edição Kindle, 2015).

2. Xuanzang (1998), *The Great Tang Dynasty Record of the Western Regions* (Numata Center for Buddhist Translation and Research).

3. Allen, C. (2013), *Ashoka: The Search for India's Lost Emperor* (Abacus), p. 394.

4. Conferência de Professores Budistas Ocidentais (Western Buddhist Teachers Conference — Dharamsala, Índia, março de 1993), The Meridian Trust Tibetan Cultural Film Archive, http://meridian-trust.org/video/the-western-buddhist-teachers-conference-with-h-h-the-dalai-lama-3-of-8/4.

5. Sumedho, A. (2014), *The Anthology: Volume 4, The Sound of Silence* (Amaravati Publications), p. 195.

6. Saṃyutta Nikāya, 12.2.

7. Armstrong, K. (2000), *Buddha* (Phoenix), pp. 97-100.

8. Gál. 6:8 (AV).

9. Anguttara Nikāya, 4.77.

10. Majjhima Nikāya, 63.

11. Anguttara Nikāya, 5.57.

12. Easwaran, E. (trad. ingl., 2007), The Dhammapada (Nilgiri), versículos 147-48.

13. *Ibid.*, versículos 153-54.

14. Amaro, A. (2015), "A Holistic Mindfulness", *Mindfulness* 6(1): 63-73.

15. Easwaran, E. (trad. ingl., 2007), The Dhammapada (Nilgiri), versículo 21.

16. Access to Insight (http://www.accesstoinsight.org/ptf/dhamma/sagga/loka.html).

17. Lutz, A. *et al.* (2004), "Long-Term Meditators Self-Induce High-Amplitude Gamma Synchrony During Mental Practice", *Proceedings of the National Academy of Sciences* 101(46): 16369-373.

18. van Lommel, P. (2001), "Near-Death Experience in Survivors of Cardiac Arrest: A Prospective Study in the Netherlands", *The Lancet* 358: 2039--045.

19. Borjigin, J. *et al.* (2013), "Surge of Neurophysiological Coherence and Connectivity in the Dying Brain", *Proceedings of the National Academy of Sciences* 110(35): 14432-437.

20. Última entrevista de Dennis Potter, levada ao ar pelo Channel 4, em 5 de abril de 1994 (https://vimeo.com/26503584).

21. Helliwell, J., Layard, R. e Sachs, J., *World Happiness Report 2013*, p. 81.

22. Jackson, T. (2011), *Prosperity Without Growth* (Earthscan).

23. Allen, C. (2013), *Ashoka: The Search for India's Lost Emperor* (Abacus), p. 180.

24. Pinker, S. (2011), *The Better Angels of Our Nature* (Viking Books).

25. Saṃyutta Nikāya, 46.16.

26. Dīgha Nikāya, 16.